Sermões sobre
AVIVAMENTO

Sermões sobre AVIVAMENTO

de

Jonathan Edwards

Originally published in English under the title
Revival Sermons of Jonathan Edwards, by Jonathan Edwards
Copyright © 2017 Hendrickson Publishers Marketing, LLC
Peabody, Massachusetts 01961-3473, U.S.A

Coordenação editorial: Adolfo A. Hickmann
Tradução: Cláudio F. Chagas
Revisão: Dalila de Assis, J. Ricardo Morais, Marília Pessanha Lara, Lozane Winter
Projeto gráfico e capa: Audrey Novac Ribeiro
Diagramação: Audrey Novac Ribeiro

Dados Internacionais de Catalogação na Publicação (CIP)

Edwards, Jonathan, 1703–58.
Sermões sobre avivamento
Tradução: Cláudio F. Chagas — Curitiba/PR, Publicações Pão Diário.
Título original: *Revival Sermons of Jonathan Edwards*
1. Sermões   2. Estudo bíblico   3. Cristianismo   4. Avivamento

---

Proibida a reprodução total ou parcial sem prévia autorização, por escrito, da editora.
Todos os direitos reservados e protegidos pela Lei 9.610, de 19/02/1998.
Permissão para reprodução: permissao@paodiario.com

Exceto quando indicado o contrário, os trechos bíblicos mencionados são da edição
Almeida Revista e Atualizada © 2009 Sociedade Bíblica do Brasil.

Publicações Pão Diário
Caixa Postal 4190,
82501-970 Curitiba/PR, Brasil
publicacoes@paodiario.org
www.publicacoespaodiario.com.br
Telefone: (41) 3257-4028

Código: BQ499
ISBN: 978-65-5350-108-9

1.ª edição: 2023

Impresso na China

SUMÁRIO

Prefácio 9

Perdão para os maiores pecadores............................ 21

A justiça de Deus na condenação
dos pecadores... 39

O esforço para entrar no reino
de Deus 103

O caráter de Paulo: exemplo para
os cristãos... 155

Como a salvação da alma deve
ser buscada.. 221

Os hipócritas são deficientes no
dever da oração 251

Pecadores nas mãos de um
Deus irado 285

“ O tipo de religião que Deus exige e aceitará não consiste em "desejos" débeis, tediosos e inertes [...] Deus insiste fortemente em que sejamos sinceros, fervorosos de espírito e que o nosso coração esteja comprometido vigorosamente com a nossa religião. **”**

JONATHAN EDWARDS
(1703–58)

PREFÁCIO

*O tipo de religião que Deus exige e aceitará não consiste
em "desejos" débeis, tediosos e inertes
— aquelas inclinações fracas que carecem de convicção —
que nos elevam a apenas um pouco acima
da indiferença. Em Sua Palavra, Deus insiste fortemente
em que sejamos sinceros, fervorosos de espírito
e que o nosso coração esteja comprometido
vigorosamente com a nossa religião: "...sede fervorosos
de espírito, servindo ao Senhor"* (ROMANOS 12:11).[1]

—JONATHAN EDWARDS

JONATHAN EDWARDS é considerado um dos maiores teólogos dos EUA, um pensador e filósofo que compreendeu profeticamente o impacto que o pensamento iluminista e o esforço científico teriam no pensamento e na experiência cristã.

---

[1] Tradução livre de trecho selecionado do livro *A Treatise Concerning Religious Affections* (1746), de Jonathan Edwards.

SUA ÉPOCA

Edwards nasceu apenas 83 anos após o *Mayflower*[2] haver encontrado um porto seguro na baía de Plymouth, no lado oeste da baía de Cape Cod, em Massachusetts. Menos de metade dos 102 passageiros dessa famosa viagem eram separatistas ingleses — os que buscavam purificar a estabelecida Igreja Anglicana e, por seus esforços, foram perseguidos e expulsos da Inglaterra. Conhecidos como Puritanos, sua fé e seus valores foram codificados no *Pacto do Mayflower* e acabaram se tornando a base do código civil da Nova Inglaterra e a própria estrutura de sua sociedade e vida.

Dedique um momento para imaginar a época. Nos tempos de Jonathan Edwards, as colônias da América do Norte não eram unidas. De fato, estavam separadas por religião, política e países de origem. Cada colônia tinha seus próprios valores e leis distintos, sua própria população de imigrantes, sua própria indústria e comércio. A Nova Inglaterra era apenas isto: Nova *Inglaterra*. Eles eram ingleses com a intenção de criar uma comunidade piedosa em uma nova terra — o tipo de governo e sociedade indisponíveis para eles na Inglaterra.

Na época de Edwards, as colônias estavam fortemente ligadas à Europa, principalmente à Inglaterra, e tais laços foram testados repetidamente. Às vezes, esses laços eram fortemente controlados por tropas inglesas e governadores que pretendiam manter o domínio sobre as colônias e obter o máximo possível de receita para a Coroa. Em outros períodos, as

---

[2] Navio que transportou um grupo de famílias inglesas, os peregrinos, para o Novo Mundo (EUA), em 1620.

colônias pareciam ser deixadas à própria sorte, para estabelecer seu próprio governo e tomar suas próprias decisões.

Em 1700, a população europeia de todas as colônias norte-americanas era de 250 mil habitantes; 91 mil viviam na Nova Inglaterra. Em 1775, a população das colônias havia aumentado para 2,5 milhões de pessoas. Durante a vida de Edwards, as colônias experimentaram um considerável crescimento com todas as pressões e dificuldades a ele inerentes, particularmente na Nova Inglaterra, onde tudo — seus valores, suas leis, sua própria sociedade — era definido e projetado à luz do cristianismo puritano.

Eis de novo a palavra *puritano*. Atualmente ela é distorcida, tendo passado a referir-se, em grande parte, a condutas em relação à prática sexual que deveriam ser, na verdade, creditadas aos vitorianos. Os valores puritanos diziam respeito a famílias fortes, comportamento ético e moral e uma forte ética de trabalho; suas leis codificavam a conduta esperada de um povo piedoso. Embora possa, pelo menos durante algum tempo, influenciar o comportamento, a lei é incapaz de garantir que o coração dos cidadãos seja justo. Não era diferente na Nova Inglaterra.

A colônia de Massachusetts presumia que todos os colonos eram ou deveriam ser cristãos protestantes. Na verdade, ela insistia nisso, proibindo imigrantes católicos romanos ou que não pertencessem ao aprisco. Particularmente no início, boa parte dos primeiros colonizadores foi para lá a fim de escapar de perseguição religiosa. Sua fé era vital e pessoal. Afinal, a fé nominal é inimaginável em uma igreja perseguida. Porém, nos primeiros cem anos da colônia — na época em que Edwards estava pronto para iniciar seu ministério —, os

Puritanos não eram mais a igreja perseguida. Em vez disso, tornaram-se a igreja estabelecida, com todos os benefícios decorrentes, incluindo poder e as receitas de impostos sendo coletadas para sustentar a igreja. E, em uma igreja estabelecida, a fé nominal se torna a norma.

Edwards enfrentou uma geração abastada e feliz, com seus negócios florescentes e uma vida relativamente pacífica. Era uma geração repleta de apatia, materialismo e mundanismo, cuja vida espiritual estava longe da fé vibrante dos colonos que haviam partido da Inglaterra apenas duas gerações antes. Confrontar essa apatia espiritual se tornaria o motivo dos esforços de Edwards.

SUA INFÂNCIA

Jonathan Edwards nasceu em East Windsor, Connecticut, o quinto de 11 filhos e o único filho homem — filho e neto de pastores congregacionais. Ele era um ótimo estudante, fluente em hebraico, grego e latim desde os 13 anos. Era também talentoso em ciências naturais e metodologia científica, além de filosofia. Ele entrou na *Collegiate School of Connecticut* (mais tarde, *Yale*), em 1716, para continuar sua educação formal e se formou como primeiro da classe, em 1720. Imediatamente a seguir, começou seus estudos de teologia. Ele serviu durante um curto período como pastor de uma igreja presbiteriana na cidade de Nova Iorque e depois voltou para *Yale*, em 1724, para tornar-se tutor sênior.

Em 1726, Edwards aceitou um convite da igreja congregacional em Northampton, Massachusetts, para servir como pastor auxiliar de seu avô, Solomon Stoddard. Stoddard era um clérigo altamente respeitado, amado por seus fiéis e respeitado pelos nativos americanos. Edwards serviria nessa igreja durante vinte e três anos, até muito depois da morte de seu avô, em 1729.

SUA VIDA FAMILIAR

Em 1727, Jonathan Edwards desposou Sarah Pierrepont, uma jovem que ele conhecera quando estudava teologia em *Yale*. O casamento deles era notável para os padrões de qualquer época. Edwards adorava sua esposa Sarah, a quem chamava "minha querida companheira". Juntos, eles criaram um lar amoroso e uma família próspera, um porto seguro onde Edwards conseguia estudar e trabalhar. Sarah o complementava. Ela era prática e socialmente hábil, enquanto ele era distraído e intelectual. O casamento deles era repleto de companheirismo, conversas animadas e alegria. Edwards e Sarah eram mutuamente atenciosos e disponíveis; acalentavam um ao outro, gostavam um do outro e valorizavam um ao outro.

Como tudo que fazia, Edwards era intencional acerca de sua vida familiar. Edwards e Sarah tiveram 11 filhos, que viveram até a idade adulta. Ele dava prioridade à família, passando com os filhos a hora que precedia o jantar rotineiramente, todas as noites. Quando viajava, Edwards levava consigo um dos filhos. Frequentemente, à tarde, Edwards e Sarah andavam a cavalo, momento em que as tarefas e responsabilidades não interrompiam a conversa. Cada um deles reconhecia que sua família e seu relacionamento eram dignos da mesma atenção dada ao estudo ou ao trabalho.

SEU MINISTÉRIO

Jonathan Edwards está inseparavelmente ligado ao avivamento espiritual denominado "Grande Despertamento", pois foi sob a sua pregação em Northampton, Massachusetts, que o Despertamento chegou em 1734. Edwards havia sucedido seu avô Solomon Stoddard como pastor da Igreja Congregacional em Northampton. O próprio Stoddard foi um grande avivalista, pregando em cinco avivamentos sucessivos. Porém, ao assumir o púlpito em 1729, Edwards descobriu que as pessoas eram "muito insensíveis às coisas da religião" — sua fé era seca, insípida e impotente.

Há uma espécie de ironia nessa história. Uma das razões para a grande popularidade de Stoddard é ele ter abrandado os requisitos para filiação à igreja: em vez de prova de conversão, ele abriu os sacramentos a todos, exceto às pessoas cuja vida era abertamente escandalosa. Na prática, essa "aceitação geral" eliminou a necessidade de uma experiência espiritual pessoal com Jesus Cristo. Embora pudesse ser argumentada como necessária a uma sociedade que se definia somente em termos cristãos, tal política acabou servindo para afastar as pessoas da fé, ao invés de as aproximar dela.

Por outro lado, por experiência pessoal e por seus estudos, Edwards tinha uma compreensão íntima de que era possível tornar Deus conhecido deles e que a verdadeira "religião" seria encontrada somente por meio de um relacionamento pessoal com o Senhor. Edwards começou a pregar e, embora isto tenha demorado vários anos, ele começou a ver transformações em 1733. Em 1734, pregou uma série de sermões acerca da justificação pela fé e, no final do referido ano, a centelha havia sido acesa em Northampton.

O avivamento já vinha ocorrendo em Nova Jersey, pela ação de Deus e pelos esforços de Theodore Frelinghuysen e Gilbert Tennent, incentivando as pessoas a saírem de sua letargia espiritual. A mensagem de avivamento era: "A moralidade exterior não é suficiente para a salvação. É necessária uma transformação interior". Atualmente, essa mensagem é muito comum aos ouvidos protestantes norte-americanos, mas, no século 17, era uma palavra nova para as pessoas que dependiam de sua moralidade, de suas ações exteriores e de sua conformação ao comportamento "cristão" para garantir seu lugar no reino de Deus.

O avivamento tomou força em Northampton, espalhando-se por toda a região e até mesmo em Connecticut, a província vizinha. Edwards continuou sua pregação, e Deus continuou abençoando. Em 1740, o Despertamento explodiu por meio da atuação do anglicano George Whitefield, que veio a Boston para sua segunda visita às colônias; dessa vez, uma viagem evangelística de seis semanas pela Nova Inglaterra. Edwards ainda permanecia como figura central, mas Whitefield se tornou o instrumento de expansão, trazendo o avivamento mais generalizado que as colônias já haviam vivenciado.

Em 1750, a proeminência pública do Despertamento havia diminuído. Nesse mesmo ano, após 23 anos de pastorado, a igreja de Northampton exonerou Edwards do cargo. O motivo? Ele queria mudar a política de "aceitação geral" aos sacramentos, iniciada por seu avô. A insistência de Edwards em que "somente pessoas que haviam feito uma profissão de fé poderiam ser admitidas à Ceia do Senhor" enfureceu seus paroquianos, e ele foi convidado a se retirar.

Após alguns escassos meses de desemprego, Edwards encontrou um novo trabalho notável: ser pastor de colonos e missionário entre os índios em Stockbridge, um trabalho iniciado por David Brainerd na fronteira oeste de Massachusetts. Em 1757, ele foi eleito presidente do *College of New Jersey* (Princeton) e, posteriormente, mudou-se para iniciar seu trabalho lá, deixando Sarah em Stockbridge a fim de terminar de embalar a mudança. Poucos meses depois de chegar ao seu novo posto, irrompeu-se uma epidemia de varíola, e Edwards decidiu receber a nova (e arriscada) vacina contra a doença. Pouco tempo depois, em 22 de março de 1758, morreu por conta de complicações decorrentes da vacina. Suas últimas palavras em uma mensagem à sua amada Sarah foram:

> *Diga à minha querida esposa que eu a amo muito e que a união incomum que subsistiu entre nós, durante tanto tempo, foi de uma natureza que eu creio ser espiritual e, portanto, continuará eternamente.*

SEU LEGADO

Embora fortemente associado ao "Grande Despertamento"[3], o legado de Edwards excede em muito o alcance dessa extraordinária obra da graça de Deus nos Estados Unidos. Foi Jonathan Edwards quem lutou, à luz do ensino bíblico e

---

[3] Ocorrido entre 1730 e 1740, no vilarejo de Northampton, Massachusetts (na época uma das 13 colônias inglesas na América do Norte).

da experiência cristã, com as novas questões da descoberta científica, o Iluminismo e a era da razão. Foi Edwards quem enfrentou o emergente clima de racionalismo humanista contra o ensino do Deus pessoal e amoroso. Foi Edwards quem desenvolveu os temas singularmente norte-americanos de uma nação redentora e um povo da aliança, tema que ainda hoje ecoa na mente dos desse povo. Foi Edwards quem abordou o problema da morte espiritual, reconhecendo a necessidade de uma experiência religiosa pessoal e de abraçar a obra sobrenatural do Espírito Santo para despertar e iluminar o coração.

Edwards deixou um legado extraordinário. Ele registrou suas observações do "Grande Despertamento" em várias obras, incluindo *A surpreendente obra de Deus* (1736 – Ed. Shedd, 2017), *A verdadeira obra do Espírito* (1741 – Ed. Vida Nova, 2010) e *Alguns pensamentos sobre o atual reavivamento da religião na Nova Inglaterra* (1742).

Em 1746, ele escreveu seu livro mais famoso: *Afeições religiosas* (Ed. Vida Nova, 2018). Nele, Edwards examina a importância das "afeições" religiosas ou das paixões que "são a mola que põe o ser humano em ação", argumentando persuasivamente que a verdadeira religião reside no coração, o lar das afeições, emoções e inclinações. Durante seu tempo em Stockbridge, Edwards terminou de escrever *A liberdade da vontade e a natureza da verdadeira virtude* e iniciou sua grande *História da obra de redenção*, que ficou inacabada.

E, é claro, Edwards deixou seus sermões. Muito provavelmente, seu sermão mais lembrado seja "Pecadores nas mãos de um Deus irado" (incluído nesta coletânea), frequentemente usado como exemplo da obsessão dos puritanos quanto à condenação eterna e por um Deus colérico. Na verdade, ele é uma chamada ao arrependimento, feita a um público que não nutria a aversão e as dúvidas deste século acerca da realidade do juízo final decretado por Deus. Entretanto, de fato, esse sermão é atípico da pregação de Edwards. Ele falava com mais frequência sobre o amor de Deus e das alegrias da vida cristã do que acerca do fogo do inferno.

A pregação de Edwards refletia duas de suas crenças fundamentais. A primeira: Deus é o centro de toda experiência religiosa — não a humanidade, a razão ou a moralidade. Conforme observado por certo escritor: "semelhantemente à sua teologia, o universo de Edwards é implacavelmente centrado em Deus". A segunda: conhecer a Deus não é meramente um entendimento racional — assentimento intelectual às crenças específicas —, e sim um conhecimento sensato — experimentado, percebido. Assim como o sabor da doçura é diferente da compreensão da doçura, de igual forma um cristão não apenas crê que Deus é glorioso, mas também reconhece a glória de Deus em seu coração.

Esta coletânea é uma excelente amostra dos sermões de Edwards durante seu tempo em Northampton e Stockbridge. Alguns são sermões de avivamento, rogando por arrependimento e correção de vida; outros, pastorais; alguns, instrucionais; e outros, escritos para ocasiões específicas. Porém, cada um é um convite brilhante e pessoal para conhecer a Deus por meio do nosso intelecto e por meio das nossas afeições. Trata-se de sermões que desafiam a mente, mas também, e talvez mais importante que isso, compelem-nos a abrir o coração para o doce amor e a alegria disponíveis para nós em nossa vida em Cristo.

Ouso dizer que ninguém jamais foi transformado, seja por doutrina, por ouvir a Palavra ou pela pregação e ensino de outros, sem que as suas afeições tenham sido comovidas por estas coisas. Ninguém busca sua salvação, ninguém clama por sabedoria, ninguém luta com Deus, ninguém se ajoelha em oração tampouco foge do pecado se seu coração permanece inalterado. Resumindo, jamais se realizou nada significativo, pelas coisas da religião, sem um coração profundamente afetado por tais coisas.[4]

—JONATHAN EDWARDS

---

[4] Tradução livre de trecho selecionado do livro *A Treatise Concerning Religious Affections* (1746), de Jonathan Edwards.

PERDÃO PARA OS MAIORES PECADORES[5]

*Por causa do teu nome, Senhor,
perdoa a minha iniquidade,
que é grande.* (SALMO 25:11)

Algumas passagens desse salmo evidenciam que ele foi escrito quando Davi atravessava um tempo de aflição e perigo. Isso aparece especialmente aqui: "Os meus olhos se elevam continuamente ao Senhor, pois ele me tirará os pés do laço" (v.15) e seguintes. Sua angústia o faz pensar em seus pecados e o leva a confessá-los e a clamar a Deus por perdão, como convém em tempos de aflição. "Não te lembres dos meus pecados da mocidade, nem das minhas transgressões" (v.7), também: "Considera as minhas aflições e o meu sofrimento e perdoa todos os meus pecados" (v.18).

---

[5] Originalmente ministrado entre 1734 e 1739. Também publicado como "A grande culpa não é obstáculo para o perdão do pecador arrependido".

No texto, é possível observar quais argumentos o salmista usa para implorar perdão.

a) *Ele implora perdão por causa do nome de Deus.* Ele não tem expectativa de perdão por causa de qualquer justiça ou dignidade sua, qualquer boa ação que tenha praticado ou qualquer compensação que tenha feito por seus pecados; ainda que a justiça do homem pudesse ser um apelo justo, Davi teria tanto a apelar quanto a maioria das pessoas. Porém, ele implora que Deus o faça por amor do Seu próprio nome, para a Sua própria glória, para a glória de Sua própria graça e para a honra de Sua própria fidelidade à aliança.

b) *O salmista alega a enormidade de seus pecados como argumento para a misericórdia.* Ele não apenas não pleiteia sua própria justiça ou a pequenez de seus pecados; ele não apenas não diz: "Perdoa a minha iniquidade, porque fiz muito bem para compensá-la", ou:

Perdoa a minha iniquidade porque ela é pequena, e Tu não tens grandes motivos para te irares comigo; a minha iniquidade não é tão grande para que tenhas algum motivo justo para te lembrares dela contra mim; a minha transgressão não é tão grande que Tu não possas muito bem relevá-la.

Pelo contrário, ele diz: "Perdoa a minha iniquidade, porque ela é enorme". Ele alega a enormidade do seu pecado, não sua pequenez; ele ora considerando que os seus pecados são muito hediondos.

No entanto, como poderia ele fazer disso um pedido de perdão? Eu respondo: "Porque, quanto maior era a sua iniquidade, mais ele precisava de perdão". Isso é equivalente a ele ter dito:

Perdoa a minha iniquidade, porque ela é tão grande que eu não sou capaz de suportar o castigo; o meu pecado é tão grande que eu necessito de perdão; a minha situação será excessivamente miserável se Tu não te agradares em perdoar-me.

Ele usa a enormidade do seu pecado para reforçar seu pedido de perdão, da mesma maneira que um homem faria uso da grande extensão da calamidade ao implorar por alívio. Quando um mendigo implora por pão, alega sua grande pobreza e necessidade. Quando um homem angustiado clama por piedade, que apelo pode ser mais adequadamente instado do que a condição extrema da sua situação? E Deus permite um apelo como esse, porque não é movido à misericórdia para conosco, por algo que exista em nós, senão pela miséria da nossa situação. Ele não tem piedade dos pecadores porque eles são dignos, e sim porque necessitam da sua piedade.

DOUTRINA

Se buscarmos sinceramente a Deus por misericórdia, a grandeza do nosso pecado não será impedimento para o perdão. Se fosse, Davi nunca o haveria usado como um pleito de perdão, como o texto mostra que ele faz. As coisas a seguir são necessárias para verdadeiramente irmos a Deus em busca de misericórdia.

1. Enxergar a própria miséria e ter consciência da nossa necessidade de misericórdia.

Quem não tem consciência da sua miséria não busca verdadeiramente misericórdia em Deus, pois a própria noção [definição] da misericórdia divina é que ela é a bondade e graça de Deus para com os miseráveis. Não havendo miséria, não pode haver exercício de misericórdia. Supor misericórdia sem admitir miséria, ou piedade sem calamidade, é uma contradição. Portanto, os homens não podem considerar-se objetos adequados de misericórdia sem, primeiramente, saber que são miseráveis. Então, se não for assim, é impossível eles irem a Deus em busca de misericórdia. Eles precisam estar cientes de que são filhos da ira, de que a Lei está contra eles e de que estão expostos à maldição dela, de que a ira de Deus permanece sobre eles, e de que Deus está irado com eles todos os dias enquanto estiverem sob a culpa do pecado. Eles precisam estar cientes de que é terrível ser o objeto da ira de Deus, de que é horrível ter o Senhor como inimigo, e de que eles não são capazes de suportar a Sua ira. Eles precisam estar cientes de que a culpa por causa do pecado os torna criaturas miseráveis, independentemente dos prazeres temporais que desfrutam, de que eles não serão nada além de criaturas miseráveis e arruinadas enquanto Deus estiver irado com eles, de que eles não têm forças e estarão fadados a perecer eternamente se Deus não os ajudar. Eles precisam ver que a sua situação é totalmente desesperadora, pois, por mais que qualquer outra pessoa possa agir em seu favor, eles pairam sobre o abismo do sofrimento eterno e cairão necessariamente nele se Deus não tiver misericórdia deles.

2. Estar ciente de não ser digno, de que Deus não nos deve Sua misericórdia.

Quem sinceramente vai a Deus por misericórdia o faz como mendigo, não como credor: vai em busca de mera misericórdia, de graça soberana, não de algo que lhe é devido. Portanto, precisa ver que a miséria sob a qual se encontra é, de forma justa, trazida sobre ele; que a ira a qual está exposto é merecidamente a ameaça contra ele; que merece a inimizade divina e que Deus continue a ser seu inimigo. Ele precisa estar ciente de que seria justo Deus fazer o que diz em Sua santa Lei, a saber: fazer do pecador o objeto de Sua ira e maldição no inferno por toda a eternidade. Quem busca a Deus por misericórdia de maneira correta não está inclinado a encontrar falhas em Sua severidade, pois se achega a Ele com a percepção de sua própria absoluta indignidade, como que com cordas ao redor do pescoço e jazendo no pó aos pés da misericórdia.

3. Buscar a Deus por misericórdia somente em, e por meio de, Jesus Cristo.

Toda a esperança de misericórdia precisa derivar da consideração de uma pessoa acerca de quem ela é, o que fez e o que sofreu; de que "abaixo do céu não existe nenhum outro nome, dado entre os homens, pelo qual importa que sejamos salvos" (AT 4:12), senão o de Cristo; que Ele é o Filho de Deus e o Salvador do mundo; que o sangue dele nos purifica de todo pecado e que Ele é tão digno que todos os pecadores que estiverem em Cristo poderão muito bem ser perdoados e aceitos. É impossível alguém buscar a Deus por misericórdia e, ao mesmo tempo, não ter esperança de misericórdia. Sua ida a Deus para suplicá-la implica que a pessoa tem alguma esperança de obtê-la; caso contrário, não pensaria que vale a pena fazê-lo. Porém, quem a busca de maneira correta tem toda a sua esperança por meio de Cristo, ou da consideração da Redenção por Ele propiciada e da suficiência dela. Se pessoas assim vão a Deus a fim de obter misericórdia, o volume de seus pecados não será impedimento para o perdão. Seus pecados serem muitos, grandes e graves não impedirá Deus de perdoá-los. Isso pode ser evidenciado pelas seguintes considerações:

a) *A misericórdia de Deus é suficiente para perdoar pecados, sejam eles grandes ou pequenos, pois a misericórdia do Senhor é infinita.* O que é infinito está acima do que é grande tanto quanto do que é pequeno. Assim, por ser infinitamente magnânimo, Deus está, da mesma forma, tanto acima dos reis quanto acima dos mendigos. Ele está tanto acima do anjo mais elevado quanto do verme mais desprezível. Uma medida finita não se aproxima mais da extensão do que é infinito do que outra. Desse modo, sendo infinita, a misericórdia de Deus só pode ser tão suficiente para perdoar multidões de pecados quanto para perdoar um. Se um dos menores pecados não estiver além da misericórdia de Deus, então nem o maior nem dez mil deles estarão. Entretanto, é necessário reconhecer que isso, por si só, não prova a doutrina. Pois, embora a misericórdia de Deus possa ser suficiente tanto para o perdão de grandes pecados quanto de outros, pode haver outros obstáculos além da necessidade de misericórdia. A misericórdia de Deus pode ser suficiente, mas os outros atributos podem se opor à dispensação de misericórdia nesses casos.

b) *Portanto, observo que a satisfação de Cristo é suficiente tanto para a remoção da maior culpa quanto da menor:* "...o sangue de Jesus [...] nos purifica de todo pecado" (1JO 1:7); "e, por meio dele, todo o que crê é justificado de todas as coisas das quais vós não pudestes ser justificados pela lei de Moisés" (AT 13:39). Todos os pecados de quem sinceramente busca a Deus por misericórdia, sejam quais forem, estão pagos se o Deus que nos diz isso é verdadeiro. E, se eles estão pagos, não é incrível que, de fato, Deus esteja pronto a perdoá-los? Dado que Cristo pagou plenamente por todos os pecados, ou providenciou pagamento suficiente para todos, agora não é, de modo algum, inconsistente com a glória dos atributos divinos perdoar os maiores pecados daqueles que, com retidão, o buscam para isso. Agora, Deus pode perdoar os maiores pecadores sem qualquer prejuízo à honra da Sua santidade. A santidade de Deus não permitirá a Ele dar a mínima aprovação ao pecado, mas o inclina a dar testemunhos adequados de Sua ira contra ele. Porém, tendo Cristo pagado pelo pecado, Deus pode agora amar o pecador sem dar aprovação alguma ao pecado, por mais pecador que a pessoa possa ter sido. Foi um testemunho suficiente da aversão de Deus ao pecado Ele ter derramado Sua ira sobre o Seu próprio Filho amado quando este tomou sobre si a culpa pelo pecado. Nada mais pode demonstrar a aversão de Deus ao pecado do que isso. Se toda a humanidade tivesse sido eternamente condenada, ela não teria sido um tão grandioso testemunho disso.

Deus pode, por meio de Cristo, perdoar o maior pecador sem qualquer prejuízo à honra de Sua majestade. A honra da divina majestade requer, de fato, pagamento. Porém, os sofrimentos de Cristo reparam totalmente o dano. Por maior que seja a desonra, se uma pessoa tão honrada quanto Cristo se compromete a ser o Mediador para o ofensor e sofre tanto por ele, isso repara totalmente o dano feito à Majestade do Céu e da Terra. Os sofrimentos de Cristo satisfazem plenamente à justiça. A justiça de Deus, como supremo Governante e Juiz do mundo, exige punição ao pecado. O supremo Juiz precisa julgar o mundo segundo uma regra de justiça. Deus não demonstra misericórdia como juiz, e sim como soberano. Portanto, Seu exercício de misericórdia como soberano e Sua justiça como juiz precisam ser compatíveis entre si. Isso é realizado pelos sofrimentos de Cristo, no qual o pecado é totalmente punido e a justiça é atendida.

> ...*Cristo Jesus, a quem Deus propôs, no seu sangue, como propiciação, mediante a fé, para manifestar a sua justiça, por ter Deus, na sua tolerância, deixado impunes os pecados anteriormente cometidos; tendo em vista a manifestação da sua justiça no tempo presente, para ele mesmo ser justo e o justificador daquele que tem fé em Jesus.* (ROMANOS 3:24-26)

A Lei não é entrave no caminho do perdão do maior pecado se os homens vão sinceramente a Deus em busca de misericórdia, porque Cristo cumpriu a Lei e suportou a maldição dela em Seus sofrimentos. "Cristo nos resgatou da maldição da lei, fazendo-se ele próprio maldição em nosso lugar (porque está escrito: Maldito todo aquele que for pendurado em madeiro)" (GL 3:13).

c) *Cristo não se recusará a salvar os maiores pecadores que, de maneira correta, buscarem a Deus por misericórdia, pois essa é a Sua obra.* É o cargo dele ser o Salvador de pecadores. Essa é a obra para a qual Ele veio ao mundo. Portanto, não se oporá a fazê-lo. Ele não veio para chamar os justos, e sim os pecadores ao arrependimento (VEJA MATEUS 9:13). O pecado é exatamente o mal que Ele veio curar. Portanto, não rejeitará, quem quer que seja, um grande pecador. Quanto mais pecador ele é, mais necessita de Cristo. A pecaminosidade do homem foi o motivo da vinda de Cristo ao mundo. Essa é exatamente a miséria da qual Ele veio libertar os homens. Quanto mais pecados eles têm, mais precisam ser libertados. "Os sãos não precisam de médico, e sim os doentes" (MT 9:12). O médico não fará objeção a tratar um homem que se apresenta a ele, que necessita muito da sua ajuda. Se um médico compassivo for aos enfermos e feridos, certamente não se recusará a cuidar dos que mais precisam de cura, sendo ele capaz de curá-los.

d) *A glória da graça pela redenção de Cristo consiste em Sua suficiência para o perdão dos maiores pecadores.* Toda a ideia do caminho da salvação é glorificar a livre graça de Deus. Desde toda a eternidade, Deus teve em Seu coração glorificar esse atributo. E assim foi concebido o plano de salvar os pecadores por meio de Cristo. A grandeza da graça divina revela-se grandemente em Deus salvar por meio de Cristo os maiores transgressores. Quanto maior é a culpa de qualquer pecador, mais gloriosa e maravilhosa é a graça manifestada no perdão que ela estabelece: "...onde abundou o pecado, superabundou a graça" (RM 5:20). Ao contar quão grande pecador havia sido, o apóstolo percebe a abundância da graça no perdão que recebeu pela sua grande culpa, pois noutra ocasião, ele "era blasfemo, e perseguidor, e insolente. Mas [obteve] misericórdia [...]. Transbordou [...] a graça de nosso Senhor com a fé e o amor que há em Cristo Jesus" (1TM 1:13-14). O Redentor é glorificado em provar-se suficiente para redimir os extremamente pecadores, em evidenciar que o Seu sangue é suficiente para lavar a maior culpa, em ser capaz de salvar maximamente os homens e em redimir até mesmo da maior miséria. É honra de Cristo salvar os maiores pecadores quando eles o buscam, assim como é honra de um médico curar as doenças ou os ferimentos mais desesperadores. Portanto, sem dúvida, Cristo estará disposto a salvar os maiores pecadores se eles o buscarem, pois Ele não hesitará em glorificar a si mesmo e a louvar o valor e a virtude de Seu próprio sangue. Havendo se entregado para redimir pecadores, Ele estará disposto a demonstrar que é capaz da máxima redenção.

f) *O perdão é oferecido e prometido aos maiores pecadores tanto quanto a qualquer outro, se eles buscarem diretamente a Deus por misericórdia.* Os convites do evangelho são sempre feitos em termos universais, como "Se alguém tem sede" (JO 7:37); "Vinde a mim, todos os que estais cansados e sobrecarregados" (MT 11:29); e "quem quiser receba" (AP 22:17). A voz da Sabedoria é para os homens em geral: "A vós outros, ó homens, clamo; e a minha voz se dirige aos filhos dos homens" (PV 8:4). Não para homens morais ou religiosos, mas para vocês, ó homens. Assim Cristo promete: "...o que vem a mim, de modo nenhum o lançarei fora" (JO 6:37). A orientação de Cristo aos Seus apóstolos após a Sua ressurreição é esta: "Ide por todo o mundo e pregai o evangelho a toda criatura. Quem crer e for batizado será salvo" (MC 16:15-16). Isso está em conformidade com o que o apóstolo Paulo diz: o "evangelho [...] que foi pregado a toda criatura debaixo do céu" (CL 1:23).

APLICAÇÃO

O uso adequado deste tema é para encorajar pecadores cuja consciência está sobrecarregada por um sentimento de culpa a irem imediatamente a Deus, por meio de Cristo, em busca de misericórdia. Se você for da maneira como descrevemos, os braços da misericórdia estarão abertos para abraçá-lo. Você não precisa ter mais medo de ir a Deus por causa de seus pecados, por mais tenebrosos que sejam. Ainda que você tivesse, em sua alma, tanta culpa quanto todos os homens perversos do mundo e todas as almas condenadas do inferno, se for a Deus em busca de misericórdia, ciente de sua própria vileza e procurando obter perdão somente por meio da livre misericórdia de Deus em Cristo, não precisará ter medo. O volume de seus pecados não será impedimento para você receber perdão. Portanto, se a sua alma estiver sobrecarregada e você estiver angustiado por medo do inferno, não precisa mais carregar esse fardo e essa angústia. Se você apenas estiver disposto, poderá ir espontaneamente e livrar-se lançando todos os seus fardos sobre Cristo, e descansar nele.

Aqui, porém, falarei de algumas *objeções* que alguns pecadores despertos poderão estar prontos a apresentar contra aquilo a que agora os exorto.

1. Alguns poderão estar prontos a objetar: "Passei a minha juventude e toda a melhor parte da minha vida em pecado e temo que Deus não me aceite quando eu lhe oferecer apenas a minha velhice".
A isso eu responderia:

a) *Deus disse, em algum lugar, que não aceitaria pecadores idosos que fossem a Ele?* Frequentemente, Deus fez ofertas e promessas em termos universais. Foi incluída alguma exceção? Será que Cristo diz: "Se alguém tem sede, venha a mim e beba, exceto os pecadores idosos"? "Vinde a mim, todos os que estais cansados e sobrecarregados, exceto pecadores idosos, e eu vos aliviarei"? "O que vem a mim, de modo nenhum o lançarei fora, a menos que seja um pecador idoso"? Alguma vez você leu uma exceção assim em algum lugar da Bíblia? Por que você deveria dar lugar a exceções que você mesmo cria, ou melhor, que o diabo coloca na sua cabeça e que não têm fundamento na Palavra de Deus? De fato, é mais raro os pecadores idosos estarem dispostos a ir do que os outros. Porém, se forem, serão aceitos tão prontamente quanto qualquer outro.

b) *Quando Deus aceita pessoas jovens, não é por causa do serviço que elas gostariam de lhe prestar depois ou por valer mais a pena aceitar a juventude do que a velhice.* Você parece equivocar-se totalmente ao pensar que Deus não aceitará você por ser idoso, como se Ele aceitasse prontamente as pessoas jovens por ser a juventude delas mais digna da Sua aceitação. Deus está disposto a aceitar qualquer um somente por causa de Jesus Cristo.

Você diz que a sua vida está quase no fim e tem medo de que o melhor momento de servir a Deus já tenha passado, e que, portanto, Deus não aceitará você agora, como se Ele aceitasse as pessoas por causa do serviço que elas provavelmente prestarão a Ele após se converterem. No fundo, é um espírito hipócrita que está por trás de tais objeções. Os homens não conseguem abdicar da noção de que é por algum bem ou serviço feito ou esperado deles que Deus aceita as pessoas e as recebe em favor. De fato, aqueles que negam a Deus a sua juventude, a melhor parte de sua vida, e a gastam a serviço de Satanás, pecam terrivelmente e provocam a Deus. Muito frequentemente, Ele os entrega à dureza de coração quando envelhecem. Porém, se eles estão dispostos a aceitar a Cristo quando idosos, o Senhor está igualmente pronto para recebê-los como a qualquer outro, porque, quanto a isso, Deus tem respeito somente por Cristo e Sua dignidade.

2. Porém, diz alguém:

Temo haver cometido pecados que são peculiares aos réprobos. Pequei contra a luz e fortes convicções da consciência. Pequei presunçosamente e resisti tanto aos esforços do Espírito de Deus que temo haver cometido pecados que nenhum dos eleitos de Deus jamais cometem. Não consigo pensar que Deus deixará alguém a quem pretende salvar ir em frente e cometer pecados contra tanta luz e convicção, e com tão horrível presunção.

Outros poderão dizer:

Meu coração teve ressentimentos contra Deus, pensamentos blasfemos, um espírito rancoroso e malicioso. Abusei da misericórdia e dos esforços do Espírito, tripudiando sobre o Salvador. Meus pecados são aqueles peculiares às pessoas reprovadas à condenação eterna.

A tudo isso eu responderia:

a) *Não há pecado peculiar aos réprobos, senão o pecado contra o Espírito Santo.* Você encontra algum outro na Palavra de Deus? Se não encontra, que fundamento tem para pensar tal coisa? Que outra regra temos, pela qual julgar tais questões, senão a Palavra divina? Se nos aventurarmos a ir além disso, estaremos miseravelmente em trevas. Quando pretendemos ir mais longe em nossas determinações do que a Palavra de Deus, Satanás nos toma e nos conduz. Assim, parece a você que tais pecados são peculiares aos réprobos e que Deus nunca perdoa. Porém, como você justifica isso se não tem uma palavra de Deus para revelá-lo? Será que você não consegue ver como a misericórdia de Deus é suficiente para perdoar, ou o sangue de Cristo para purificar de pecados tão presunçosos? Se for assim, é porque você nunca entendeu quão grande é a misericórdia de Deus. Você nunca admitiu a suficiência do sangue de Cristo e não sabe até onde a virtude dele se estende. Algumas pessoas eleitas foram culpadas de todo tipo de pecados, exceto o pecado contra o Espírito Santo. Logo, se você não for culpado disso, não é culpado de nada que seja peculiar aos réprobos.

b) *Os homens podem ter menor probabilidade de* crer, *em decorrência de pecados que cometeram; não obstante, são prontamente* perdoados *quando creem.* É preciso reconhecer que alguns pecadores correm mais perigo de ir para o inferno do que outros. Embora todos corram grande risco, é menos provável que alguns sejam salvos. Alguns têm menor probabilidade de se converter e se achegar a Cristo, mas todos os que buscam a Ele são igualmente aceitos, e todos os homens são igualmente encorajados a ir a Cristo. Os pecados como esses que você menciona são, para Deus, de fato excessivamente hediondos e ofensivos e colocam especialmente a alma em perigo de condenação e de ser entregue à dureza de coração final. É mais comum Deus entregar os homens ao julgamento da dureza final por tais pecados do que por outros. Contudo, eles não são peculiares aos réprobos. Há, contudo, um único pecado que é assim, a saber, o pecado contra o Espírito Santo. E, a despeito dos pecados que você cometeu, se você conseguir encontrar em seu coração a disposição de ir a Cristo e aproximar-se dele, não será menos aceito por ter cometido tais pecados.

Embora seja mais raro Deus fazer alguns tipos de pecadores ir a Cristo do que outros, isso não ocorre por Sua misericórdia ou a redenção de Cristo ser insuficiente para uns e não para outros, mas sim porque, em sabedoria, Ele considera adequado dispensar a Sua graça a fim de restringir a perversidade dos homens, e porque é Sua vontade conceder graça conversora no uso dos meios, dentre os quais está levar uma vida moral, religiosa e agradável à nossa luz e às convicções da nossa consciência. Porém, quando qualquer pecador deseja ir a Cristo, a misericórdia está tão pronta para ele quanto para qualquer outro. Seus pecados não são considerados. Ainda que ele tenha sido um grande pecador, os seus pecados não são lembrados. Deus não o censura por eles.

3. "Mas, não seria melhor eu esperar até me tornar melhor antes de me atrever a ir a Cristo?"
Eu já fui muito perverso e ainda me vejo assim. Porém, espero me consertar e me tornar, no mínimo, menos perverso. Então, terei mais coragem de buscar a Deus por misericórdia.

Em resposta a isso:

a) *Considere quão irracionalmente você age.* Você está se esforçando para se estabelecer como seu próprio salvador. Você está se esforçando para obter por si mesmo algo pelo qual poderá ser mais facilmente aceito. Assim sendo, parece que você não busca ser aceito somente por causa de Cristo. E isso não é roubar de Cristo a glória de ser o seu único Salvador? Contudo, essa é a maneira pela qual você está esperando fazer com que Cristo fique desejoso de salvá-lo.

b) *Você nunca poderá ir a Cristo sem entender, antes, que Ele não o aceitará mais facilmente por qualquer coisa que você possa fazer.* Primeiramente, você precisa ver que é totalmente inútil tentar tornar-se melhor para isso. Você precisa ver que nunca poderá tornar-se mais digno, ou menos indigno, por qualquer coisa que você possa realizar.

c) *Se você chegar a ir sinceramente a Cristo, precisará ver que Ele é suficiente para perdoá-lo, embora você não seja melhor do que é.* Se você não vê a suficiência de Cristo para perdoá-lo, sem alguma justiça sua que o recomende, nunca se aproximará de modo a ser aceito por Ele. A maneira de ser aceito é ir, não com base em qualquer encorajamento de que agora você se tornou melhor e mais digno, ou não tão indigno, e sim no mero encorajamento da dignidade de Cristo e da misericórdia de Deus.

d) *Se você chegar a ir sinceramente a Cristo, precisará ir para que Ele o torne melhor.* Você necessita ir ao Senhor como um paciente vai ao médico, com enfermidades ou ferimentos para serem curados. Derrame toda a sua perversidade diante dele e não alegue a sua bondade. Em vez disso, admita a sua maldade e a sua decorrente necessidade. Não diga: "Perdoa a minha iniquidade, porque não é tão grande quanto antes", mas sim como o salmista: "Senhor, perdoa a minha iniquidade, que é grande" (SL 25:11).

A JUSTIÇA DE DEUS NA CONDENAÇÃO DOS PECADORES[6]

...para que se cale toda boca...
(ROMANOS 3:19)

O tema principal da parte doutrinária de Romanos é "o dom gratuito de Deus" (RM 6:23) — Sua graça — na salvação dos homens, por meio de Cristo Jesus, especialmente conforme aparece na doutrina da justificação, pois ocorre somente pela fé. Para evidenciar, de maneira mais clara, essa doutrina e revelar sua razão, o apóstolo começa estabelecendo que nenhuma carne vivente pode ser justificada pelas obras da Lei. E, para provar isso,

---

[6] Originalmente pregado por volta de 1734–35. "Segundo a estimativa do Sr. Edwards, este foi, de longe, o mais poderoso e eficaz de seus discursos." Tradução livre de uma das frases de *Memoirs Of Jonathan Edwards* (Memórias de Jonathan Edwards), de Samuel Hopkins e John Hawksley, impresso por James Black, Londres, 1815.

SERMÕES SOBRE AVIVAMENTO

ele é muito abrangente e específico ao demonstrar que toda a humanidade — não apenas os gentios, mas também os judeus — está sob o pecado e, portanto, sob a condenação da Lei. É nisso que ele insiste desde o início da epístola até o versículo em destaque.

Primeiro, Paulo começa pelos gentios e, no capítulo 1, mostra que eles estão sob pecado apresentando as excessivas corrupções e a horrível maldade que se espalhou pelo mundo gentio. Então, ao longo dos capítulos 2 e 3 até o versículo 20, afirma o mesmo acerca dos judeus: nesse quesito, eles se encontram nas mesmas circunstâncias que os gentios. Eles tinham um alto conceito de si mesmos, porque eram o povo da aliança de Deus, circuncidados e filhos de Abraão. Eles desprezavam os gentios, pois os viam como impuros, condenados e amaldiçoados. Porém, devido aos seus privilégios exteriores e da justiça cerimonial e moral, os judeus se consideravam um povo puro e santo, os filhos de Deus, como o apóstolo observa no segundo capítulo. Portanto, era-lhes uma doutrina estranha eles também serem impuros e culpados aos olhos de Deus e estarem sob a condenação e maldição da Lei. Por isso, devido aos fortes preconceitos deles contra tal doutrina, o apóstolo insiste nela mais particularmente e demonstra que eles não são melhores do que os gentios: "Que se conclui? Temos nós qualquer vantagem? Não, de forma nenhuma; pois já temos demonstrado que todos, tanto judeus como gregos, estão debaixo do pecado" (RM 3:9). E, para convencê-los disso, cita certas passagens da própria lei deles, o Antigo Testamento, por cuja autoridade fingem ter grande consideração (vv.9-13). E pode-se observar que, primeiramente, o apóstolo cita certas passagens para provar que toda a humanidade é corrupta.

Como está escrito: Não há justo, nem um sequer, não há quem entenda, não há quem busque a Deus; todos se extraviaram, à uma se fizeram inúteis; não há quem faça o bem, não há nem um sequer. (ROMANOS 3:10-12)

Segundo, as passagens citadas por ele a seguir são para provar que não apenas todos são corruptos, mas que cada um é totalmente corrupto, por assim dizer, totalmente impuro, do topo da cabeça até as plantas dos pés. Para afirmar isso, Paulo menciona partes específicas do corpo: a garganta, a língua, os lábios, a boca, os pés.

A garganta deles é sepulcro aberto; com a língua, urdem engano, veneno de víbora está nos seus lábios, a boca, eles a têm cheia de maldição e de amargura; são os seus pés velozes para derramar sangue. (ROMANOS 3:13-15)

E, em terceiro, ele cita outras passagens para mostrar que cada pessoa não é apenas totalmente corrupta, e sim desesperadamente corrupta, afirmando a tendência mais perniciosa de sua maldade: "nos seus caminhos, há destruição e miséria" (v.16) e, depois, negando toda bondade ou piedade nelas: "desconheceram o caminho da paz. Não há temor de Deus diante de seus olhos" (vv.17-18). Então, para que os judeus não pensassem que essas passagens da Lei não lhes diziam respeito, destinando-se somente aos gentios, o apóstolo mostra, no texto, que eles não apenas não estão excluídos, como também que precisam ser especialmente compreendidos: "Ora, sabemos que tudo o que a lei diz, aos que vivem na lei o diz" (v.19). Por "aos que vivem na lei", entende-se que são os judeus, e os gentios são os "sem lei", como aparece no capítulo 2:12. Há uma razão especial para entender que a lei fala *a eles* e *deles*, a quem ela foi imediatamente concedida. E, portanto, os judeus seriam irrazoáveis em se isentarem. E, se examinarmos os lugares do Antigo Testamento de onde essas passagens foram tomadas, veremos claramente que se deu atenção especial à maldade do povo da referida nação — a cada pessoa dele. Para que a Lei encerre tudo em universal e desesperada maldade, para que toda boca possa ser calada; a boca dos judeus tanto quanto a dos gentios, não obstante todos os privilégios pelos quais eles foram distinguidos dos gentios.

Os termos da Lei são suficientes para calar a boca de toda a humanidade em dois aspectos.

a) Para impedir as pessoas de se gabarem de sua justiça, como os judeus costumavam fazer e o apóstolo observa em Romanos 2:23. A intenção do apóstolo de calá-los quanto a isso aparece no capítulo 3: "Onde, pois, a jactância? Foi de todo excluída" (v.27). A Lei impede a nossa boca de fazer qualquer apelo pela vida, pelo favor de Deus ou por qualquer bem positivo com base em nossa própria justiça.

b) Para impedir as pessoas de inventarem alguma desculpa para si mesmas ou objetarem contra a execução da sentença da Lei ou da aplicação da punição por ela ameaçada. O fato de a intenção ser essa transparece imediatamente nas seguintes palavras: "…para que [...] todo o mundo seja culpável perante Deus" (RM 3:19). Isto é, para que elas pareçam ser culpadas e sejam condenadas diante de Deus, e justamente sujeitas à condenação por Sua Lei como culpadas de morte, segundo o modo de dizer judaico.

Assim, o apóstolo comprova que nenhuma carne pode ser justificada aos olhos de Deus pelas obras da Lei, como conclui no versículo 20, preparando o caminho para estabelecer a grande doutrina da justificação somente pela fé, o que passa a fazer a partir de Romanos 3:21 em diante.

DOUTRINA

Para Deus, é justo rejeitar e destruir pecadores eternamente, porque esse é o castigo ao qual a Lei condena. A verdade desta doutrina pode aparecer pela consideração conjunta de dois fatores: a pecaminosidade do homem e a soberania de Deus.

1. Ela aparece a partir da consideração da pecaminosidade do homem. E isso, quer consideremos a natureza infinitamente má de todo pecado, ou de quantos pecados os homens são culpados.

a) *Se considerarmos o infinito mal e a abominação do pecado em geral, não é injusto Deus infligir o castigo merecido, porque a própria noção de merecer qualquer punição é que ela possa ser infligida justamente.* Castigo merecido e castigo justo são a mesma coisa. Dizer que alguém merece tal punição, mas que ela é injustamente merecida é contraditório. Se a pessoa a merece justamente, a punição pode ser justamente infligida.

Todo crime ou falta merece uma punição maior ou menor, na proporção do próprio crime. Se alguma falta merece punição, quanto maior é a falta, maior é a punição merecida. A natureza faltosa de qualquer coisa é o fundamento formal e a razão de seu deserto de punição. Portanto, quanto mais algo possui dessa natureza, mais punição merece. Assim, o grau da punição nunca ser tão terrível não é argumento contra a justiça dela se houver proporção entre a hediondez do crime e a terribilidade da punição, de modo que, se ocorrer uma falta infinitamente hedionda, será justo infligir uma punição infinitamente terrível.

Um crime é mais ou menos hediondo na medida em que temos mais ou menos obrigações com o seu contrário. Isso é evidente em si mesmo, pois é nisso que consiste a criminalidade ou culpabilidade de qualquer coisa contrária a que estamos obrigados ou ligados, ou que deve haver em nós. Assim, a culpabilidade de um ser odiar o outro é proporcional à sua obrigação de amá-lo. O crime de alguém menosprezar e rejeitar outra pessoa é proporcionalmente mais ou menos hediondo conforme sua maior ou menor obrigação de honrá-la. A culpa por desobediência a outra pessoa é maior ou menor conforme a maior ou menor obrigação de obedecê-la. Portanto, se houver algum ser o qual tenhamos infinitas obrigações de amar, honrar e obedecer, o contrário para com esse alguém só pode ser infinitamente culposo.

Nossa obrigação de amar, honrar e obedecer a qualquer ser é proporcional à sua amabilidade, honradez e autoridade, visto que esse é o próprio significado das palavras. Quando dizemos que alguém é muito amável, é o mesmo que dizer que ele deve ser amado. Ou, se dissermos que tal pessoa é mais honrada do que outra, o significado das palavras é que ela é aquela que somos mais obrigados a honrar. Se dissermos que alguém tem grande autoridade sobre nós, isso será o mesmo que dizer que ele tem grande direito à nossa sujeição e obediência.

Porém, Deus é um ser infinitamente amável, porque tem infinita excelência e beleza. Ter infinita excelência e beleza é o mesmo que ter infinita amabilidade. Deus é um ser de infinita grandeza, majestade e glória, portanto, é infinitamente honorável. Ele é infinitamente exaltado acima dos maiores potentados da Terra e dos mais elevados anjos do Céu. Assim sendo, é infinitamente mais honorável do que eles. Sua autoridade sobre nós é infinita, e o fundamento de Seu direito à nossa obediência é infinitamente forte visto que Ele é infinitamente digno de ser obedecido e nós somos absoluta, universal e infinitamente dependentes dele.

Desse modo, o pecado contra Deus, por ser uma violação de infinitas obrigações, é necessariamente um crime infinitamente hediondo e, portanto, merecedor de punição infinita. Para o senso comum da humanidade, nada é mais concordante do que os pecados cometidos contra alguém serem hediondos na proporção da dignidade de quem está sendo ofendido e maltratado. Isso é igualmente concordante à Palavra de Deus: "Pecando o homem contra o próximo, Deus lhe será o árbitro;" — isto é, Ele o julgará e infligirá uma punição finita, tal como os juízes finitos podem infligir — "pecando, porém, contra o SENHOR, quem intercederá por ele?" (1SM 2:25). Esse foi o agravamento do pecado que fez José o temer: "...como, pois, cometeria eu tamanha maldade e pecaria contra Deus?" (GN 39:9). Esse foi o agravamento do

SERMÕES SOBRE AVIVAMENTO

pecado de Davi, em comparação ao qual ele considerou todos os outros como nada, por tal pecado exceder infinitamente os demais: "Pequei contra ti, contra ti somente" (SL 51:4). A eternidade da punição dos ímpios a torna infinita e não mais do que infinita. Assim, torna-se apenas proporcional à hediondez daquilo de que eles são culpados.

Se há algum mal ou falta no pecado contra Deus, certamente há um mal infinito, porque, se há alguma falta, ela tem agravamento infinito, por ser contra algo infinito. Mesmo sendo tão pequeno segundo outras considerações, basta ser alguma coisa para ter uma dimensão infinita e, assim, ser um mal infinito. Isso pode ser ilustrado da seguinte maneira: se supomos que uma coisa tem comprimento infinito, mas sem largura e espessura (uma mera linha matemática), é nada. Porém, se tem alguma largura e espessura, ainda que não tão pequena, e comprimento infinito, sua quantidade é infinita. Ela excede a quantidade de qualquer coisa, por mais ampla, espessa e longa que seja, em que todas essas dimensões são finitas.

Sendo assim, se as objeções feitas contra a infinita punição do pecado — decorrentes da necessidade, ou melhor, da prévia certeza, da futuridade [futuro estado de ser] do pecado, decorrente da inevitável corrupção original da natureza — argumentam alguma coisa, o fazem contra qualquer falha, porque, se essa necessidade ou certeza deixa algum mal no pecado, essa falta precisa ser infinita devido ao objeto infinito.

Porém, todo objetor que, a partir disso, argumentar que não há falha alguma no pecado, refuta (confunde) a si mesmo e mostra a sua própria insinceridade em sua objeção. Ao mesmo tempo em que objeta que os atos dos homens são necessários e que esse tipo de necessidade é inconsistente com a falta no ato, sua própria prática demonstra que ele não acredita que aquilo que ele objeta seja verdade. Caso contrário, por que ele culpa os homens? Ou por que tais pessoas estão descontentes com os homens em virtude de atos abusivos, injuriosos e ingratos para com elas? Independentemente do que eles finjam, com isso mostram que, de fato, acreditam não haver, nos atos dos homens, necessidade inconsistente com culpa. E se a objeção deles for que essa certeza anterior é por ordem do próprio Deus, e que onde Deus ordena uma certeza antecedente dos atos, Ele transfere toda a culpa do agente para si mesmo. Sua atitude mostra que, ao mesmo tempo, eles não acreditam nisso, mas acreditam plenamente no contrário, visto que, quando são maltratados pelos homens, ficam descontentes com os homens, não apenas com Deus.

A luz da natureza ensina a toda a humanidade que, quando uma ofensa é voluntária, é defeituosa, sem qualquer consideração do que poderia haver anteriormente para determinar a futuridade daquele ato maligno da vontade. E realmente ensina isso, tanto aos que mais objetam e contestam quanto aos outros, como demonstra a sua prática universal, pelo que tais objeções parecem ser insinceras e perversas. Quando forem ofendidos, os homens mencionarão a natureza corrupta dos outros como algo que agrava seu crime e em que, em parte, consiste a sua falta. Quão comum é que as pessoas, quando olham para si mesmas gravemente ofendidas por outra pessoa, ataquem-na e agravem a sua vileza, dizendo: "Ele é um homem do mais perverso espírito; seu temperamento é naturalmente egoísta, mesquinho, ou orgulhoso e arrogante, pois sua inclinação é baixa e vil". Contudo, no tocante aos pecados dos homens contra Deus, suas inclinações naturais e corruptas são mencionadas como uma desculpa para eles, como se os tornassem irrepreensíveis.

b) *É justo Deus rejeitar eternamente os ímpios. Isso pode parecer mais abundantemente justo se considerarmos de quantos pecados eles são culpados.* Pelo que já foi dito, vê-se que, se os homens fossem culpados de todos os pecados exceto um, isso já seria base suficiente para sua eterna rejeição e condenação. Basta serem pecadores. Apenas isso já poderia ser suficiente para impedi-los de levantar a cabeça e fazer com que batessem no peito juntamente com o publicano que clama: "Ó Deus, sê propício a mim, pecador!" (LC 18:13). Entretanto, os pecadores estão cheios de pecados, cheios de princípios e atos de pecado: sua culpa é como grandes montanhas, empilhadas umas sobre as outras até chegar ao céu. Eles são totalmente corruptos, em todas as partes, em todas as suas faculdades e em todos os princípios de sua natureza, seus entendimentos e vontades, também em todas as suas inclinações e afeições. Sua mente e seu coração são totalmente depravados. Todos os membros de seu corpo são apenas instrumentos de pecado, e todos os seus sentidos — visão, audição, olfato, tato e paladar — são apenas entradas e saídas de pecado, canais de corrupção.

Não há coisa alguma além de pecado, nada de bom: "...sei que em mim, isto é, na minha carne, não habita bem nenhum..." (RM 7:18). Existe todo tipo de perversidade. Há as sementes dos maiores e mais tenebrosos crimes. Há princípios de todo tipo de perversidade contra os homens, e há toda perversidade contra Deus. Há soberba, inimizade, desprezo, disputas, ateísmo, blasfêmia. Há essas coisas com uma força excepcional. O coração está sob o poder delas. Está vendido ao pecado e é um perfeito escravo dele. Há dureza de coração, dureza maior do que a de uma rocha ou de um diamante. No pecado há obstinação e perversidade, incorrigibilidade e inflexibilidade, que não serão vencidas por ameaças ou promessas, por avivamentos ou encorajamentos, por julgamentos ou misericórdias, nem por algo aterrorizante, nem por algo vitorioso. O próprio sangue de Deus, nosso Salvador, não conquistará o coração de um homem perverso.

E há verdadeiras perversidades que não se podem contar ou medir. Há violações de todo mandamento, em pensamento, palavra e ação: vida repleta de pecado. Dias e noites repletos de pecado. Misericórdias abusadas e carrancas desprezadas. Misericórdia e justiça, e todas as perfeições divinas, tripudiadas. E a honra de cada pessoa da Trindade pisoteada na sujeira. Ora, se uma única palavra ou pensamento pecaminoso contém tanto mal a ponto de merecer destruição eterna, como merece ser eternamente rejeitado e destruído quem é culpado de tanto pecado!

2. Considerar a pecaminosidade do homem e a soberania de Deus pode servir para esclarecer ainda mais a justiça de Deus na rejeição e condenação eternas dos pecadores com base nos sofismas e objeções dos homens.

Não pretendo, agora, determinar com precisão quais coisas são, e quais não são, atos e exercícios próprios da santa soberania de Deus, e sim apenas demonstrar que a soberania de Deus se estende ao que veremos a seguir.

a) *Tal é o poder e o direito soberano de Deus que, origi-nalmente, Ele não tem obrigação de impedir os homens de pecar.* Porém, em Sua providência, pode permitir e deixá-los pecar. Ele não foi obrigado a impedir que os anjos ou os homens caíssem. Não é razoável supor que Deus deva ser obrigado a isso se fizer uma criatura racional capaz de conhecer a Sua vontade, recebendo dele a Lei e estando sujeita ao Seu governo moral e, ao mesmo tempo, impossibilitá-la de pecar ou de violar a Sua Lei. Pois, se Deus é obrigado a fazê-lo, isso destrói toda a finalidade de qualquer mandamento, lei, promessa ou ameaça e a própria noção de qualquer governo moral de Deus sobre essa criatura racional. Para qual propósito Deus daria tais leis, declararia a Sua santa vontade a uma criatura, acrescentaria promessas e ameaças para instigá-la ao seu dever e a faria ter o cuidado de cumpri-las, se ao mesmo tempo a criatura tem de pensar que Deus é obrigado a impossibilitar-lhe a violação das Suas leis? Como podem as ameaças de Deus instigar ao cuidado ou à vigilância quando, ao mesmo tempo, Ele é obrigado a impossibilitar sua exposição às ameaças? Ou qual é propósito de Deus dar uma lei, afinal? Porque, segundo essa suposição, é Deus, e não a criatura, quem está sob a lei. Cabe ao legislador, e não ao súdito, cuidar para que a sua lei seja obedecida. É a esse cuidado que o legislador está absolutamente obrigado! Se Deus for obrigado a nunca permitir que uma criatura caia, cessam todas as leis divinas ou governo ou autoridade de Deus sobre a criatura. Não pode haver propósito nisso.

Deus pode permitir o pecado, embora a existência do pecado certamente resultará dessa permissão, e assim, por permissão, Ele poderá dispor e ordenar o evento. Se houvesse algo como acaso ou mera contingência, e a própria noção disso não incluísse um absurdo grosseiro (como poderia facilmente ser demonstrado que inclui), teria sido muito impróprio Deus haver relegado ao mero acaso o homem cair ou não. Pois o acaso, se existisse tal coisa, é indescritível e cego. E, certamente, é mais adequado que um acontecimento de tão grande importância, e acompanhado por uma infinita sequência de grandes consequências como essa, seja disposto e ordenado por infinita sabedoria do que deixado ao mero acaso.

Se for dito que Deus não precisava ter se interposto para impossibilitar o homem de pecar e, contudo, não deixar isso ao mero acaso ou contingência, mas poderia haver deixado ao livre-arbítrio do homem determinar se deve pecar ou não, eu respondo: se Deus deixou isso ao livre-arbítrio do homem, sem qualquer tipo de disposição ou ordenação (ou melhor, causa adequada) no caso, devendo, portanto, estar previamente certo do que esse livre-arbítrio deveria determinar, então, ainda assim, aquela primeira determinação da vontade precisa ser meramente contingente ou casual. Ela não poderia ter qualquer ato da vontade antecedente para determiná-la, visto que agora falo do primeiro ato de movimento da vontade no tocante ao caso que pode ser considerado o fundamento principal e a origem mais elevada do evento. Supor que isso seja determinado por um ato anterior é uma contradição. Deus dispor essa determinação da vontade por Sua permissão não infringe, de modo algum, a liberdade da criatura. Em nenhum aspecto é mais inconsistente com a liberdade do que o mero acaso ou contingência. Porque, se a determinação da vontade provém de mero e indescritível acaso, não vem mais do próprio agente ou da própria vontade do que se supusermos, no caso, uma sábia disposição divina por permissão.

b) *Era apropriado ser segundo a ordenação da sabedoria e do beneplácito divinos todo homem dever representar a si mesmo ou o primeiro ancestral da humanidade ser indicado como o cabeça moral e federativo, e representante dos demais.* Se Deus não tem liberdade nesse assunto para determinar uma dessas duas opções conforme lhe agradar, só pode ser porque determinar que o primeiro ancestral dos homens deve representar os demais, e não que todos devem representar a si mesmos, é prejudicial à humanidade. Pois, se não é prejudicial, como é injusto? Porém, não é prejudicial à humanidade, porque não há nada na natureza do caso em si que faça com que seja melhor cada homem representar a si mesmo do que todos serem representados por seu ancestral comum, como a mínima reflexão ou consideração convencerá qualquer um. E, se não há nada na natureza daquilo que faz com que a primeira opção seja melhor para a humanidade do que a última, seguir-se-á que eles não são prejudicados por Deus escolher e designar a última em vez da primeira, ou, o que é a mesma coisa, que não é prejudicial à humanidade.

c) *Quando os homens caem e se tornam pecadores, Deus, por sua soberania, tem o direito de determinar a redenção deles conforme desejar.* Ele tem o direito de determinar se redimirá alguém ou não. Se Ele quisesse, poderia ter deixado todos perecerem ou poderia ter redimido todos. Ou Ele pode redimir alguns e deixar outros. E, se assim fizer, poderá tomar

A justiça de Deus na condenação dos pecadores

quem Ele quiser e deixar quem Ele quiser. Supor que todos perderam o favor de Deus e merecem perecer, e supor que Ele não pode deixar que qualquer deles pereça, implica uma contradição, porque supõe que tal pessoa tem direito ao favor de Deus e não está justamente sujeita a perecer, o que contraria a suposição.

É adequado Deus ordenar todas essas coisas segundo a Sua própria vontade. Devido à Sua grandeza e glória, pelas quais está infinitamente acima de tudo, Ele é digno de ser soberano e de ter prazer em tudo. Ele é digno de fazer de si mesmo o Seu objetivo e de fazer com que nada além de Sua própria sabedoria seja a Sua regra na busca por aquele objetivo, sem pedir licença ou conselho a ninguém e sem prestar contas de qualquer um dos Seus assuntos. É apropriado Aquele que é absolutamente perfeito, infinitamente sábio e a Fonte de toda sabedoria determinar tudo (que Ele faz) por Sua própria vontade — até mesmo as coisas da maior importância. É adequado Ele ser assim soberano, porque é o primeiro ser, o ser eterno, de onde todos os outros seres provêm. Ele é o Criador de todas as coisas. Todos são absoluta e universalmente dependentes dele. Portanto, é adequado Ele atuar como o possuidor soberano do Céu e da Terra.

APLICAÇÃO

No aprimoramento dessa doutrina, eu me dirigiria principalmente aos pecadores que têm medo da condenação, usando de convicção. Para você, pode ser uma questão de convicção que seria justo Deus eternamente rejeitá-lo e destruí-lo. É disso que você está correndo perigo. Você, que é um pecador sem Cristo, é uma pobre criatura condenada: a ira de Deus ainda permanece sobre você e a sentença de condenação está sobre você. Você está nas mãos de Deus e não se sabe o que Ele fará com você. Você tem medo do que lhe acontecerá. Você tem medo de que lhe caberá sofrer queimaduras eternas. Seus medos não são infundados. Você tem razão para tremer a todo momento. Porém, nunca tenha tanto medo de que a condenação eterna jamais seja tão terrível, embora seja justa. Deus pode, não obstante, fazer isso e ser justo, santo e glorioso. Embora a condenação eterna lhe seja insuportável, e por mais que seu coração se apequene ao pensar nela, ainda assim a justiça de Deus pode ser gloriosa nela. O seu horror à coisa e a grandeza do seu pavor dela não a tornam menos justa da parte de Deus. Se você pensa o contrário, é sinal de que você não se enxerga, que não tem consciência do que é o pecado, nem de quanto dele você tem sido culpado. Portanto, para convencer-se, seja orientado:

Primeiro, a examinar a sua vida de outrora; pergunte à sua consciência e ouça o que ela tem a testemunhar a respeito. Considere o que você é, que luz você teve e os meios sob os quais viveu e, contudo, como se comportou! Com que esses muitos dias e noites que você viveu foram preenchidos? Como foram gastos aqueles anos que passaram por sua cabeça, um após o outro? Para que o Sol brilhou sobre você, dia após dia, enquanto você aprimorava a sua luz para servir a Satanás por meio dela? Para que Deus manteve o seu fôlego nas suas narinas e lhe deu comida e bebida, para que você tenha gastado sua vida e suas forças, suportado por elas, em oposição a Deus e rebelião contra Ele?

A justiça de Deus na condenação dos pecadores

De quantos tipos de maldade você não foi culpado! Quão múltiplas foram as abominações de sua vida! Que profanidade e desprezo a Deus foram exercidos por você! Quão pouca consideração você teve pelas Escrituras, pela palavra pregada, pelos dias de descanso e pelos sacramentos! Quão profanamente vocês, muitos de vocês, conversaram sobre as coisas sagradas! De que maneira muitos de vocês guardaram o dia santo de Deus não considerando a santidade do tempo, não se importando com o que pensavam nele! Sim, você não apenas gastou o tempo em pensamentos mundanos, vãos e inúteis, mas também em pensamentos imorais, agradando a si mesmo com a reflexão sobre atos passados de perversidade e o planejamento de novos atos. Você não gastou muito tempo sagrado satisfazendo seus desejos em sua imaginação? Sim, não apenas tempo sagrado, mas o próprio tempo da adoração pública a Deus, quando você compareceu à presença mais iminente de Deus? Como você não apenas participou do culto, mas, nesse meio tempo, tem se deleitado com as suas luxúrias e chafurdado em abominável impureza! Quantos dias de descanso seguidos você gastou da maneira mais deplorável! Alguns de vocês, não apenas com pensamentos mundanos e perversos, mas também com um comportamento exterior muito perverso! Quando você, nos dias de descanso, se encontrou com seus companheiros iníquos, como o tempo sagrado foi tratado por vocês! Que tipo de conversa houve! Sim, como alguns de vocês, por meio de um comportamento muito indecente, desonraram e desprezaram abertamente os cultos sagrados da casa de Deus e o dia santificado! E o que fizeram alguns de vocês sozinhos, que práticas perversas ocorreram em segredo, até mesmo no tempo santo, somente Deus e sua própria consciência sabem.

E como você se comportou no tempo de oração em família! E que troca fizeram muitos de vocês ao se ausentarem da adoração em família da qual vocês pertencem para estarem em companhia vã! E como continuaram negligenciando a oração em secreto, nisso vivendo intencionalmente em um pecado consciente, contrariando um mandamento tão claro quanto qualquer outro contido na Bíblia! Você não abandonou o temor e reprimiu a oração diante de Deus?

De que comportamento perverso em relação a seus pais alguns de vocês têm sido culpados! Quão longe estiveram de prestar a eles a honra exigida por Deus! Vocês não chegaram a nutrir por eles hostilidade e rancor? E quando eles os desagradaram, vocês desejaram o mal para eles? Sim, e mostraram seu espírito vil no seu comportamento? Tomara que vocês não tenham zombado deles pelas costas e, como o amaldiçoado Cam e Canaã, por assim dizer, ridicularizado a nudez de seu pai em vez de cobri-la e desviar dela o seu olhar (GN 20:20-24). Alguns de vocês não têm desobedecido frequentemente a seus pais, sim, e se recusado a submeter-se a eles? Não é uma maravilha de misericórdia e tolerância não se haver cumprido antes sobre você a sentença de Provérbios 30:17 — "Os olhos de quem zomba do pai ou de quem despreza a obediência à sua mãe, corvos no ribeiro os arrancarão e pelos pintãos da águia serão comidos"?

De que vingança e maldade para com seu próximo você foi culpado! Como você se entregou a esse espírito do diabo, odiando os outros e desejando-lhes o mal, regozijando-se quando o mal se abateu sobre eles e lamentando a prosperidade dos outros, e viveu dessa maneira durante muito tempo! Alguns de vocês não se permitiram um espírito furioso e passional e se comportaram, em sua ira, mais como feras do que como cristãos?

Quanta cobiça houve em muitos de vocês! Tal tem sido o seu amor desordenado pelo mundo e a preocupação com as coisas dele, que tomou conta de seu coração. Vocês não permitiram que houvesse espaço para Deus e a religião. Vocês se preocuparam mais com o mundo do que com a sua salvação eterna. Pelas vaidades do mundo, vocês negligenciaram a leitura, a oração e a meditação. Pelas coisas do mundo, vocês violaram o *Shabat*. Pelo mundo, vocês gastaram uma grande parte do seu tempo em contendas. Pelo mundo, vocês invejaram e odiaram o seu próximo. Pelo mundo, vocês lançaram Deus, Cristo e o Céu para trás de si. Pelo mundo, vocês venderam a sua própria alma. Você, por assim dizer, afogou a sua alma em cuidados e desejos mundanos, sendo, dessa forma, uma mera minhoca, que se encontra em sua constituição apenas quando está rastejando e enterrada na terra.

Quanto apareceu em você um espírito de orgulho, que é, de uma maneira peculiar, o espírito e a condenação do diabo! Como alguns de vocês se orgulham em suas vestimentas! Outros em suas riquezas! Outros em seus conhecimentos e capacidades! Como o irritou ver outras pessoas acima de você! Quanto lhe contrariou dar a outros a devida honra! E como você demonstrou o seu orgulho ao impor as suas vontades e opor-se aos outros, e ao incitar e promover divisão e um espírito de partidarismo em assuntos públicos!

Quão sensual você foi! Não há aqui alguns que se rebaixaram abaixo da dignidade da natureza humana, chafurdando em imundície sensual, como porcos na lama ou vermes imundos se deliciando em alimentar-se de carniça podre? De que intemperança alguns de vocês foram culpados! Quanto do seu precioso tempo vocês gastaram na taverna, em companhias de beberrões, quando deveriam estar em casa com suas famílias e em seus quartos buscando a Deus e a sua salvação!

E de que abominável lascívia alguns de vocês têm sido culpados! Como têm se entregado, dia após dia e noite após noite, a todo tipo de imaginação impura! A sua alma não se encheu delas até tornar-se posse de espíritos imundos e uma gaiola cheia de todo pássaro impuro e odioso? Que pessoas desbocadas alguns de vocês têm sido, frequentemente em conversas libidinosas e lascivas e canções impuras, nas quais coisas impróprias são ditas! E essa companhia na qual esse tipo de conversação aconteceu tem sido o seu deleite. E com que atos e práticas impuros você se contaminou! Deus e a sua própria consciência sabem que abominável lascívia você praticou com coisas impróprias para serem citadas, quando você estava sozinho, quando você deveria estar lendo, meditando ou ajoelhado diante de Deus orando em secreto. E como vocês corromperam outros e se contaminaram! Que vil impureza você praticou acompanhado! De que abominações às escuras você foi culpado! Assim o apóstolo, sem dúvida, mencionou em Efésios 5:12 — "Porque o que eles fazem em oculto, o só referir é vergonha". Alguns de vocês corromperam outros e fizeram o que está em vocês para arruinar a alma deles (se é que, de fato, não o fizeram), e, por suas práticas e exemplos vis, abriram espaço para Satanás, convidaram sua presença e estabeleceram os interesses dele na cidade onde vocês vivem.

De que mentiras alguns de vocês foram culpados, especialmente em sua infância? E seu coração e seus lábios não discordaram com frequência desde que vocês atingiram os anos mais maduros? Que fraude, engano e infidelidade muitos de vocês praticaram em seus negócios, dos quais seu próprio coração está ciente, ainda que não tenham sido notados pelos outros.

E como alguns de vocês se comportaram nos relacionamentos familiares! Como vocês negligenciaram a alma de seus filhos! E não apenas isso, mas corromperam a mente deles com os seus maus exemplos e, em vez de criá-los "na disciplina e na admoestação do Senhor" (EF 6:4), os colocaram a serviço do diabo.

Como alguns de vocês compareceram à sagrada ordenança da Ceia do Senhor sem qualquer tipo de preparação séria, com um espírito descuidado e desleixado e principalmente para cumprir o costume! Você não se aventurou a colocar os símbolos sagrados do corpo e do sangue de Cristo em sua boca enquanto, ao mesmo tempo, vivia nos caminhos de pecados conhecidos e pretendia apenas continuar nas mesmas práticas perversas? E talvez tenha se achegado à mesa do Senhor com rancor no coração contra alguns de seus irmãos ali sentados. Você até mesmo foi àquela sagrada festa de amor entre os filhos de Deus tendo em seu coração o fermento da maldade e da inveja e, assim, comeu e bebeu julgamento para si mesmo.

Quanta insensatez e estupidez acompanharam o seu curso de perversidade, aparecendo em sua obstinação sob vívidas dispensações da palavra e providência de Deus. E como alguns de vocês se desviaram após se estabelecerem na religião e apagaram o Espírito de Deus após Ele vir se empenhando com vocês. E de que instabilidade, preguiça e extenso mau proveito dos esforços de Deus para com vocês são acusáveis!

Ora, após comportarem-se dessa maneira, vocês são capazes de pensar que Deus é obrigado a demonstrar-lhes misericórdia? Depois de tudo isso, vocês não têm vergonha de dizer que é difícil para Deus rejeitá-los? É adequado a alguém que viveu tal vida abrir a boca para desculpar-se, objetar contra a justiça de Deus em sua condenação ou reclamar dela como Deus sendo injusto em não lhe conceder graça de conversão e perdão, torná-lo Seu filho e conceder-lhe vida eterna? Ou falar de seus deveres e grandes esforços na religião, como se tais atuações fossem dignas de ser aceitas e de atrair o coração de Deus para tal criatura? Se esse tem sido o seu proceder, isso não mostra o quão pouco você se examinou e quão pouca consciência você teve de sua própria pecaminosidade?

Segundo, seja instruído a considerar que, se Deus rejeitasse e destruísse você eternamente, que afabilidade e responsabilidade mútua exata haveria entre Deus lidando com você e seu espírito e comportamento.
Não haveria apenas igualdade, e sim semelhança. Deus declara que a maneira como Ele lida com os homens deve ser adequada à inclinação e prática deles.

Para com o benigno, benigno te mostras; com o íntegro, também íntegro. Com o puro, puro te mostras; com o perverso, inflexível. (SALMO 18:25-26)

Por mais que você tema a condenação e fique assustado e preocupado ao pensar nela, se Deus de fato o condenasse eternamente, você seria tratado adequadamente e em exata conformidade com o seu próprio procedimento. Certamente, é simplesmente justo você ser obrigado a comprar na mesma medida com que vende.

Aqui, eu gostaria de expor especificamente: Primeiro, que, se Deus o destruísse eternamente, isso seria compatível com o tratamento que você dá a Deus. Segundo, que isso seria compatível com o tratamento que você dá a Jesus Cristo. Terceiro, que isso seria compatível com o seu comportamento em relação ao seu próximo. E por último, que isso seria compatível com o seu próprio comportamento insensato em relação a si mesmo.

1. Se Deus rejeitasse você eternamente, isso seria exatamente compatível com o tratamento que você dá a Ele. Para poder conscientizar-se disso, considere:

a) *Você nunca exerceu o mínimo grau de amor para com Deus. Portanto, Ele nunca expressar qualquer amor por você seria compatível com o tratamento que você dá a Ele.* Quando Deus converte e salva um pecador, essa é uma maravilhosa e indescritível manifestação do amor divino. Quando uma pobre alma perdida é levada a Cristo, tem todos os seus pecados perdoados e torna-se filha de Deus, levará toda uma eternidade para expressar e declarar a grandeza desse amor. E por que Deus deveria ser obrigado a expressar um amor tão maravilhoso por você, que nunca exerceu o mínimo grau de amor por Ele em toda a sua vida? Você

SERMÕES SOBRE AVIVAMENTO

nunca amou a Deus, que é infinitamente glorioso e adorável. Por que, então, Deus é obrigado a amar você, que é totalmente deformado e repugnante como um verme imundo, ou melhor, uma odiosa víbora? Em seu coração não há benevolência para com Deus. Você nunca se alegrou na felicidade de Deus. Caso Ele tivesse estado infeliz, e se isso fosse possível, você haveria gostado tanto quanto se Ele estivesse feliz. Você não teria se importado com quão infeliz Ele estava, nem lamentado isso mais do que faz agora pelo fato de o diabo estar infeliz. Por que, então, Deus deveria ser considerado obrigado a cuidar tanto da sua felicidade a ponto de fazer por ela coisas tão grandiosas quanto faz por quem é salvo? Ou por que Deus deveria ser chamado de injusto se não houvesse tido o cuidado de salvar você da infelicidade? Você não se importa com o que acontece com a glória de Deus. Você não está angustiado com quanto a honra dele parece sofrer no mundo. Por que Deus deveria se importar mais do que isso com o seu bem-estar?

Não tem sido verdade que, se você pudesse apenas promover os seus interesses particulares e satisfazer aos seus próprios desejos, não se importaria com o quanto a glória de Deus sofresse? E por que Deus não pode promover a Sua própria glória na ruína do seu bem-estar, não se importando com o quanto o seu interesse sofre com isso? Você nunca deu um único passo para, sinceramente, fazer da glória de Deus o seu objetivo ou agir por verdadeiro respeito a Ele. Por que, então, será injusto se Deus não fizer por você coisas tão grandiosas quanto mudar a sua natureza, levantá-lo da morte espiritual para a vida, vencer os poderes das trevas por você, transladá-lo do reino das trevas para o reino do Seu amado

Filho, libertar você do sofrimento eterno e conceder-lhe glória eterna? Você não estava disposto a negar a si mesmo por Deus. Você nunca se importou em mudar de rumo por Cristo. Sempre que entrou no seu caminho alguma oposição ou dificuldade na qual a glória de Deus estava envolvida, tem sido seu hábito evitar isso e isentar-se. Você não se importou em sofrer por Cristo, o qual você não considerou digno disso. Por que, então, deve ser considerado injusto e cruel Cristo não se agradar em derramar o Seu sangue e ser atormentado até à morte por tal pecador?

b) *Você menosprezou a Deus. Por que, então, Deus não pode menosprezar você justamente?* Quando os pecadores têm certa consciência de sua infelicidade, prontamente pensam que Deus não lhes dará atenção, que Ele os verá em um estado de angústia tão lamentável, observando seus fardos e lágrimas, e parecerá menosprezá-los em não manifestar piedade por eles. Eles consideram sua alma como preciosa: seria terrível eles perecerem e queimarem no inferno eternamente. Eles não conseguem imaginar que Deus possa fazer tão pouco caso da sua salvação. Porém, não deveriam considerar que, assim como a sua alma é preciosa, a honra de Deus também é? A honra do Deus infinito, o grande Rei do Céu e da Terra, é algo tão importante (e certamente pode ser, justamente, tão estimada por Deus) quanto a felicidade de um pobre verme — você. Contudo, você menosprezou a honra de Deus e não a valorizou mais do que a sujeira sob os seus pés. Disseram-lhe que tais e tais coisas eram contrárias à vontade de um Deus santo e contrárias à Sua honra, porém, você não se importou com isso. Deus o chamou e o exortou a ter mais afeição pela Sua honra, mas você seguiu em frente sem lhe dar atenção. Assim, você menosprezou a Deus! Contudo, é injusto Deus menosprezá-lo? Você é mais honrável do que Deus, para que Ele seja obrigado a lhe dar muito valor, por mais que você desvalorize a Ele e à Sua glória?

E você não apenas menosprezou Deus no passado, mas ainda o menospreza. Você, de fato, agora finge e demonstra honrá-lo em suas orações e participação em outros deveres exteriores, por meio de um semblante sóbrio e aparentando devoção em suas palavras e seu comportamento, contudo, é tudo mera dissimulação. Esse olhar abatido e essa aparente reverência não vêm de qualquer honra que você tenha a Deus em seu coração, embora deseje que Deus entenda que seja assim. Você, que não creu em Cristo, não tem um pingo sequer de honra a Deus. Essa demonstração dela é meramente forçada, e você é levado a isso por medo, como aqueles mencionados no Salmo 66:3 — "Pela grandeza do teu poder, a ti se mostram submissos os teus inimigos". No original, a expressão é "a ti mentem"; isto é, renderão a ti submissão fingida e respeito e honra dissimulados. Há sobre você uma vara que o faz parecer respeitar tanto a Deus. Essa religião e devoção, e até mesmo a própria aparência delas, logo desapareceriam e tudo esvaneceria se a vara fosse removida. Às vezes, pode ser que você chore ao orar e ao ouvir sermões e espere que Deus perceba isso e considere algum tipo de honra, mas Ele vê que tudo isso é hipocrisia. Você chora por si mesmo. Tem medo do inferno e pensa ser digno da atenção de Deus em você, visto que você pode chorar quando corre perigo de ser condenado e, ao mesmo tempo, realmente não se importar com a honra de Deus.

Vendo você desconsiderar assim um Deus tão grandioso, é hediondo Deus desprezar você, uma criatura pequena, miserável e desprezível, um verme, um mero nada e menos do que nada, um inseto vil, que se levantou em desprezo contra a Majestade do Céu e da Terra?

c) *Por que Deus deveria ser considerado obrigado a conceder salvação a você, quando você tem sido tão ingrato pelas misericórdias que Ele já lhe concedeu?* Deus provou você com muita bondade e você nunca lhe agradeceu sinceramente por isso. Deus cuidou de você, preservou-o, deu-lhe provisão e o seguiu com misericórdia todos os seus dias. Contudo, você continuou pecando contra Ele. O Senhor lhe deu alimento e roupas, mas você empregou tudo isso a serviço do pecado. Ele o preservava enquanto você dormia, mas, quando você se levantava, era para voltar ao antigo hábito de pecar. Não obstante essa ingratidão, Deus ainda manteve a Sua misericórdia, mas a Sua bondade nunca conquistou o seu coração ou levou você a um comportamento mais grato para com Ele. Pode ser que você tenha recebido muitas misericórdias notáveis, recuperação de enfermidades ou preservação de sua vida quando exposto a acidentes em que, se houvesse morrido, teria ido diretamente para o inferno. Porém, você nunca teve qualquer gratidão verdadeira por qualquer uma dessas misericórdias. Deus manteve você fora do inferno e manteve o seu dia de graça e as ofertas de salvação durante muito tempo. Enquanto isso, você não considerou a sua própria salvação tão importante a ponto de, no secreto, pedir a Deus por ela. E agora, Deus aumentou grandemente Sua misericórdia para com você ao dar-lhe os esforços do Seu Espírito, pelos quais uma preciosíssima oportunidade para a sua salvação está em suas mãos. Mas que gratidão Deus recebeu por ela? Que tipo de retorno você deu a toda essa bondade? Tanto quanto Deus multiplicou as misericórdias, você multiplicou suas rebeldias.

Contudo, agora você está pronto para contender por misericórdia e encontrar falta em Deus — não apenas porque Ele não concede mais misericórdia, e sim para contender com Ele, pois não concede misericórdia infinita sobre você, o Céu com tudo que ele contém, e até Ele mesmo, como sua porção eterna. Que ideias você tem de si mesmo para pensar que Deus é obrigado a fazer tanto assim por você, embora você sempre o trate de maneira ingrata por Sua bondade que o tem acompanhado todos os dias de sua vida?

d) *Você escolheu voluntariamente estar com Satanás em sua inimizade e oposição a Deus. Quão justo, portanto, seria você estar com ele na punição dele!* Você não escolheu estar do lado de Deus, e sim escolheu ficar do lado do diabo; teimosamente, continuou nele, contra os chamados e conselhos repetidos frequentemente por Deus. Você preferiu dar ouvidos a Satanás a escutar a Deus; preferiu estar com ele em sua obra. Você se entregou a ele, para sujeitar-se ao seu poder e governo, em oposição a Deus. Quão justamente, portanto, pode Deus também entregá-lo a ele e deixá-lo em seu poder, para realizar a sua ruína. Vendo que você se rendeu à vontade de Satanás, para fazer o que ele quis que você fizesse, certamente Deus pode deixar você nas mãos dele para fazer o que quiser com você. Se os homens querem estar com o inimigo de Deus e ao seu lado, por que Deus é obrigado a redimi-los de suas mãos, se eles fizeram a obra dele? Sem dúvida, você ficaria feliz em servir ao diabo, ser inimigo de Deus enquanto viver e, depois, ter Deus como seu amigo e Ele libertá-lo do diabo quando você for morrer. Porém, será Deus injusto se lidar com você de outra maneira? Certamente, não! Será total e perfeitamente justo você ter a sua parte com aquele com quem você escolheu se aliar, estar em posse daquele a cujo domínio você se rendeu, e, se clamar a Deus por libertação, Ele poder lhe responder com toda justiça o que este versículo diz: "Ide e clamai aos deuses que escolhestes" (JZ 10:14).

e) *Considere quão frequentemente você se recusou a ouvir os chamados de Deus para você e como seria, portanto, justo Ele se recusar a ouvi-lo quando você o invocar.* Pode ser que você esteja pronto para reclamar de haver orado com frequência e implorado fervorosamente a Deus que lhe mostrasse misericórdia, mas não ter resposta de oração. Alguém diz: "Tenho orado constantemente durante tantos anos, e Deus não me ouviu". Outro diz: "Eu fiz o que pude. Orei tão fervorosamente quanto consigo. Não vejo como posso fazer mais. E parecerá injusto se, depois de tudo, meus pedidos me forem negados". Porém, você considera quão frequentemente Deus chamou e você se negou a Ele? Deus chamou fervorosamente e durante muito tempo. Ele chamou e chamou novamente em Sua palavra e em Sua providência, e você recusou. Você não ficou apreensivo por medo de não demonstrar consideração suficiente pelos Seus chamados. Você o deixou chamar tão alto e durante tanto tempo quanto Ele quisesse. De sua parte, você não teve tempo para atender ao que Ele disse. Você tinha outros assuntos em mente. Você tinha essas e aquelas concupiscências para satisfazer e agradar assim como preocupações mundanas para cuidar. Você não podia se dar ao luxo de considerar o que Deus tinha a lhe dizer. Quando os ministros de Cristo se levantaram e suplicaram a você, em Seu nome, *Shabat* após *Shabat*, e até mesmo empregaram suas forças nisso, quão pouco você se comoveu! Isso não o transformou. Em vez disso, você continuou a fazer as coisas de costume. Quando você foi embora, voltou aos seus pecados, à sua lascívia, à sua alegria vã, à sua cobiça, à sua intemperança, e essa tem sido a linguagem do seu coração e a sua prática. "Quem é o SENHOR para que lhe ouça eu a voz?" (ÊX 5:2). Não foi crime você se recusar a ouvir quando Deus o chamou? Contudo, é agora muito injusto Deus não ouvir os seus clamores fervorosos, embora o seu clamor a Deus não seja por respeito a Ele, e sim meramente por amor-próprio? O diabo imploraria tão fervorosamente quanto você se tivesse alguma esperança de, com isso, obter a salvação, e mil vezes mais fervorosamente, mas continuaria sendo tão diabólico quanto é agora. Os seus clamores são mais dignos de ser ouvidos do que os de Deus? Ou Deus é mais obrigado a respeitar o que você diz a Ele do que você a considerar os Seus mandamentos, conselhos e convites a você? O que pode ser mais justo do que isso?

> *Mas, porque clamei, e vós recusastes; porque estendi*
> *a mão, e não houve quem atendesse; antes, rejeitastes*
> *todo o meu conselho e não quisestes a minha repreensão;*
> *também eu me rirei na vossa desventura, e, em vindo*
> *o vosso terror, eu zombarei, em vindo o vosso terror*
> *como a tempestade, em vindo a vossa perdição como o*
> *redemoinho, quando vos chegar o aperto e a angústia.*

Então, me invocarão, mas eu não responderei;
procurar-me-ão, porém não me hão de achar.
(PROVÉRBIOS 1:24-28)

f) *Você não teve coragem de pecar contra Deus supondo que Ele lhe mostraria misericórdia quando você a buscasse?* E não pode Deus, com justiça, recusar-lhe aquela misericórdia que você tanto supôs? Você se vangloriou de que, embora fizesse aquilo, Deus teria misericórdia de você quando clamasse fervorosamente a Ele por ela. Quão justo, portanto, seria Deus desapontar uma presunção assim perversa! Foi com base nessa exata esperança que você ousou afrontar a majestade do Céu tão terrivelmente quanto afrontou. E, agora, você consegue ser tão estúpido a ponto de pensar que Deus é obrigado a não frustrar tal esperança?

Quando um pecador tem coragem de negligenciar a oração em secreto que Deus ordenou, de satisfazer às suas concupiscências, de viver uma vida vã carnal, de contrariar Deus, de tripudiá-lo e desprezá-lo face a face, pensando consigo mesmo: "Se eu fizer isso, Deus não me condenará. Ele é um Deus misericordioso e, portanto, quando eu buscar a Sua misericórdia, Ele a concederá a mim", Deus precisa ser considerado injusto por não agir em conformidade com tal presunção de um pecador?

Quando tal pecador se agrada em buscar a misericórdia de Deus, Ele não pode deixar de demonstrá-la sem incorrer na acusação de ser injusto. Se for assim, Deus não tem liberdade para reivindicar Sua própria honra e majestade, devendo expor-se a todo tipo de afronta e submeter-se ao abuso de homens vis, embora eles o desobedeçam, desprezem e desonrem tanto quanto desejarem. E, quando o fizerem, Ele não pode fazer o que bem entender com Sua misericórdia e graça perdoadora, sendo obrigado a dispensá-la quando eles clamarem por ela. Ele é obrigado a aceitar esses ousados e vis desprezadores da Sua majestade quando lhes for conveniente pedir a Sua graça, devendo perdoar todos os seus pecados. E não apenas isso, mas precisa também adotá-los em Sua família, torná-los Seus filhos e conceder-lhes glória eterna. Que pensamentos mesquinhos, vis e estranhos têm tais servos de Deus, que pensam assim dele! Considere que você tenha ofendido muito a Deus e sido Seu pior inimigo, por Ele ser um Deus misericordioso. Foi assim que você tratou o atributo da misericórdia de Deus! Quão justo é, então, você nunca receber qualquer benefício desse atributo!

Há algo peculiarmente hediondo em pecar contra a misericórdia de Deus, mais do que contra outros atributos. Há uma ingratidão muito vil e horrível em tornar-se o pior para Deus, visto ser Ele um ser de infinita bondade e graça, o que torna, acima de tudo, a perversidade vil e detestável. Tal fato deveria nos conquistar e nos engajar em servir melhor a Deus. Porém, em vez disso, pecar ainda mais contra Ele tem algo inexprimivelmente mau em si e, de maneira peculiar, aumenta a culpa e incita a ira, como parece ser insinuado.

> *Ou desprezas a riqueza da sua bondade, e tolerância, e longanimidade, ignorando que a bondade de Deus é que te conduz ao arrependimento? Mas, segundo a tua dureza e coração impenitente, acumulas contra ti mesmo ira para o dia da ira e da revelação do justo juízo de Deus.* (ROMANOS 2:4-5)

A justiça de Deus na condenação dos pecadores

Quanto maior é a misericórdia de Deus, mais você deve se engajar em amá-lo e viver para a Sua glória. Porém, você tem feito o contrário. Considerar as misericórdias de Deus tão excessivamente grandes foi o que encorajou você a pecar. Você ouviu que a misericórdia de Deus era ilimitada, que era suficiente para perdoar o maior pecador. Por isso mesmo, aventurou-se a ser um enorme pecador. Embora isso fosse muito ofensivo para Deus, embora tenha ouvido dizer que Deus odiava infinitamente o pecado e que as práticas em que você se envolvia eram excessivamente contrárias à natureza, à vontade e à glória do Senhor, isso não deixou você receoso. Você ouviu dizer que Ele era um Deus muito misericordioso e tinha graça suficiente para perdoá-lo. Por isso, não se importou com quão ofensivos a Ele eram os seus pecados. Há quanto tempo alguns de vocês continuam pecando — e de que grandes pecados alguns de vocês têm sido culpados — sob essa presunção! Sua própria consciência pode dar testemunho de que isso os fez recusar os chamados de Deus e não dar atenção às Suas repetidas ordens. Agora, quão justo seria Deus jurar, em Sua ira, que vocês nunca melhorariam por Ele ser infinitamente misericordioso!

A sua ingratidão tem sido maior, porque você não apenas abusou do atributo da misericórdia de Deus, encontrando nela incentivo para continuar pecando, mas também presumiu que Deus exerceria misericórdia infinita por você, particularmente. Essa consideração deve ter tornado Deus especialmente querido por você. Você se encorajou a pecar ainda mais a partir da consideração de que Cristo veio ao mundo e morreu para salvar os pecadores. Que gratidão Cristo recebeu de sua parte por Ele suportar uma morte tão atormentadora em favor dos inimigos dele! Ora, quão justamente Deus poderia recusar que você se tornasse melhor devido ao sacrifício da vida de Seu Filho! Foi por causa dessas coisas que você deixou de buscar a salvação. Você levaria os prazeres do pecado ainda mais longe, endurecendo-se já que a misericórdia é infinita e não seria tarde demais você buscá-la depois. Ora, quão justamente pode Deus desapontá-lo nisso e ordenar que seja tarde demais!

g) *Como alguns de vocês se levantaram contra Deus e, no âmbito de sua mente, se opuseram a Ele em Suas soberanas dispensações!* E, por causa disso, com que justiça Deus poderia se opor a vocês e colocar-se contra vocês! Contudo, vocês jamais se submeteriam a Deus. Jamais concordariam voluntariamente com que Deus deve ter domínio sobre o mundo e governá-los para Sua própria glória, segundo a Sua própria sabedoria. Você, um pobre verme, um caco, um pedaço quebrado de um vaso de barro, ousou criticar Deus e contender com Ele.

> *Ai daquele que contende com o seu Criador! E não passa de um caco de barro entre outros cacos. Acaso, dirá o barro ao que lhe dá forma: Que fazes?* (ISAÍAS 45:9)

Ainda assim, você se aventurou a fazê-lo. "Quem és tu, ó homem, para discutires com Deus?!" (RM 9:20). Contudo, você pensou ser suficientemente grande. Você se arvorou a pedir a Deus que prestasse contas de o porquê Ele faz desse e daquele jeito. Assim, você questiona a Jeová: "Que fazes?".

Se você foi impedido pelo medo de expressar abertamente a sua oposição e inimizade de coração ao governo de Deus,

A justiça de Deus na condenação dos pecadores

foi por sua própria conta. A sua mente não tem estado calma. Você teve o coração de uma víbora dentro de si e esteve pronto para cuspir o seu veneno em Deus. É bom que, às vezes, você não o tenha feito de fato, tolerando pensamentos blasfemos e levantes malignos do coração contra Ele. Sim, e em alguma medida o seu coração mostrou um comportamento impaciente e irritadiço. Ora, dado que você se opôs a Deus, quão justo é Ele se opor a você! Ou é por você ser muito melhor e muito maior do que Deus, que é um crime Ele se opor a você como você se opôs a Ele? Você pensa que a liberdade de se opor é uma prerrogativa exclusiva sua para poder ser inimigo de Deus, mas Deus não pode, de modo algum, ser seu inimigo. Em vez disso, deve ser considerado como, não obstante a isso, obrigado a ajudar e salvar você por Seu sangue e lhe conceder as Suas melhores bênçãos?

Considere como, em sua mente, você contrariou a Deus nos mesmos exercícios de misericórdia para com os outros que você está procurando para si mesmo. Exercendo a Sua infinita graça para com os seus semelhantes, Deus deixou você indisposto e, talvez, em confusão mental. Portanto, quão justamente Deus pode se recusar a exercer essa misericórdia para com você! Você não se opôs a Deus demonstrar misericórdia para com os outros, mesmo no exato momento em que fingia ser sincero com Deus em busca da Sua misericórdia e ajuda para você mesmo? Sim, e enquanto você se esforçava por conseguir algo com que recomendar-se a Deus? E você ainda olhará para Deus com um desafio de misericórdia e, não obstante, contenderá com Ele por isso? Você, que tem um coração como esse e se comportou dessa maneira, pode ir a Deus por outra razão que não seja mera misericórdia soberana?

2. Ser eternamente rejeitado por Deus seria compatível com o seu tratamento dado a Jesus Cristo. Deus teria sido justo em rejeitar você eternamente, sem nunca lhe oferecer um Salvador.

Porém, Deus não fez isso. Ele providenciou um Salvador para os pecadores e o ofereceu a você: Seu próprio Filho Jesus Cristo, que é o único Salvador dos homens. Todos os que não são rejeitados eternamente são salvos por Ele. Deus oferece aos homens a salvação por meio dele e nos prometeu que, se formos a Ele, não seremos rejeitados. Porém, se você tratou, e ainda trata, o Salvador dessa maneira, você ser eternamente rejeitado por Deus será totalmente compatível com o seu comportamento para com Ele, a saber: você rejeitar a Cristo e não o aceitar como seu Salvador.

Se Deus lhe oferece um Salvador para o livrar do castigo merecido e você não o quer receber, certamente é justo que você fique sem esse Salvador. Ou, por você não gostar desse Salvador, Deus é obrigado a providenciar outro para você? Deus entregou uma pessoa infinitamente honorável e gloriosa, Seu próprio Filho unigênito, como sacrifício pelo pecado, proporcionando assim a salvação, e esse Salvador é oferecido a você. Ora, se você se recusar a aceitá-lo, Deus é injusto se não o salvar? Ele é obrigado a salvá-lo da maneira que você escolher, por que você não gosta da maneira que Ele escolheu para realizar isso? Ou acusará Cristo de injustiça por Ele não se tornar o seu Salvador, visto que, ao mesmo tempo, você não deseja aceitá-lo quando Ele se oferecer a você e lhe implorar para aceitá-lo como seu Salvador?

Eu estou ciente de que, a esta altura, muitas pessoas estão prontas para se opor a isso. Se todos falassem o que estão pensando neste momento, ouviríamos murmuração por toda a igreja, e um e outro diriam:

> Não consigo entender como é possível que eu não esteja desejando que Cristo seja o meu Salvador, quando diria ao mundo todo que Ele é o meu Salvador. Como é possível eu não estar disposto a ter Cristo como meu Salvador quando é por isso que estou buscando, orando e lutando como se fosse pela minha vida?

Aqui, portanto, quero me dedicar em convencê-lo de que você está cometendo um erro grosseiro quanto a isso. E, primeiramente, quero me empenhar em demonstrar os motivos do seu erro. E, em segundo, demonstrar-lhe que você rejeitou, e deliberadamente rejeita, Jesus Cristo.

a) *Para que você possa enxergar os fracos fundamentos do seu erro, considere o seguinte:*

Primeiro, há uma enorme diferença entre o desejo de não ser condenado e estar disposto a receber a Cristo como seu Salvador. Não há dúvida de que você tem a primeira. Ninguém supõe que você ame o sofrimento a ponto de escolher sofrer eternamente. Assim, sem dúvida, você deseja ser salvo do sofrimento eterno. Contudo, isso é muito diferente de querer ir a Cristo. É muito comum as pessoas confundirem uma coisa com a outra, mas trata-se de duas coisas diferentes. Você pode amar a libertação, mas odiar o Libertador. Você fala de desejo, mas considere qual é o objetivo desse desejo.

Tal desejo não respeita a Cristo. O caminho da salvação por Jesus não é, de modo algum, o objetivo dele. Ele se encerra totalmente em você fugir do sofrimento. A inclinação da sua vontade não vai além do eu, por isso nunca chega a Cristo. Você deseja ser feliz, isto é, você ama a si mesmo, e aí residem o seu desejo e a sua escolha. Não passa de vã pretensão e ilusão dizer ou pensar que você está desejoso de aceitar a Cristo.

Segundo, certamente há uma enorme diferença entre uma conformidade forçada e um desejo sincero. Força e liberdade não podem coexistir. Ora, esse desejo pelo qual você pensa estar desejando ter Cristo como Salvador é meramente uma coisa forçada. O seu coração não busca a Cristo por si mesmo. Em vez disso, você é forçado e impelido a buscar um interesse nele. Cristo não tem parte alguma em seu coração. De modo algum o coração se aproxima dele. Essa conformidade forçada não é o que Cristo busca em você. Ele busca uma aceitação livre e voluntária. "Apresentar-se-á voluntariamente o teu povo, no dia do teu poder" (SL 110:3). Ele não busca que você o receba contra a sua vontade, e sim por livre vontade. Ele busca ser acolhido em seu coração e em sua escolha. Assim, se você se recusa a receber a Cristo, quão justo é Cristo se recusar a recebê-lo? Quão razoáveis são os termos de Cristo, que se oferece para salvar todos os que voluntariamente, ou de boa vontade, o aceitam como seu Salvador! Quem pode, racionalmente, esperar que Cristo force alguém a recebê-lo como seu Salvador? Ou o que pode ser considerado mais razoável do que todos os que desejam ser salvos por Cristo o acolham sincera e livremente?

E, certamente, seria muito desonroso Cristo oferecer-se em condições inferiores.

b) *Agora, porém, em segundo lugar, quero passar a demonstrar que você não está desejoso de ter Cristo como Salvador.* Para convencê-lo disso, considere:

Primeiro, como é possível você estar desejoso de aceitar a Cristo como o Salvador do merecimento de um castigo que você não tem consciência de merecer? Se você está realmente desejoso de aceitar a Cristo como Salvador, isso precisa ser na forma de um sacrifício para fazer expiação pela sua culpa. Cristo veio ao mundo com a missão de se oferecer como expiação para responder por nosso merecimento de punição. Porém, como você pode estar desejoso de ter Cristo como Salvador de um merecimento do inferno se não está consciente de que merece o inferno? Se você não merecia realmente queimar eternamente no inferno, a própria oferta de uma expiação por tal merecimento é uma imposição a você. Se você não carrega essa culpa, a própria oferta de uma reparação por essa culpa é uma injúria, visto que implica em uma carga de culpa da qual você está livre. Ora, é impossível um homem que não está convencido de sua culpa poder estar desejoso de aceitar tal oferta, pois não pode estar desejoso de aceitar a acusação implicada pela oferta. Um homem que não está convencido de merecer tão terrível castigo não pode se submeter voluntariamente a ser acusado disso. Se esse homem pensa estar desejoso, isso é meramente forçado e fingido, porque, em seu coração, ele se vê muito injuriado, não podendo, portanto, aceitar livremente a Cristo pela noção de um Salvador merecedor de tal punição, visto que tal aceitação é um reconhecimento implícito de que ele merece tal penalidade.

Não digo, porém, que os homens podem estar desejosos de ser salvos de uma punição imerecida; eles podem preferir não a sofrer a sofrê-la. Porém, um homem não pode estar desejoso de aceitar das mãos de Deus uma punição, pela noção de um Salvador de uma punição merecida que tal homem pensa, ele mesmo, não merecer. É impossível alguém admitir livremente um Salvador por essa noção. Uma pessoa como essa não pode gostar do caminho da salvação por meio de Cristo, porque, se ele pensa não merecer o inferno, pensará que a libertação dele é uma dívida e, portanto, não consegue recebê-la, desejosa e sinceramente, como um presente gratuito. Se um rei condenasse um homem a alguma morte torturante que o condenado pensasse não merecer e, em vez disso, considerasse a sentença injusta e cruel, e, ao aproximar-se o momento da execução, o rei lhe oferecesse o seu perdão, por questão de um ato de mui grande graça e clemência, o condenado nunca poderia, voluntária e sinceramente, permitir isso por tal noção, por julgar-se injustamente condenado.

Bem, fica assim evidente que você não está desejoso de aceitar a Cristo como seu Salvador, visto que ainda não teve a percepção de sua própria pecaminosidade e a convicção da sua grande culpa aos olhos de Deus, a ponto de estar realmente convencido de ter sido justamente condenado à punição do inferno. Você jamais foi convencido de haver perdido todo o favor e de estar nas mãos de Deus, e à Sua soberana e arbitrária disposição, para ser destruído ou salvo, conforme lhe aprouver. Você ainda não foi convencido da soberania de Deus. Por isso tantas objeções se levantam contra a justiça de você ser punido pelo pecado original, do decreto de Deus, da misericórdia demonstrada para com os outros, e coisas semelhantes.

Segundo, você não estar sinceramente desejoso de aceitar a Cristo como seu Salvador transparece em você nunca ter se convencido de que Ele é suficiente para a obra da sua salvação. Você nunca teve uma visão ou percepção de qualquer excelência ou valor em Cristo a ponto de dever dar tanto valor ao Seu sangue e à Sua mediação com Deus, suficientes para serem aceitos por criaturas tão excessivamente culpadas que provocaram tanto a Deus e se expuseram a tão surpreendente ira. Dizer que é assim e permitir que seja como os outros dizem é muito diferente de estar realmente convencido disso e de se conscientizar em seu próprio coração. A suficiência de Cristo depende da — ou melhor, consiste na — Sua excelência. E é por Cristo ser uma pessoa tão excelente que o Seu sangue tem valor suficiente para expiar o pecado. É por isso que a obediência dele é tão digna aos olhos de Deus. É também por isso que a intercessão do Senhor é tão prevalente. Portanto, quem nunca teve qualquer visão espiritual ou percepção da excelência de Cristo não é capaz de ter consciência da Sua suficiência.

E os pecadores não estarem convencidos de que Cristo é suficiente para a obra que empreendeu se mostra mais manifestamente quando eles estão fortemente convictos do seu pecado e do perigo da ira de Deus. Embora isso possa ter acontecido antes de eles pensarem que poderiam admitir que Cristo fosse suficiente (porque é fácil permitir que qualquer um seja suficiente para a nossa defesa em um momento em que não enxergamos perigo), quando eles se tornam conscientes da sua culpa e da ira de Deus, que pensamentos desanimadores têm! Como são propensos a entrar em desespero, como se não houvesse esperança ou ajuda para criaturas tão perversas quanto eles! O motivo disso é eles não terem compreensão ou consciência de qualquer outra maneira pela qual a majestade de Deus possa ser justificada senão somente em seu sofrimento. Falar-lhes do sangue de Cristo não significa nada. Não alivia seu coração desmoronado e desesperado. Isso torna mais evidente que eles não estão convencidos de que Cristo é suficiente para ser seu Mediador. E, enquanto não estiverem convencidos disso, será impossível estarem desejosos de aceitá-lo como seu Mediador e Salvador. Um homem com medo angustiante não se dirigirá voluntariamente a uma fortaleza que julgue insuficiente para defendê-lo do inimigo. Um homem não se aventurará voluntariamente a navegar no oceano em um navio que ele suspeita estar furado e afundará antes de terminar sua viagem.

c) *É evidente que você não deseja ter Cristo como seu Salvador, porque tem uma opinião tão vil acerca dele que não ousa confiar em Sua fidelidade.* Alguém que toma sobre si a responsabilidade de ser o Salvador de almas precisa ser fiel, pois, se falhar em tal confiança, quão grande será a perda! Porém, você não está convencido da fidelidade de Cristo, como é evidente, porque, em momentos como quando você está consideravelmente consciente da sua culpa e da ira de Deus, não consegue se convencer de que Cristo está disposto a aceitá-lo, ou que Ele está sempre pronto para recebê-lo se você for a Ele, embora Cristo o convide muito a ir a Ele e tenha tão plenamente declarado que não o rejeitará se você for: "...o que vem a mim, de modo nenhum o lançarei fora" (JO 6:37). Ora, nenhum homem pode estar sinceramente disposto a confiar seu bem-estar eterno nas mãos de uma pessoa infiel ou de cuja fidelidade suspeite.

d) *Você não deseja ser salvo dessa maneira por Cristo, como é evidente, porque não deseja que a sua própria bondade seja dada como inexistente.* No caminho da salvação por meio de Cristo, a bondade dos próprios homens é totalmente considerada inexistente. Ela é absolutamente desprezada. Bem, você não pode estar desejoso de ser salvo de uma maneira em que a sua própria bondade é desprezada, como é evidente, já que você mesmo a considera muito grande. Você valoriza muito suas orações e seus esforços na religião e frequentemente pensa em tudo isso. Quão consideráveis lhe parecem, quando você olha para essas coisas! E alguns de vocês estão pensando em quanto mais fizeram do que os outros e esperando algum respeito ou consideração que Deus possa manifestar pelo que vocês fazem. Ora, se você dá tanto valor ao que faz, é impossível desejar livremente que Deus não dê importância alguma a isso. Como podemos ver em outras coisas: se um homem se orgulha de um grande patrimônio, ou se valoriza muito por seu cargo honroso ou por suas grandes capacidades, é impossível que goste, e aprove sinceramente, que outros façam pouco caso dessas coisas e as desprezem.

Vendo, portanto, ser tão evidente que você se recusa a aceitar a Cristo como seu Salvador, por que Cristo deve ser culpado por não salvar você? Cristo se ofereceu a você no

SERMÕES SOBRE AVIVAMENTO

passado, para ser seu Salvador, e ainda continua se oferecendo, e você continua a rejeitá-lo, contudo se queixa de Ele não o salvar. Tão estranhamente irracionais e inconsistentes consigo mesmos são os pecadores do evangelho!

Porém, a minha expetativa é de que muitos de vocês ainda se opõem. Provavelmente, uma objeção como essa está, agora, no coração de muitos aqui presentes.

OBJEÇÃO 1

• **Se eu não estou desejoso de ter Cristo como meu Salvador, não posso fazer-me desejoso.** Porém, eu daria uma resposta a essa objeção estabelecendo duas coisas que precisam ser reconhecidas como excessivamente evidentes:

a) *Não é desculpa você não poder receber a Cristo por sua própria vontade, já que o faria se pudesse.* Isso é tão autoexplicativo que quase não precisa ser provado. Certamente, as pessoas não o fazerem podendo fazer é o mesmo que a culpa que recai sobre elas, quer possam ou não. Se você desejasse e depois descobrisse que não podia, a sua incapacidade alteraria o caso e poderia ser uma desculpa, porque, então, o defeito não estaria na sua vontade, e sim apenas em sua capacidade. Porém, enquanto você não quiser, não importa se você tem capacidade ou não.

Se você não está desejoso de aceitar a Cristo, segue-se que você não tem o desejo sincero de *estar desejoso*, visto que a vontade sempre, necessariamente, aprova seus próprios atos e jaz neles. Supor o contrário seria supor uma contradição. Seria supor que a vontade de um homem é contrária a si mesma ou que ele deseja o contrário do que ele mesmo deseja. Como você não está desejoso de ir a Cristo e não consegue tornar-se desejoso, não tem o desejo sincero de estar desejoso. Portanto, com justiça pode perecer sem o Salvador. Não há desculpa para você, pois, diga o que quiser acerca de sua incapacidade, a origem de sua culpa está em sua vontade perversa, que é inimiga do Salvador. É em vão você falar de sua falta de poder enquanto a sua vontade for considerada defeituosa. Se um homem odiasse você e golpeasse o seu rosto, mas, ao mesmo tempo, dissesse que o odeia tanto que não podia deixar de escolher e desejar fazer aquilo, você aceitaria isso com mais paciência devido a essa explicação? A sua indignação não seria ainda maior?

b) *Você estar desejoso se pudesse não é desculpa, a menos que a sua falta de desejo de estar desejoso seja sincera.* Aquilo que é hipocrisia e não vem do coração, e sim é meramente forçado, deve ser totalmente posto de lado como digno de nenhuma consideração, porque o bom-senso ensina que o que não é sincero, mas hipócrita, na verdade nada é, sendo apenas uma exibição do que não é. Logo, o que é inútil não deve servir para coisa alguma. Porém, se você deixar de lado tudo o que não é gratuito e chamar de nada um desejo, mas um desejo livre e sincero, veja como fica o caso e se você perdeu, ou não, todas as suas desculpas para se opor aos apelos do evangelho. Você diz que se tornaria desejoso de aceitar, se pudesse. Mas não é por um bom princípio que você está desejoso disso. Não é por livre disposição, ou verdadeiro respeito a Cristo, ou amor ao seu dever, ou espírito de obediência. Não é por influência de algum respeito verdadeiro, ou tendência do seu coração por qualquer coisa boa, ou por qualquer outro princípio diferente do que está no coração dos demônios, já que os faria ter o mesmo tipo de desejo nas mesmas circunstâncias que as suas. É, portanto, evidente que não pode haver bondade em tal possível desejo de ir a Cristo, e o que não tem bondade não pode ser desculpa para alguma maldade. Se isso não contiver algo bom, nada significa e nada pesa quando colocado para contrabalançar o que é mau.

Os pecadores, portanto, gastam seu tempo em discussões e objeções tolas, valorizando o que é inútil e dando desculpas que não vale a pena dar. É em vão continuar fazendo objeções. Você está condenado justamente. A culpa está à sua porta: lance-a longe de você quantas vezes quiser e ela voltará para você. Costure quantas folhas de figueira quiser, a sua nudez aparecerá. Você continua rejeitando deliberada e perversamente a Jesus Cristo e não o deseja como seu Salvador. Contudo, é uma loucura estúpida sua acusar Cristo de injustiça por Ele não salvar você.

Eis aqui o pecado da incredulidade! Assim, a culpa desse grande pecado recai sobre você. Se você nunca tivesse tratado assim o Salvador, poderia muito justamente ter sido condenado por toda a eternidade. Isso só seria exatamente compatível com o tratamento que você deu a Deus. Porém, além disso, quando Deus, mesmo assim, ofereceu-lhe o Seu próprio Filho amado para salvar você desse infindável sofrimento que você merecia, e não apenas isso, mas para fazer você eternamente feliz no deleite dele, você o recusou, não o quis como seu Salvador e ainda se recusa a conformar-se às ofertas do evangelho. O que pode tornar qualquer pessoa mais indesculpável? Se, neste momento, você tiver de perecer eternamente, o que você poderia ter a dizer?

OBJEÇÃO 2

• **Nisso a justiça de Deus na sua destruição aparece em dois aspectos:**

a) *É mais abundantemente manifesto que é justo que você dever ser destruído.* A justiça nunca aparece tão conspicuamente quanto depois de uma misericórdia recusada e abusada. A justiça na condenação parece abundantemente mais clara e límpida após uma rejeição deliberada da salvação oferecida. Que pode um príncipe ofendido fazer além de oferecer gratuitamente perdão a um malfeitor condenado? Porém, se este se recusar a aceitá-lo, alguém dirá que a sua execução é injusta?

b) *A justiça de Deus aparecerá na sua maior destruição.* Além da culpa que você teria se o Salvador nunca tivesse sido oferecido, você traz sobre si aquela grande culpa adicional de recusar, com máxima ingratidão, a libertação oferecida. Que tratamento mais baixo e vil a Deus pode haver do que você, quando justamente condenado ao sofrimento eterno e pronto para ser executado, e Deus graciosamente envia Seu próprio Filho, que vem e bate à sua porta com perdão na mão, e não apenas perdão, e sim um ato de eterna glória — repito, o que pode ser pior do que você, por aversão e inimizade contra Deus e Seu Filho, se recusar a aceitar tais benefícios das mãos do Senhor? Quão justamente pode a ira de Deus se exaltar fortemente e aumentar por isso. Quando um pecador rejeita assim de forma ingrata a misericórdia, seu último erro é pior do que o primeiro. É mais hediondo do que toda a sua rebelião anterior e pode, de maneira justa, trazer sobre ele a mais terrível ira.

OBJEÇÃO 3

• **A hediondez desse pecado de rejeitar um Salvador aparece especialmente em duas coisas:**

a) *A grandiosidade dos benefícios oferecidos*, que aparece na grandiosidade da libertação, decorrente de graus inexprimíveis de corrupção e perversidade de coração e de vida, o menor dos quais é infinitamente mau, e de sofrimento, que é eterno, e na grandeza e glória da herança comprada e oferecida. "Como escaparemos nós, se negligenciarmos tão grande salvação?" (HB 2:3).

b) *A maravilha da maneira pela qual esses benefícios são obtidos e oferecidos.* Quão maravilhoso é Deus por nos ter concedido ajuda em Seu próprio Filho quando o nosso caso era tão deplorável que nenhuma mera criatura podia nos ajudar e Ele se encarregar de nós, vir ao mundo e assumir a nossa natureza. Ele deveria não apenas surgir como uma vida humilde, mas também morrer tal tipo de morte — morte de cruz — e suportar tais tormentos e desprezo pelos pecadores enquanto eram Seus inimigos. Que língua ou tinta e pena pode descrever a enormidade da ingratidão, baixeza e perversidade que há nisso, quando um pecador que perece, que está na mais extrema necessidade de salvação, a rejeita após esta ser obtida de um modo como esse; que uma pessoa tão gloriosa seja tratada dessa maneira quando vem cumprir uma missão tão graciosa; que fique tanto tempo se oferecendo, chamando e convidando, como fez com muitos de vocês, e tudo sem resultado, sendo desprezado o tempo todo? Certamente, você poderia, com justiça, ser lançado no inferno sem qualquer outra oferta de um Salvador! Sim, e lançado para a maior profundeza do inferno! Nisso você excedeu os próprios demônios, porque eles nunca rejeitaram as ofertas de tão gloriosa misericórdia. Não, nem de qualquer misericórdia. Esta será a condenação distinta dos pecadores do evangelho: "...o que não crê já está julgado, porquanto não crê no nome do unigênito Filho de Deus" (JO 3:18). Aquela suavidade exterior da sua postura em relação a Cristo, aquela aparência de respeito por Ele em seu semblante, falas e gestos, não revelam que você o desprezou em seu coração. Pode haver muitas dessas demonstrações exteriores de respeito, e, ainda assim, você ser como Judas, que traiu o Filho do homem com um beijo, e como aqueles zombadores que dobraram os joelhos diante dele e, ao mesmo tempo, cuspiram em Seu rosto.

3. Se Deus o rejeitasse eternamente e o destruísse, isso seria compatível com a sua maneira de tratar os outros.
Não seria outra coisa senão uma resposta exatamente adequada ao seu comportamento para com os seus semelhantes, que têm a mesma natureza humana e estão naturalmente nas mesmas circunstâncias que você, os quais você deve amar como a si mesmo. E isso aparece especialmente em duas coisas:

a) *Muitos de vocês têm se oposto em seu espírito à salvação de outros.* Há várias maneiras pelas quais os homens naturais manifestam um espírito de oposição contra a salvação de almas. Às vezes, isso se mostra por medo de que seus companheiros, conhecidos e semelhantes obtenham misericórdia e, assim, se tornem indescritivelmente mais felizes do que eles. Às vezes, manifesta-se por um mal-estar com a notícia do que outros esperançosamente obtiveram. Aparece quando as pessoas invejam outras por isso, gostam menos delas, não gostam de sua conversa, evitam sua companhia, não suportam ouvir seu discurso religioso e, especialmente, receber delas advertências e conselhos. E, frequentemente, transparece em sua repugnância por nutrir pensamentos caridosos por elas, por terem dificuldade em acreditar que elas obtiveram misericórdia, e uma presteza em dar ouvido a qualquer coisa que pareça contradizê-la. O diabo odiava ver a sinceridade que Jó possuía (JÓ 1:7-11; 2:3-5). Muito frequentemente, aparece muito desse espírito do diabo nos homens naturais. Às vezes, eles são propensos a ridicularizar a pretensa piedade dos outros. Eles falam do fundamento das esperanças dos outros como os inimigos dos judeus falavam do muro que eles construíram. "Estava com ele Tobias, o amonita, e disse: Ainda que edifiquem, vindo uma raposa, derribará o seu muro de pedra" (NE 4:3). Muitos são os que se unem a Sambalate e Tobias e têm o mesmo espírito deles. Sempre houve e sempre haverá inimizade entre a semente da serpente e a semente das mulheres. Ela apareceu em Caim, que odiou seu irmão porque Abel era mais aceitável a Deus do que ele, e ainda aparece nestes tempos e neste lugar. Muitos são como o irmão mais velho conforme vemos em Lucas 15. Ele não pôde suportar que o filho pródigo, ao voltar, fosse recebido com tanta alegria e bom acolhimento e se irritou, tanto contra seu irmão, que havia retornado, quanto contra seu pai, que o havia acolhido tão bem.

Assim, muitos de vocês se opõem à salvação de outros, que têm tanta necessidade dela quanto vocês. Vocês são

A justiça de Deus na condenação dos pecadores

contrários a eles serem libertados do sofrimento eterno, tão insuportável para eles quanto para vocês, não porque a salvação deles os prejudicaria ou a condenação deles os ajudaria, mas apenas porque isso agradaria aquele espírito vil tão semelhante ao espírito do diabo, que, por ser ele mesmo miserável, não deseja que outros sejam felizes.

Quão justo, portanto, é Deus se opor à sua salvação! Se você tem tão pouco amor ou misericórdia a ponto de invejar a salvação do seu próximo, a quem você não tem motivo para odiar e que as leis de Deus e da natureza exigem que você ame, por que Deus é obrigado a exercer tal amor e misericórdia infinitos para com você a ponto de salvá-lo a preço do Seu próprio sangue? Você, quem Ele não tem qualquer obrigação de amar, e sim que merece Seu ódio milhares de vezes? Você não deseja que se convertam os que se comportaram de maneira injuriosa com você, ainda assim, considerará injusto Deus não conceder a graça da conversão a você, que mereceu de Deus dez mil vezes mais mal, como qualquer um de seus semelhantes sempre mereceu de você? Você se opõe a Deus mostrar misericórdia para com aqueles que você pensa serem pessoas perversas e muito indignas dessa misericórdia. A indignidade dos outros é um motivo justo pelo qual Deus não deva conceder misericórdia a eles? E, ainda assim, Deus será injusto se, apesar de toda a sua indignidade, da abominação do seu espírito e das suas práticas aos olhos dele, Ele não demonstrar misericórdia para com você? Você gostaria que Deus lhe concedesse liberalmente e não o repreendesse. Contudo, quando Ele demonstra misericórdia para com os outros, você está pronto para censurá-lo assim que o ouve dizer isso. Você imediatamente pensa consigo mesmo

SERMÕES SOBRE AVIVAMENTO

como eles se comportaram mal, e, talvez, nesse momento a sua boca esteja aberta, enumerando e agravando os pecados dos quais eles são culpados. Você gostaria que Deus enterrasse todas as suas faltas e apagasse totalmente todas as suas transgressões. Entretanto, se Ele for misericordioso para com os outros, talvez você aproveite a ocasião para esquadrinhar todas as falhas antigas deles que você possa imaginar. Ao opor-se à salvação deles, você não reflete muito acerca de si mesmo e não se condena por sua baixeza e espírito injusto para com os outros. Você não luta consigo mesmo e não se condena por isso. Mas em seu coração você brigará com Deus e se incomodará com as dispensações deles, por pensar que Ele se opõe a ser misericordioso para com você. Seria de se pensar que a consideração dessas coisas calasse a sua boca para sempre.

b) *Considere como você promoveu a condenação dos outros.* Muitos de vocês, pelos maus exemplos que deram, por corromperem a mente dos outros, por sua conversa pecaminosa, por levá-los ou fortalecê-los no pecado e pelo mal que vocês fizeram na sociedade humana de outras maneiras que poderiam ser mencionadas, têm sido culpados das coisas que levaram à condenação de outros. Até agora, você apareceu do lado do pecado e de Satanás, fortaleceu o interesse deles, tem ajudado o pecado dos outros de muitas maneiras, endureceu o coração deles e, assim, fez o que levou à ruína da alma deles.

Sem dúvida, há aqueles aqui presentes que foram, em grande parte, o meio de condenação de outras pessoas. Um homem pode realmente ser um meio de condenação de outros tanto quanto de sua salvação. Cristo acusa os escribas e fariseus: "...vós [...] fechais o reino dos céus diante dos homens; pois vós não entrais, nem deixais entrar os que estão entrando" (MT 23:13). Não temos motivo para pensar que não há nesta congregação quem não seja amaldiçoado, dia após dia, por pobres almas que estão rugindo no inferno, de cuja condenação ele ou ela foi o meio ou teve grande parte nela. Muitos contribuem para a condenação de seus próprios filhos negligenciando sua educação, dando-lhes maus exemplos e educando-os de maneiras pecaminosas. Eles cuidam um pouco do corpo, mas pouco da pobre alma. Fornecem-lhes pão para comer, mas negam-lhes o pão da vida, de que suas almas famintas estão necessitadas. E não há aqui pais assim, que trataram dessa maneira os seus filhos? Se os seus filhos não forem para o inferno, não é graças a eles. Não será por eles não terem feito o que levou os filhos à destruição. Visto, portanto, que você não teve mais consideração pela salvação dos outros e promoveu a condenação deles, quão justamente Deus poderia deixá-lo perecer!

4. Se Deus o rejeitasse eternamente, isso seria compatível com o seu próprio comportamento para consigo mesmo, em dois aspectos:

a) *Por ser tão descuidado com a sua própria salvação.* Você se recusou a cuidar da sua salvação conforme Deus lhe aconselhou e ordenou de tempos em tempos. Por que Deus não pode negligenciá-la agora que você o busca para obtê-la? Deus é obrigado a ter mais cuidado com a sua felicidade do que você tem com a sua própria felicidade ou com a Sua glória dele? Deus é obrigado a cuidar de você por amor a você, amor que você não tem para consigo, nem por amor a si mesmo, nem por respeito à autoridade dele? Há quanto tempo e com que intensidade você tem negligenciado o bem--estar da sua preciosa alma, recusando-se a esforçar-se e negar a si mesmo, ou deixar um pouco de atrapalhar a sua salvação, enquanto Deus está chamando você? Nem o seu dever para com Deus, nem amor pela sua própria alma foram suficientes para induzi-lo a fazer pequenas coisas pelo seu próprio bem-estar eterno. Todavia, agora você espera que Deus faça grandes coisas, usando de onipotência e exercendo misericórdia infinita para o seu benefício? Você foi instado a cuidar da sua salvação, não a adiá-la. Disseram-lhe que aquele era o melhor momento antes de você envelhecer e que, se você adiasse, talvez Deus não o ouvisse depois. Entretanto, você não quis dar ouvidos. Você preferiu correr o risco. Agora, quão justamente Deus poderia ordenar que fosse tarde demais, deixando você buscar em vão! Disseram-lhe que você se arrependeria se demorasse, mas você não quis ouvir. Quão justamente, portanto, Deus pode lhe dar motivo para arrepender-se disso recusando-se a demonstrar-lhe misericórdia agora. Se Deus o vê andando por caminhos contrários aos Seus mandamentos e à Sua glória, Ele exige que você os abandone. Ele lhe diz que eles tendem à destruição da sua própria alma e, portanto, o aconselha a evitá-los, mas você se recusa a obedecê-lo. Quão justo seria se Deus fosse provocado por isso a, doravante, ser tão descuidado com o bem da sua alma quanto você mesmo é!

b) *Você não apenas negligenciou a sua salvação, mas voluntariamente tomou caminhos diretos para se autodestruir.* Você seguiu esses caminhos e práticas que levaram diretamente à sua condenação e foi perverso e obstinado neles. Você não pode alegar ignorância. Foi colocada diante de você toda a luz que você poderia desejar. Deus lhe disse que você estava se destruindo, mas você quis continuar. Ele lhe disse que o caminho que você seguia conduzia à destruição e o aconselhou a evitá-lo, mas você não quis dar ouvidos. Quão justamente, portanto, Deus pode deixar você ser destruído! Há longo tempo você tem persistido obstinadamente em percorrer o caminho que leva ao inferno, contrariamente aos contínuos conselhos e mandamentos de Deus. É possível que você esteja, finalmente, chegando ao fim da sua jornada e perto do portão do inferno. Então, começa a se conscientizar de seu perigo e miséria e não considerar injusto e cruel Deus não o libertar! Você se destruiu, e o fez deliberadamente, contrariamente aos repetidos conselhos do Senhor. Sim, e destruiu a si mesmo lutando contra Deus. Agora, portanto, por que culpará alguém além de si mesmo se for destruído? Se você quer se destruir opondo-se a Deus enquanto Ele se opõe a você por meio de Seus chamados e conselhos — e talvez também pelos convencimentos provenientes do Seu Espírito —, que objeção você pode ter contra isso se Deus agora o deixar ser destruído? Você quis seguir o seu próprio caminho e não gostou que Deus se opusesse a você, e o seu caminho arruinaria a sua própria alma. Quão justo é, portanto, finalmente Deus deixar de se opor a você, derrubá-lo e permitir que a sua alma seja arruinada, e, como você quis destruir a si mesmo, também tomar em Suas mãos a sua destruição. Os caminhos pelos quais você avançou tinham uma tendência natural para o seu sofrimento. Se você quis beber veneno opondo-se a Deus e com desprezo por Ele e por Seus conselhos, quem você pode culpar senão a si mesmo se for envenenado e morrer? Se você quiser correr para o fogo contra todas as restrições feitas pela misericórdia e autoridade de Deus, só poderá culpar a si mesmo se for queimado.

Assim, propus algumas coisas à sua consideração, as quais, se você não for demasiadamente cego, insensato e perverso, fecharão a sua boca e o convencerão de que você se encontra justamente condenado diante de Deus e que de modo algum Ele seria injusto com você, mas totalmente justo, negando-lhe qualquer misericórdia e recusando-se a ouvir as suas orações, embora você nunca ore com muito fervor, nem com muita frequência e duração. Deus pode desconsiderar totalmente as suas lágrimas e os seus gemidos, o seu coração pesado, os seus desejos fervorosos e grandes esforços e pode lançar você à destruição eterna, sem qualquer consideração pelo seu bem-estar, negando-lhe a graça da conversão e entregando-o a Satanás. E, por fim, lançar você no lago que arde com fogo e enxofre, para lá permanecer por toda a eternidade, sem descanso dia ou noite, glorificando eternamente a Sua justiça aplicada sobre você na presença dos santos anjos e do Cordeiro.

OBJEÇÃO

• Aqui, porém, muitos ainda poderão objetar (porque estou ciente de que é difícil calar a boca dos pecadores) que "Deus demonstra misericórdia para com outros que fizeram essas coisas e outras muito piores do que eu fiz".

a) *Isso não prova que Deus é obrigado a demonstrar misericórdia por você ou por eles.* Se Deus a concede a outros, não

A justiça de Deus na condenação dos pecadores

o faz porque é obrigado a concedê-la. Se lhe houvesse agradado, Ele poderia, com gloriosa justiça, havê-la negado. Se Deus a concede a alguns, isso não prova que Ele é obrigado a concedê-la a alguém. E, se não é obrigado a concedê-la a pessoa alguma, não é obrigado a concedê-la a você. Deus não está em dívida com pessoa alguma e, se concede a alguém com quem não tem dívida, porque lhe agrada, isso não o torna endividado para com outros. Não faz diferença para você se outros a recebem ou não. Você não merece menos condenação do que se a misericórdia nunca tivesse sido concedida a pessoa alguma. "Porventura, não me é lícito fazer o que quero do que é meu? Ou são maus os teus olhos porque eu sou bom?" (MT 20:15).

b) *Se essa objeção é boa, o exercício da misericórdia de Deus não lhe é de direito e não lhe cabe conceder a Sua graça.* Aquilo de que Deus não pode dispor conforme lhe agradar não é Seu, porque o que é Seu está à Sua disposição. Porém, se não é de Deus, Ele não é capaz de dá-lo como dádiva ou presente a pessoa alguma. É impossível conceder uma dívida. Que pensaria você de Deus? O grande Deus precisa ser amarrado para não exercer Seu próprio deleite em conceder Suas próprias dádivas, mas, se as conceder a alguém, precisa ser considerado obrigado a concedê-las a outra pessoa? No tocante às dádivas de Sua graça, Deus não é digno de ter o mesmo direito que um homem tem sobre seu dinheiro ou seus bens? Isso não pode ser permitido a Deus por Ele não ser tão grande e por dever estar mais sujeito ao homem? Se algum de vocês vê motivo para demonstrar bondade para com um semelhante, todos os demais vão até você e dizem que você lhes deve tanto quanto deu a tal homem? Porém, é assim que vocês tratam com Deus — como se Ele não fosse digno de ter sobre os Seus bens uma propriedade tão absoluta quanto vocês têm dos seus.

Nesse caso, Deus não pode dar coisa alguma de presente. Ele nada tem de Seu para conceder. Se tem a intenção de demonstrar a alguns um favor peculiar, ou de colocar algumas pessoas específicas sob obrigações peculiares para com Ele, não pode fazê-lo, por não ter qualquer dádiva especial à Sua própria disposição. Se é assim, por que você ora a Deus pedindo a Ele que lhe conceda graça salvadora? Se Deus não age de maneira justa negando-a a você enquanto a concede a outros, não vale a pena orar por ela, mas você pode lhe dizer que Ele a concedeu a outros tão maus ou piores do que você e, assim, exigi-la dele como uma dívida. E, nesse caso, as pessoas nunca precisam agradecer a Deus pela salvação, quando ela é concedida, afinal, que ocasião há para agradecer a Deus por aquilo que não estava à Sua disposição e que Ele não poderia, com justiça, negar? A questão fundamental é que os homens têm maus pensamentos em relação a Deus e pensamentos elevados em relação a si mesmos. Por isso, consideram que Deus tem pouco direito e eles têm muito. "Porventura, não me é lícito fazer o que quero do que é meu?" (MT 20:15).

c) *Deus pode, com justiça, demonstrar maior respeito por outros do que por você, visto que você demonstrou maior respeito por outros do que por Ele.* Você escolheu ofender a Deus em vez de aos homens. Deus apenas demonstra maior respeito pelos outros, que são, por natureza, seus iguais, do que por você. Porém você demonstrou maior respeito pelos que são infinitamente inferiores a Deus do que por Ele. Você demonstrou maior consideração por ímpios do que por Deus. Você os honrou mais, os amou mais e se uniu a eles em vez de ao Senhor. Sim, em muitos aspectos você honrou mais ao diabo do que a Deus. Você escolheu a vontade e os interesses dele em vez da vontade e glória de Deus; escolheu um pouco de dinheiro mundano em vez de Deus; preferiu uma luxúria vil a Ele. Você escolheu essas coisas e rejeitou a Deus. Você colocou seu coração nessas coisas e deixou Deus para trás. Então, onde está a injustiça em Deus se agradar em demonstrar maior respeito pelos outros do que por você ou escolher os outros e rejeitar você? Você demonstrou maior respeito por coisas vis e sem valor, e nenhum respeito pela glória de Deus. Por que Deus não pode dar o Seu amor aos outros e não respeitar a sua felicidade? Você demonstrou grande respeito pelos outros e não por Deus, a quem você é infinitamente obrigado a respeitar acima de tudo. Por que Deus não pode demonstrar respeito pelos outros e não por você, que nunca se obrigou minimamente a Ele?

E, apesar de tudo isso, você ainda não terá vergonha de abrir a sua boca, objetar e criticar os decretos de Deus e outras coisas que você não consegue entender inteiramente. Sejam os decretos de Deus quais forem, isso não altera a questão da sua liberdade mais do que se Deus já soubesse. E por que Deus deve ser culpado por decretar coisas? Especialmente por Ele não decretar coisa alguma além de bem. Quão impróprio teria sido um Ser infinitamente sábio ter criado um mundo e deixar as coisas acontecerem ao acaso, sem dispor os eventos ou pré-ordenar a maneira como eles deveriam ocorrer?

SERMÕES SOBRE AVIVAMENTO

E o que importa para você a maneira como Deus ordenou as coisas, uma vez que a sua experiência constantemente lhe ensina que isso não impede você de fazer o que decide fazer? Você sabe disso, e seus atos e comportamentos diários entre os homens declaram que você tem plena consciência disso no tocante a si mesmo e aos outros. Ainda objetar, por haver algumas coisas nas dispensações de Deus que ultrapassam o seu entendimento, é extremamente irracional. A sua própria consciência o acusa de grande culpa. No tocante ao que foi mencionado, que as coisas secretas de Deus sejam o que quiserem. A sua consciência o acusa das inclinações vis e do ultraje para com Deus, dos quais você mais se ressentiria em qualquer momento se o seu próximo tivesse para com você, e por não ligar minimamente para os conselhos secretos e as misteriosas dispensações de Deus possivelmente existentes acerca do assunto. É em vão você se exaltar contra o Deus infinitamente grande, santo e justo. Se continuar fazendo isso, será para sua eterna vergonha e confusão quando, depois desta vida, você vir na porta de quem está toda a culpa de seu sofrimento.

Terminarei o que tenho a dizer aos homens naturais na aplicação dessa doutrina, com uma advertência para não se beneficiarem da doutrina para desanimar. Porque, embora fosse justo Deus rejeitar e destruir você eternamente, também seria justo Deus salvá-lo, em Cristo e por meio dele, que pagou totalmente por todos os seus pecados.

...mediante a redenção que há em Cristo Jesus, a quem Deus propôs, no seu sangue, como propiciação, mediante a fé, para manifestar a sua justiça, por ter

A justiça de Deus na condenação dos pecadores

Deus, na sua tolerância, deixado impunes os pecados anteriormente cometidos; tendo em vista a manifestação da sua justiça no tempo presente, para ele mesmo ser justo e o justificador daquele que tem fé em Jesus.
(ROMANOS 3:24-26)

Sim, Deus pode, por meio desse Mediador, não apenas com justiça, mas também com honra, demonstrar misericórdia a você. O sangue de Cristo é tão precioso que é plenamente suficiente para pagar a dívida que você contraiu e vindicar perfeitamente a Divina Majestade de toda a desonra lançada sobre ela por esses muitos e grandes pecados seus já mencionados. Foi tão grande, e deveras muito maior, Cristo morrer do que teria sido você e toda a humanidade queimarem no inferno por toda a eternidade. De tamanha dignidade e excelência é Cristo aos olhos de Deus que, vendo que Ele sofreu tanto pelos pobres pecadores, Deus está disposto a ter paz com eles, por mais vis e indignos que tenham sido e por quantas bases houvesse para a punição ser justa, para que você não desanime de buscar misericórdia, porque há suficiente dela em Cristo.

De fato, não seria adequado à glória da majestade de Deus demonstrar misericórdia por você, uma criatura tão pecaminosa e vil, por qualquer coisa que você haja feito, por coisas tão inúteis e desprezíveis quanto as suas orações e outras atuações religiosas. Seria muito desonroso e indigno de Deus fazer isso e é em vão esperá-la. Ele demonstrará misericórdia somente por conta de Cristo, e isso, conforme a Sua soberana vontade, para quem lhe agradar, quando lhe agradar e da maneira como lhe agradar. Você não pode colocá-lo sob obrigação por

SERMÕES SOBRE AVIVAMENTO

meio das suas obras. Independentemente do que você fizer, Ele não se verá obrigado a lhe atender. Porém, se for do Seu agrado, Ele poderá, honrosamente, demonstrar misericórdia por meio de Cristo a qualquer pecador dentre vocês, sem excetuar sequer um único desta congregação. Portanto, eis aqui o incentivo para, não obstante toda a sua perversidade, você ainda buscar e esperar, condizente com o discurso de Samuel aos filhos de Israel quando eles ficaram aterrorizados com os trovões e a chuva enviados por Deus e quando a culpa os alcançou: "Não temais; tendes cometido todo este mal; no entanto, não vos desvieis de seguir o SENHOR, mas servi ao SENHOR de todo o vosso coração" (1SM 12:20).

Quero concluir esta abordagem fazendo com que os piedosos se lembrem da livre e maravilhosa graça de Deus concedida a eles. Você era assim. Aconteceu com você exatamente como você ouviu. Você tinha um coração tão perverso, vivia uma vida tão perversa, que teria sido muito justo Deus tê-lo rejeitado eternamente. Porém, Ele teve misericórdia de você. Fez a Sua gloriosa graça o alcançar para a sua salvação eterna. Você não amava a Deus, ainda assim, Ele exerceu um indizível amor por você. Você desprezou a Deus (o viu com desprezo) e fez pouco dele. Mas a graça de Deus colocou um valor tão grande sobre você e a sua felicidade que você foi redimido ao preço do sangue do Seu próprio Filho. Você escolheu estar com Satanás e servi-lo. Entretanto, Deus fez de você, com Cristo, coerdeiro de Sua glória. Você foi ingrato por misericórdias passadas, contudo Deus não apenas manteve essas misericórdias, como também lhe concedeu misericórdias indescritivelmente maiores. Você se recusou a ouvir Deus quando Ele chamou, todavia Deus o ouviu quando você

A justiça de Deus na condenação dos pecadores

chamou por Ele. Você abusou da infinitude da misericórdia de Deus para se incentivar a pecar contra Ele, no entanto Deus manifestou a infinitude dessa misericórdia exercendo-a para com você. Você rejeitou a Cristo e o desprezou, porém Ele se tornou o seu Salvador; negligenciou a sua própria salvação, mas Deus não o fez; destruiu a si mesmo, contudo em Deus esteve a sua ajuda. Deus ampliou sua livre graça para com você e não para com outros, porque Ele o escolheu e se agradou em derramar o Seu amor sobre você.

Ó! Quanto motivo há para louvor! Quão obrigado você está de bendizer o Senhor, que foi generoso com você, e de engrandecer o Seu santo nome! Quanto motivo para você louvar a Deus com humildade, para andar humildemente diante dele.

> ...*para que te lembres e te envergonhes, e nunca mais fale a tua boca soberbamente, por causa do teu opróbrio, quando eu te houver perdoado tudo quanto fizeste, diz o* SENHOR *Deus.* (EZEQUIEL 16:63)

Você nunca deve abrir a boca para gabar-se ou justificar-se, e sim prostrar-se diante de Deus por Sua misericórdia para com você. Você tem os mais abundantes motivos para abrir a sua boca a fim de expressar louvores a Deus, de forma que eles possam estar continuamente em seus lábios, tanto agora quanto durante toda a eternidade, por Sua rica, indizível e soberana misericórdia para com você, pela qual Deus, e somente Ele, o fez diferente dos outros.

O ESFORÇO PARA ENTRAR NO REINO DE DEUS[7]

A Lei e os Profetas vigoraram até João; desde esse tempo, vem sendo anunciado o evangelho do reino de Deus, e todo homem se esforça por entrar nele. (LUCAS 16:16)

No versículo acima, duas coisas podem ser observadas.

Primeiro, aquilo em que consistia a obra e função de João Batista — a pregação do reino de Deus para preparar o caminho para que a sua introdução sucedesse a lei e os profetas. "A lei e os profetas" parece pressupor a antiga dispensação sob o Antigo Testamento, recebida de Moisés

---

[7] Fevereiro de 1735. "Este sermão tem incomum ardor, unção e solenidade, e foi um dos mais úteis pregados por ele." Tradução livre de uma das frases de *Memoirs Of Jonathan Edwards* (Memórias de Jonathan Edwards), de Samuel Hopkins e John Hawksley, impresso por James Black, Londres, 1815.

e dos profetas. Jesus disse que esses vigoraram até João. Isso não quer dizer que as revelações dadas por eles estejam em desuso desde aquele tempo, mas sim que o estado da Igreja — fundada e regida por elas em submissão a Deus —, a dispensação da qual as Escrituras eram os ministros e de cuja luz, recebida dessas Escrituras, a Igreja dependia fortemente continuaram plenamente até João. Ele começou a introduzir a dispensação do Novo Testamento, ou estado cristocêntrico da Igreja, o qual, com seus gloriosos, espirituais e eternos privilégios e bênçãos, é frequentemente denominado reino dos Céus ou reino de Deus. João Batista pregou que o reino de Deus estava próximo. Ele diz: "Arrependei-vos, porque está próximo o reino dos céus" (MT 3:2). Cristo afirma: "...desde esse tempo, vem sendo anunciado o evangelho do reino de Deus" (LC 16:16). João Batista foi o primeiro a pregá-lo. Então, depois dele, Cristo e Seus discípulos passaram a anunciá-lo.

Assim Cristo pregou: "Daí por diante, passou Jesus a pregar e a dizer: Arrependei-vos, porque está próximo o reino dos céus" (MT 4:17). Assim os discípulos foram instruídos a pregar: "...e, à medida que seguirdes, pregai que está próximo o reino dos céus" (MT 10:7). Não foi João Batista, mas Cristo quem introduziu plenamente e, de fato, estabeleceu esse reino de Deus. João, porém, como precursor de Cristo, veio para preparar o caminho do Senhor Jesus antes do Messias; ele fez a primeira introdução. A dispensação antiga foi abolida e a nova, paulatinamente introduzida, assim como a noite desaparece gradualmente e dá lugar ao dia que, raiando, a sucede em seu lugar.

Primeiramente, surge a estrela da manhã. A seguir, vem a luz do próprio Sol, mas fracamente refletida, ao amanhecer.

Porém, essa luz aumenta e brilha cada vez mais, e as estrelas que serviram de luz durante a noite anterior se apagam gradualmente e sua luz cessa, como se agora desnecessária, até que finalmente o Sol nasce e ilumina o mundo com sua própria luz direta, que aumenta à medida que ele sobe mais acima do horizonte, inclusive até a própria estrela da manhã gradualmente desaparecer. (Isso é) compatível com o que João declarou de si mesmo: "Convém que ele cresça e que eu diminua" (JO 3:30). João foi o precursor de Cristo e o arauto do tempo do evangelho, assim como a estrela da manhã é a precursora do Sol. Ele teve a função mais honrosa de qualquer dos profetas. Os outros profetas predisseram a vinda de Cristo, ele o revelou como já vindo e teve a honra de ser o servo que deveria precedê-lo imediatamente e, de fato, apresentá-lo, e até mesmo ser o instrumento envolvido em Sua solene investidura, como foi ao batizá-lo. João foi o maior dos profetas que vieram antes de Cristo (MT 11:11), porque a estrela da manhã é a mais brilhante de todas as estrelas. Ele veio para preparar o coração dos homens para receber o reino de Deus que Cristo estava prestes a revelar e a edificar mais plenamente. João iria adiante "para [...] habilitar para o Senhor um povo preparado" (LC 1:17).

Segundo, podemos observar em que apareceu o seu sucesso: desde que João iniciou o seu ministério, todos os homens se esforçaram para entrar no reino de Deus que ele pregava. A grandeza de seu sucesso apareceu em duas coisas:

a) *Em sua generalidade, no tocante às pessoas em quem o sucesso apareceu: todos os homens.* Eis aqui um termo de universalidade, que não deve, porém, ser considerado universal em relação aos indivíduos, e sim aos tipos, como tais termos universais são, frequentemente, usados nas Escrituras. Quando João pregava, um extraordinário derramar do Espírito de Deus acompanhava a sua pregação. Um despertamento incomum e uma preocupação com a salvação apareceram na mente de todos os tipos de pessoas, até mesmo nas pessoas mais improváveis e naquelas de quem menos se poderia esperar tal coisa — como os fariseus, que eram excessivamente orgulhosos, autossuficientes e presunçosos de sua própria sabedoria e retidão, consideravam-se aptos a ser mestres dos outros e costumavam desprezar a busca de ensinamentos, e os saduceus, uma espécie de infiéis, que negavam a existência de ressurreição, anjos, espíritos ou qualquer estado futuro. Dessa maneira, o próprio João parece estar surpreso ao vê-los ir a ele tão preocupados com a salvação deles.

Vendo ele, porém, que muitos fariseus e saduceus vinham ao batismo, disse-lhes: Raça de víboras, quem vos induziu a fugir da ira vindoura? (MATEUS 3:7)

Além desses, os publicanos, um tipo de homens dos mais infames, iam até ele perguntando o que deveriam fazer para serem salvos. E os soldados, sem dúvida um tipo muito profano, dissoluto e devasso de pessoas, faziam a mesma pergunta.

Foram também publicanos para serem batizados e perguntaram-lhe: Mestre, que havemos de fazer? [...] Também soldados lhe perguntaram: E nós, que faremos? (LUCAS 3:12-14)

b) *O sucesso de João se mostrava na maneira como seus ouvintes buscavam o reino de Deus: com esforço.* Isso é demonstrado, em outra passagem, por eles serem impetuosos pelo reino do Céu e o tomarem à força. "Desde os dias de João Batista até agora, o reino dos céus é tomado por esforço, e os que se esforçam se apoderam dele" (MT 11:12).

DOUTRINA

A doutrina que observo a partir das palavras é: "Cabe a todo aquele que deseja obter o reino de Deus esforçar-se por ele". Ao discorrer sobre esse assunto, eu gostaria de primeiro, mostrar qual maneira de buscar a salvação parece ser indicada na expressão de esforçar-se pelo reino de Deus. Segundo, expor as razões pelas quais cabe a cada um que deseja obter o reino de Deus buscá-lo dessa maneira. E em terceiro, fazer a aplicação.

1. Gostaria de mostrar qual maneira de buscar a salvação parece ser denotada por "esforçar-se para entrar no reino de Deus".

a) *Essa expressão denota força de desejo.* Os homens em geral que vivem sob a luz do evangelho, e não são ateus, desejam o reino de Deus, isto é, desejam ir para o Céu em vez de para o inferno. A maioria deles não está, de fato, muito preocupada com isso, pelo contrário, vive uma vida segura e descuidada. E alguns que estão muitos graus acima destes, estando alguns graus abaixo dos despertamentos do Espírito de Deus, não estão avançando para o reino de Deus. Porém, aqueles que podem ser considerados verdadeiramente assim têm um forte desejo de sair de uma condição natural e se interessar por Cristo. Eles têm tal convicção da miséria de seu estado atual e da extrema necessidade de atingir um estado melhor que a mente deles está, por assim dizer, possuída e totalmente ocupada com isso.

Eles desejam obter a salvação acima de tudo que há no mundo. Essa preocupação é tão grande que praticamente exclui outras preocupações. Anteriormente, eles costumavam ter o desejo deles direcionado para outras coisas ou, talvez, a preocupação deles era dividida entre isso e eles mesmos. Entretanto, quando passam a responder à expressão do texto, de se esforçarem pelo reino de Deus, essa preocupação prevalece sobre todas as demais, rebaixa as outras coisas e, de certo modo, ocupa a atenção da mente. Essa busca pela vida eterna não deve ser apenas um dentre vários interesses da nossa alma. A salvação deve ser buscada como a única coisa necessária — Lucas 10:42. E como a única coisa desejada — Salmo 27:4.

b) *Esforçar-se para entrar no reino do Céu denota fervor e firmeza de resolução.* Deve haver uma forte resolução, acompanhada de força de desejo, como no salmista: "Uma coisa peço ao SENHOR, e a buscarei…" (SL 27:4). Para haver um forte comprometimento da mente quanto a isso, essas duas coisas precisam se encontrar. Além do desejo de salvação, deve haver nas pessoas uma ardente resolução de buscar esse bem com o máximo de suas forças, fazer tudo que, com o máximo de suas forças, forem capazes, atendendo a todos os deveres, resistindo e militando contra todas as formas de pecado, e continuar nessa busca.

Duas coisas são necessárias em uma pessoa para cumprir essas fortes resoluções: deve haver um senso da grande importância e necessidade da misericórdia buscada, bem como um senso de oportunidade para obtê-la, ou do encorajamento existente para buscá-la. A força da resolução depende do senso que Deus dá para o cerne dessas coisas. Pessoas sem esse senso podem pensar que lhes cabe tomar decisões. Elas podem, por assim dizer, forçar uma promessa para si próprias e dizer a si mesmas: "Eu buscarei enquanto viver, não desistirei até obter", mas apenas se enganam, pois seu coração não está envolvido nisso. Elas nem colocam em prática, de fato, qualquer resolução que pensam tomar. A resolução é mais da boca do que do coração. O coração delas não está fortemente inclinado a cumprir o que a boca diz. A firmeza da resolução reside na plenitude da disposição do coração a fazer o que está decidido que será feito. Quem está se esforçando pelo reino de Deus tem o coração disposto a fazer tudo que é necessário e possível fazer e continuar nesse caminho. Tem não apenas fervor, mas também uma firme resolução. Não busca com um coração vacilante e instável, por volteios ou acessos, sendo inconstante. Em vez disso, a inclinação constante de sua alma é, se possível, obter o reino de Deus.

c) *Esforçar-se para entrar no reino de Deus significa grandeza de esforço.* Isso é expresso em Eclesiastes 10:10 — fazer o que a nossa mão encontra para fazer com a nossa força. E essa é a consequência natural e necessária das duas coisas mencionadas anteriormente. Onde há forte desejo e firme resolução haverá esforços responsáveis. Pessoas com o coração assim empenhado se esforçarão para "entrar pela porta estreita"

SERMÕES SOBRE AVIVAMENTO

(LC 13:24) e terão ardor pelo Céu. Sua prática será compatível com este conselho do sábio:

> *Filho meu, se aceitares as minhas palavras e esconderes*
> *contigo os meus mandamentos, para fazeres atento*
> *à sabedoria o teu ouvido e para inclinares o coração*
> *ao entendimento, e, se clamares por inteligência, e*
> *por entendimento alçares a voz, se buscares a sabedoria*
> *como a prata e como a tesouros escondidos a procurares,*
> *então, entenderás o temor do SENHOR e acharás o*
> *conhecimento de Deus.* (PROVÉRBIOS 2:1-5)

Aqui, o fervor do desejo e a força da resolução são demonstrados por inclinar o ouvido à sabedoria e aplicar o coração ao entendimento, e a grandeza do esforço é denotada por clamar por conhecimento e levantar a voz por compreensão, buscá-la como prata e procurá-la como tesouros escondidos. Tais desejos e resoluções, e tais esforços, caminham juntos.

d) *Esforçar-se para entrar no reino de Deus denota empenho e zelo, que se referem diretamente à tarefa de apoderar-se do reino de Deus.* A mente das pessoas pode estar muito preocupada e angustiada quanto à condição de sua alma. Seus pensamentos e cuidados podem estar fortemente engajados e ocupados com coisas de natureza espiritual e, mesmo assim, não estar se esforçando para entrar no reino de Deus, nem indo em direção a ele. Sua mente não está diretamente ocupada com a obra de buscar a salvação, em diligente atenção aos meios que Deus designou para isso, e sim com outra coisa alheia aos seus negócios. Podem ser os decretos e propósitos secretos de Deus, intrometendo-se neles em busca de sinais pelos quais possam determinar, ou pelo menos conjeturar, o que são, antes de Deus os tornar conhecidos por seu cumprimento. Elas angustiam a mente com o medo de não serem eleitas, de haver cometido o pecado imperdoável ou de seu tempo haver passado, e de que Deus as tenha entregado a dificuldades judiciais e finais e nunca pretenda demonstrar-lhes misericórdia, e, portanto, que é em vão buscarem a salvação. Ou se envolvem com a doutrina do pecado original e outras doutrinas misteriosas da religião que estão acima de sua compreensão.

Muitas pessoas que parecem estar muito angustiadas quanto a um futuro estado eterno chegam a ficar perplexas com coisas como essas. Quando for assim, que sua mente nunca se preocupe e se engaje tanto — não se pode dizer que elas estão se esforçando para entrar no reino de Deus, porque sua atividade não está em sua obra, mas no que tende a impedi-las em sua obra. Se são ardorosas, estão apenas trabalhando ardorosamente para se enredar e colocar bloqueios em seu próprio caminho. Seu esforço não é para a frente. Em vez de serem bem-sucedidas, apenas perdem seu tempo e, pior do que simplesmente perdê-lo, em vez de lutar com os gigantes que se atravessam no caminho para mantê-los fora de Canaã, desperdiçam seu tempo e sua força em conflitos com sombras que aparecem à beira do caminho.

Por isso, não devemos julgar a esperança do caminho em que as pessoas estão ou a probabilidade de seu sucesso na busca da salvação apenas pela grandeza da preocupação e angústia em que se encontram, visto que muitas têm angústias desnecessárias, que seria muito melhor não terem. Isso é muito frequente com pessoas tomadas pela doença da melancolia, quando o adversário das almas costuma tirar grande vantagem. Porém, as pessoas estão no caminho mais provável para obter o reino do Céu quando a intenção da mente e a dedicação do espírito delas estão em sua obra e ocupação adequadas, e toda a inclinação da alma é atentar aos meios de Deus e fazer o que Ele lhes ordena e direciona. Como o apóstolo nos diz: "...luto, não como desferindo golpes no ar" (1CO 9:26). Nosso tempo é suficientemente curto. Não temos necessidade de gastá-lo naquilo que nada tem a ver com o propósito divino. Há dificuldades reais e inimigos suficientes para as pessoas encontrarem, para empregar toda a sua força. Elas não precisaram desperdiçá-la lutando com fantasmas.

e) *Esforçar-se para entrar no reino de Deus denota superar oposição e dificuldades.* Há na expressão uma clara sugestão de dificuldade. Se não houvesse oposição e o caminho fosse todo limpo e aberto, não haveria necessidade de esforço para seguir em frente. Portanto, aqueles que estão se esforçando pelo reino de Deus prosseguem com tamanho engajamento que superam as dificuldades que os atrapalham. Eles estão tão empenhados na salvação que as coisas que desencorajam, param e fazem retroceder os outros não os impedem: eles se esforçam e passam por elas. As pessoas devem estar tão decididas a ir para o Céu que, se por algum meio *puderem* conseguir, *conseguirão.* Sejam esses meios difíceis ou fáceis, angustiantes ou aprazíveis, se forem meios necessários para a salvação, serão cumpridos. Quando algo é apresentado para ser feito, a pergunta não deve ser: "É fácil ou difícil?", ou "Agrada ou contraria as minhas disposições ou os meus interesses carnais?", e sim: "É um meio necessário para eu obter uma parte em Jesus Cristo e na salvação eterna?". Assim disse o apóstolo: "para *ver* se, de alguma maneira, eu possa chegar à ressurreição dos mortos" (FL 3:11 ARC). Ali, no contexto das dificuldades que superou, Paulo nos diz que sofreu a perda de tudo e foi voluntariamente conformado até mesmo à morte de Cristo, embora isso tivesse ocorrido com extremo tormento e ignomínia.

Comumente, quem está se esforçando para entrar no reino de Deus encontra no caminho muitas coisas que lhe são contrárias, mas não é detido pela cruz que está diante dele. Ele a toma e carrega. Suponha que caiba a ele fazer algo oposto ao seu temperamento natural e, por isso, enfadonho. Suponha algo que ele não possa fazer sem sofrer em sua posição, que ele perceba que parecerá estranho aos olhos dos outros e o exporá a ridículo e lhe trará reprovação, ou qualquer coisa que ofenderá um próximo e atrairá a sua animosidade, ou algo que será muito contrário ao seu próprio apetite carnal; ele se esforçará em meio a tais dificuldades. Tudo que se descobre ser um peso que o impede de correr essa corrida, ele lança fora de si, ainda que seja um peso de ouro ou pérolas. Sim, se for a mão ou o pé direito o que o ofende, ele os cortará e não se refreará em arrancar o olho direito com as próprias mãos. Essas coisas são dificuldades insuperáveis para quem não está totalmente empenhado em buscar a salvação; são pedras de tropeço que eles nunca superam. Porém, não é assim com quem se esforça para entrar no reino de Deus. Agora ele não se apega mais a tais coisas (antes de ele ser totalmente retirado da sua segurança), sobre as quais ele costumava ter longas negociações e disputas com sua própria consciência — empregando a razão carnal para inventar argumentos e desculpas. Ele encerrou as disputas e os arrazoamentos intermináveis e se esforça ardorosamente em meio a todas as dificuldades.

Independentemente do que estiver no caminho, o Céu é o que ele precisa obter e deseja possuir, não se puder fazê-lo sem dificuldade, e sim se for *possível*. Ele encontra a tentação: o diabo está frequentemente sussurrando em seu ouvido, colocando seduções diante dele, ampliando as dificuldades da obra em que ele está engajado, dizendo-lhe que elas são insuperáveis e que ele nunca conseguirá vencê-las e tentando desencorajá-lo de todas as maneiras do mundo. Contudo, ainda assim, ele continua se esforçando. Deus concedeu e mantém um espírito tão fervoroso pelo Céu que o diabo não consegue detê-lo em seu curso. Ele não tem tempo para dar ouvido ao que o diabo tem a dizer.

Agora, passo a:

2. Mostrar por que o reino do Céu deve ser buscado dessa maneira.

Ele deve ser buscado:

a) *Por causa da nossa extrema necessidade de entrar no reino do Céu.* Temos uma carência fatal disso. Caso contrário, estamos total e eternamente perdidos. Fora do reino de Deus, não há segurança, não há outro esconderijo. Essa é a única cidade de refúgio, na qual podemos estar protegidos contra o vingador que persegue todos os ímpios. A vingança de Deus perseguirá, alcançará e destruirá eternamente quem não estiver nesse reino. Quem não estiver dentro desse cerco será engolido por um transbordante dilúvio de ira. Essas pessoas poderão ficar à porta, bater e clamar "Senhor, Senhor, abre", mas será em vão — elas serão empurradas para trás, e Deus não terá misericórdia delas. Elas ficarão eternamente destituídas dele. A terrível vingança do Senhor as dominará. Os demônios as agarrarão e todo mal virá sobre elas, e não haverá quem tenha misericórdia delas ou as ajude. Sua situação será totalmente desesperadora e infinitamente dolorosa. Elas serão um caso perdido. Todas as ofertas de misericórdia e expressões de bondade divina serão finalmente retiradas, e toda esperança estará perdida. Deus não terá qualquer tipo de consideração pelo bem-estar delas. Não cuidará para salvá-las de qualquer inimigo ou mal. Em vez disso, Ele mesmo será seu terrível inimigo, executará ira com fúria e se vingará de uma maneira inexprimivelmente terrível. Quem estiver nessa situação estará perdido e arruinado! Será afundado na perdição, infinitamente abaixo de tudo que podemos pensar. Afinal, quem conhece o poder da ira de Deus? E quem conhece o sofrimento do pobre verme sobre quem essa ira é exercida sem misericórdia?

b) *Por causa da brevidade e incerteza da oportunidade de entrar nesse reino.* Quando alguns dias se passarem, todas as nossas oportunidades terão acabado. Nosso dia é limitado. Deus estabeleceu os nossos limites e não sabemos até onde. Enquanto as pessoas estão fora desse reino, a toda hora correm perigo de serem tomadas pela ira. Não sabemos quando ultrapassaremos a linha além da qual não há trabalho, plano, conhecimento e sabedoria. Portanto, devemos fazer o que temos de fazer com as nossas forças — Eclesiastes 9:10.

SERMÕES SOBRE AVIVAMENTO

c) *Por causa da dificuldade de entrar no reino de Deus.* Existem no caminho inúmeras dificuldades, que poucos vencem. A maioria dos que tentam não tem resolução, coragem, fervor e constância suficientes. Falham, desistem e perecem. As dificuldades são demasiadamente numerosas e grandes para quem não se esforça ardorosamente. Eles nunca progridem e ficam ao longo do caminho. São desviados para os lados ou para trás e destruídos. "...estreita é a porta, e apertado, o caminho que conduz para a vida, e são poucos os que acertam com ela" (MT 7:14). "Esforçai-vos por entrar pela porta estreita, pois eu vos digo que muitos procurarão entrar e não poderão" (LC 13:24).

d) *A possibilidade de obtenção.* Embora seja enfrentada com tanta dificuldade, não é impossível. "...roga ao Senhor; talvez te seja perdoado o intento do coração" (AT 8:22); "...na expectativa de que Deus lhes conceda não só o arrependimento para conhecerem plenamente a verdade" (2TM 2:25). Por mais pecadora que uma pessoa seja, e quaisquer que sejam as suas circunstâncias, há possibilidade de ela ser salva. Ela mesma apresenta condições para isso, e Deus é capaz de salvá-la e tem misericórdia suficiente para isso, e há provisão suficiente, feita por meio de Cristo, para que Deus o faça em conformidade com a honra de Sua majestade, justiça e verdade. De forma que, para isso, não há falta de suficiência em Deus, nem de condições do pecador. O maior e mais vil pecador vivente cego, morto e de coração empedernido é passivo de receber luz e graça salvadoras. Portanto, ver que há tal necessidade de obter o reino de Deus, tão pouco tempo e tamanha dificuldade, e ainda tal possibilidade, pode muito bem nos induzir a nos esforçarmos para entrar nele (VEJA JONAS 3:8-9).

e) *É adequado o reino do Céu ser assim buscado, devido à sua grande excelência.* Somos desejosos de buscar coisas terrenas, de valor insignificante, com grande diligência e enfrentando muita dificuldade. Portanto, certamente nos cabe buscar com grande fervor o que tem valor e excelência infinitamente maiores. E quão bem pode Deus esperar e exigir de nós que o busquemos dessa maneira, com a finalidade de entrar no Seu reino!

f) *Essa maneira de buscar é necessária para preparar as pessoas para o reino de Deus.* Tal fervor e intensidade de esforços é o meio comum usado por Deus para levar as pessoas a se conhecerem, vislumbrarem o próprio coração, se conscientizarem de seu próprio desamparo e se desesperarem com sua própria força e justiça. E tal engajamento e constância em buscar o reino do Céu preparam a alma para recebê-lo com mais alegria e gratidão e apreciá-lo e valorizá-lo muito mais quando obtido. De modo que foi por misericórdia para conosco, bem como para a glória de Seu próprio nome, que Deus elegeu essa busca fervorosa como o caminho pelo qual Ele concederá o reino do Céu.

APLICAÇÃO

O uso que eu faria desta doutrina é exortar todas as pessoas sem Cristo a se esforçarem para entrar no reino de Deus. Alguns de vocês estão perguntando o que devem fazer? Você parece desejar saber qual é o caminho pelo qual a salvação deve ser buscada e como é provável que você a obtenha. Você soube agora o caminho para o qual a santa Palavra de Deus direciona. Alguns estão buscando, mas não se pode dizer que estão se esforçando para entrar no reino do Céu. Muitos buscaram a salvação no passado, mas não dessa maneira, e por isso nunca a obtiveram e foram para o inferno. Alguns deles a buscaram ano após ano, porém não a conseguiram e, finalmente, pereceram. Eles foram alcançados pela ira divina e, agora, estão sofrendo a terrível miséria da condenação. Não têm descanso dia e noite, sem outra oportunidade de buscar, devendo sofrer e ser miseráveis ao longo de toda a interminável eternidade. Seja exortado, portanto, a não buscar a salvação como eles, e sim a permitir o reino dos Céu receber fervor de sua parte.

Aqui, eu primeiro responderia a uma ou duas objeções e, em seguida, daria algumas instruções sobre como esforçar-se para entrar no reino de Deus.

OBJEÇÃO 1

• **Alguns poderão estar prontos a dizer: Não podemos fazer isso por nós mesmos. Aquela força de desejo e firmeza de resolução, das quais foi falado, estão fora do nosso alcance. Se me esforço para resolver e buscar com engajamento de espírito, descubro que falho. Meus pensamentos estão distantes da questão, sinto que estou entorpecido e meu engajamento, relaxado, apesar de tudo que eu possa fazer.**

a) *Embora o fervor da mente não esteja imediatamente em seu poder, a consideração do que agora foi dito acerca da necessidade dele pode ser um meio de estimulá-lo a isso.* É verdade que as pessoas nunca estarão totalmente envolvidas nessa questão, a não ser por influência de Deus, mas Deus influencia as pessoas por meios. As pessoas não são estimuladas a um fervor íntimo sem algumas considerações que as levem a isso. E, se as pessoas puderem ser conscientizadas da necessidade da salvação e, também, considerar devidamente a extrema dificuldade desta, a enorme oposição e quão curto e incerto o tempo é — e, contudo, tiverem a percepção de que têm uma oportunidade e que há possibilidade de a obterem —, não precisarão de mais nada para estar totalmente engajadas e resolvidas quanto a isso. Se vemos pessoas indolentes, não decididas e instáveis, é porque elas não consideram essas coisas tanto quanto necessário.

b) *Embora fortes desejos e resoluções da mente não estejam em seu poder, a dor dos esforços está.* Está em seu poder sofrer com o uso dos meios, sim, grandes dores. Você pode sofrer muito e ser diligente em cuidar do seu próprio coração e lutar contra o pecado. Embora haja continuamente no coração toda espécie de corrupção pronta para agir, ainda assim você pode muito laboriosamente vigiar e lutar contra tais corrupções, e está em seu poder, com grande diligência, atender à questão do seu dever para com Deus e para com o próximo. Está em seu poder atender a todas as ordenanças e a todos os deveres públicos e particulares da religião, e fazê-lo com todas as suas forças.

Seria uma contradição supor que um homem não pode fazer essas coisas com todas as suas forças, embora não possa fazê-las com mais forças do que possui. Nem a aridez e a morte do

SERMÕES SOBRE AVIVAMENTO

coração, nem a preguiça impedem os homens de serem capazes de se esforçar, ainda que impeçam sua disposição. Isso é algo em que a sua laboriosidade pode aparecer, até mesmo lutando contra o seu próprio enfraquecimento. Os homens terem um coração morto e preguiçoso não quer dizer que eles não sejam capazes de sofrer; está tão longe disso que dá ocasião ao sofrimento. Uma das dificuldades que atrapalham o dever é as pessoas terem de lutar, e isso dá oportunidade para lutas e labutas.

Se não houvesse dificuldade para buscar a salvação, não haveria ocasião para esforço. Um homem não teria pelo que se esforçar. Há, de fato, grande dificuldade em cumprir todos os deveres exigidos de quem deseja obter o Céu. É extremamente difícil para essas pessoas conterem seus pensamentos. É difícil considerar seriamente, ou para qualquer bom propósito, assuntos da maior importância. É difícil ouvir, ler ou orar com atenção. Porém, isso não é argumento para que um homem não possa se esforçar nessas coisas por serem difíceis. Não, ele não poderia se empenhar nessas coisas se nelas não houvesse dificuldade. Afinal, excetuando-se as dificuldades, o que há em qualquer assunto ou negócio para que alguém possa ter de se esforçar ou lutar? Espírito fervoroso e esforço diligente tendem a se promoverem mutuamente. Quem tiver um coração sinceramente engajado se esforçará, e, provavelmente, quem for diligente e esforçado em todos os deveres não demorará muito para descobrir que a sensibilidade de seu coração e o fervor de seu espírito aumentaram grandemente.

OBJEÇÃO 2

• **Alguns poderão objetar que, se forem fervorosos e se esforçarem muito, correrão o risco de confiar no que**

O esforço para entrar no reino de Deus

fazem. Eles têm medo de cumprir seu dever por medo de torná-lo virtude.

a) *Normalmente, nenhum tipo de pessoa que busca a salvação confia tanto no que faz quanto os indolentes e estúpidos.* Embora todos os que buscam a salvação e nunca foram objeto de total humilhação confiem em sua própria justiça, alguns o fazem muito mais plenamente do que outros. Embora alguns confiem em sua própria justiça, não se tranquilizam nela. E os mais perturbados em sua autoconfiança (e, portanto, no caminho mais provável de ser totalmente desapossados dela) não são negligentes na busca, sendo os mais sérios e fervorosamente engajados, em parte porque, dessa maneira, a consciência é mantida mais sensível. Uma consciência mais desperta não repousará tão tranquilamente nos deveres morais e religiosos, como alguém menos desperto. A consciência de um obtuso ficará muito satisfeita e tranquila com suas próprias obras e realizações. Porém, quem está totalmente desperto não pode ficar impassível ou em paz com algo assim. Desse modo, as pessoas obtêm muito mais conhecimento de si mesmas e familiaridade com seu próprio coração do que por meio de uma maneira negligente e leviana de buscar, visto que têm muito mais experiência de si mesmas. Comumente, Deus usa a experiência de nós mesmos e a descoberta do que somos como meios de nos tirar de toda dependência de nós mesmos. Porém, os homens nunca se conhecem tão rapidamente quanto na maneira mais fervorosa de buscar. Quem está nesse caminho tem mais com que se envolver do que pensar em seus pecados e se observar estritamente, e tem muito mais a ver com seu próprio coração do que os outros. Tal pessoa tem

SERMÕES SOBRE AVIVAMENTO

muito mais experiência de sua própria fraqueza do que outra que não se esforça por testar a sua força. Assim, mais cedo se verá morto em pecado. Tal pessoa, embora esteja inclinada a estar continuamente correndo para a sua própria justiça, não encontra descanso em coisa alguma. Vagueia de uma coisa para outra, procurando algo para aliviar sua consciência inquieta. Busca um refúgio após outro, vai da montanha para a colina, procurando descanso e não encontrando. Portanto, logo provará que não se encontra descanso nem se deposita confiança em criatura alguma.

Assim, é muito errada a noção de alguns de que, quanto mais fizerem, mais dependerão disso, embora o contrário seja verdadeiro: quanto mais fizerem, ou quanto mais aplicados forem em sua busca, menos provavelmente se apoiarão em seus atos e mais cedo verão a vaidade de tudo que fazem. Por isso, as pessoas sentirão excessiva falta se alguma vez negligenciarem qualquer dever, seja para com Deus ou para com o homem, seja qualquer dever de religião, justiça ou caridade, por terem a noção de que isso as expõe a confiar em sua própria justiça. É bem verdade que é comum as pessoas confiarem em seus esforços quando buscam fervorosamente a salvação. Contudo, comumente, as que prosseguem de maneira mais fútil confiam muito mais seguramente em seus serviços estúpidos do que quem está se esforçando para entrar no reino de Deus confia em seu zelo. A negligência dos homens na religião e a confiança deles em sua própria justiça se fortalecem e se estabelecem mutuamente. Sua confiança no que fizeram e no que agora fazem os coloca em um descanso e sossego preguiçosos, impedindo-os de ter consciência de sua necessidade de despertar e avançar. E, por outro

O esforço para entrar no reino de Deus

lado, a negligência deles tende tanto a entorpecê-los em tal ignorância de si mesmos que os mais miseráveis refúgios são estupidamente tomados como descanso suficiente. Portanto, vemos que, quando as pessoas vêm agindo assim há muito tempo, e, depois, Deus vem a despertá-las mais profundamente e incitá-las a serem sinceras, Ele abala todos os seus antigos fundamentos e as desperta para saírem de seus antigos lugares de descanso, de modo que não possam se aquietar com as coisas que, anteriormente, as mantinham seguras.

1. Agora, quero passar a dar algumas instruções sobre como você deve se esforçar para entrar no reino de Deus.

a) *Seja orientado a sacrificar tudo pelo interesse eterno de sua alma.* Que a busca seja a sua inclinação e decisão de tal forma que você fará tudo dar lugar a ela. Não deixe coisa alguma se opor à sua resolução de buscar o reino de Deus. Seja o que for que você costumava considerar conveniência, conforto, facilidade ou algo desejável por qualquer motivo — se isso atrapalhar esse grande interesse, seja descartado sem hesitação. E, se for de tal natureza a ser sempre um obstáculo provável, elimine totalmente e nunca mais alimente qualquer expectativa a respeito. Se, no passado, para obter ganho mundano, você se envolveu em mais assuntos e negócios do que vê ser consistente com a sua necessária dedicação aos assuntos da religião, procure outro caminho, ainda que seu querer mundano sofra. Ou, se até agora tem se envolvido com companhias que lhe motivam a pensar que foram e serão uma armadilha para você e, de alguma maneira, um obstáculo a essa grande intenção, rompa a sua associação, ainda que isso possa lhe causar a reprovação de seus antigos companheiros, ou você sofra as consequências dessa decisão.

Seja o que for que esteja atrapalhando a sua mais vantajosa busca pela salvação — algum estimado prazer pecaminoso, um forte apetite carnal, crédito e honra, ou o beneplácito de algumas pessoas cuja amizade você deseja e cuja estima e apreço você valorizou muito — e se você fizer o que deve, correrá o risco de ser considerado por eles como estranho e ridículo e de se tornar desprezível aos olhos deles. Se isso for sua comodidade, indolência e aversão ao trabalho contínuo, ou sua conveniência exterior em qualquer aspecto, pela qual você poderá evitar dificuldades de um tipo ou de outro, largue tudo isso. Ofereça todas essas coisas juntas, por assim dizer, em um único sacrifício, pelo bem de sua alma. Não deixe coisa alguma competir com sua busca. Em vez disso, faça tudo cair diante dela.

Se a carne precisar ser crucificada, crucifique-a, não a poupe. Crucifique-a e não tenha medo de ser demasiadamente cruel com ela: "…os que são de Cristo Jesus crucificaram a carne, com as suas paixões e concupiscências" (GL 5:24). Não dependa de prazer mundano algum. Que a salvação seja a única coisa para você. Isso é o que certamente é exigido de você e é nisso que muitos travam. Abrir mão de outras coisas pela salvação é uma pedra de tropeço que poucos superam.

Embora outros se esforçassem pelo reino de Deus com a pregação de João Batista, Herodes ficou muito mexido com ela. Diz-se que ele o ouviu e observou e fez muitas coisas. Porém, quando veio lhe dizer que deveria separar-se de sua amada Herodias, ele travou. A isso Herodes jamais cederia (VEJA MARCOS 6:18-20).

O jovem rico estava consideravelmente preocupado com a salvação. Consequentemente, vivia de maneira muito rígida em muitos aspectos. Contudo, quando Cristo o orientou a ir, vender tudo que tinha e dar aos pobres e então segui-lo, seu coração não conseguiu conformar-se com isso e foi embora triste. Ele possuía grandes posses e, amando muito os seus bens, não suportava separar-se deles. Se Cristo o houvesse instruído a apenas desfazer-se de uma parte considerável de seus bens, é possível que ele o fizesse. Sim, talvez se ele lhe tivesse pedido para desfazer-se da metade, ele haveria concordado. Mas, ao ser instruído a ficar sem nada, ele não conseguiu lidar com tal proposição (VEJA MATEUS 19:16-22).

A estreiteza da porta consiste muito nisso, sendo por esse motivo que muitos procuram entrar por ela e não conseguem. Muitos têm a mente grandemente voltada à salvação e desperdiçam grande parte de seu tempo desejando tê-la, mas não se conformarão com os meios necessários.

b) *Seja orientado a esquecer as coisas que ficaram para trás, isto é, não fique pensando e valorizando o que você fez, e sim mantenha a sua mente totalmente concentrada no que você tem a fazer.* Em certo sentido, você deve olhar para trás; deve olhar para trás para ver os seus pecados. "Vê o teu rasto no vale, reconhece o que fizeste" (JR 2:23).

Você deve olhar para a miséria passada de suas atuações religiosas e considerar como falhou nelas: quão excessivamente contaminados foram todos os seus deveres e quão justamente Deus poderia rejeitá-los e odiá-los, e a você por causa deles. Porém, você não deve perder tempo olhando para trás, como muitas pessoas fazem, pensando em quanto fizeram por sua salvação, que grandes esforços fizeram, como fizeram o possível e não veem como podem fazer mais, por quanto tempo estão buscando e quanto mais fizeram do que outros, e até mesmo do que este e aquele que obtiveram misericórdia. Elas pensam consigo mesmas quão duramente Deus trata com elas, que Ele não lhes oferece misericórdia e faz ouvidos moucos a seus clamores, e, por isso, se desanimam e reclamam de Deus.

Portanto, não desperdice tempo olhando para o passado. Olhe para a frente e considere o que está diante de você. Considere o que você pode fazer, o que é necessário você fazer e o que Deus ainda o chama a fazer pela sua própria salvação. O apóstolo, em Filipenses 3, narra o que fez quando era judeu, quanto ele tinha para se orgulhar, se é que alguém pudesse orgulhar-se. No entanto, conta que se esqueceu dessas coisas e de todas as demais que ficaram para trás e avançou em direção às coisas que estavam à frente, esforçando-se por atingir a linha de chegada a fim de receber o prêmio da vocação celestial de Deus em Cristo Jesus.

c) *Esforce-se por ter seu coração totalmente disposto a prosseguir e resistir até o fim.* O coração de muitos que parecem ser fervorosos não tem essa inclinação. É comum as pessoas parecerem muito afetadas durante algum tempo, mas isso logo passa e nada mais se vê. Esforce-se, então, para obter uma total disposição e preparação de espírito para continuar buscando, com seus maiores esforços, sem limitação, e não pense que toda a sua vida é longa demais. Para isso, aconselho duas coisas:

Primeiro, lembre-se de que, se Deus conceder misericórdia a você, usará Sua soberania acerca de quando o fará. Ele a concederá a alguns em pouco tempo; a outros, não antes de a terem buscado durante muito tempo. Se outras pessoas são logo iluminadas e consoladas enquanto você permanece longamente em trevas, não há outro jeito senão esperar. Deus agirá arbitrariamente quanto a isso e você não poderá evitar. Você precisa até se contentar em esperar com esforço e fervor até a hora que Ele designar. Se você recusar, apenas se arruinará, e quando, depois, se encontrar arruinado e vir que a sua situação é irremediável, se condenará muito por renunciar a uma grande probabilidade de salvação somente por não ter paciência para aguentar e não ter disposição para esforçar-se em perseverar!

E de que valerá, diante de Deus ou de sua própria consciência, dizer que você não suportou ser obrigado a buscar a salvação durante tanto tempo, quando Deus a concedeu a outros que a buscaram durante pouco tempo? Embora Deus possa ter concedido os testemunhos de Seu favor a outros poucos dias ou horas após eles haverem começado a buscá-lo fervorosamente, de que modo isso altera a sua situação se for necessário buscar com esforço durante muitos anos antes de obtê-los? Vale menos a pena esforçar-se muito pela salvação visto que, pela soberana vontade de Deus, outros a obtiveram com esforço comparativamente menor?

Se houver duas pessoas, uma das quais obteve graça para conversão com uma facilidade comparativamente maior, e outra que a obteve após passar muitos anos nos maiores e mais fervorosos esforços por ela, quão pouca diferença isso faz no final, uma vez que a salvação é obtida! Coloque na balança todo o esforço e as dores, as persistentes dificuldades e lutas de quem está do lado oposto da salvação, e quão pouco isso subtrai. Coloque na balança da salvação a facilidade com que a outra pessoa obteve, e quão pouco isso acrescenta! O que é acrescentado ou subtraído é mais leve do que a vaidade, e algo desprezível, quando comparado ao infinito benefício obtido. De fato, se você tivesse de esperar dez mil anos e, durante todo esse tempo, lutasse e se esforçasse com um fervor tão grande quanto o exercido por outra pessoa durante um único dia, nada disso seria proporcional à importância do benefício. Sem dúvida, parecerá pouco para você quando possuir realmente a glória eterna e entender de que sofrimento eterno escapou.

Você não deve pensar muito em seus esforços e na extensão de tempo. Você precisa se esforçar pelo reino de Deus, dar o melhor de si, resistir até o fim e aprender a não dar importância ao processo quando houver terminado. Você precisa empreender a tarefa de buscar a salvação nesses termos e sem outras expectativas além desta: se Deus conceder misericórdia, será em Seu próprio tempo. E não apenas isso, mas também de que no fim, quando você houver feito tudo, Deus não se sentirá obrigado a demonstrar-lhe misericórdia.

Segundo, esforce-se agora para pesar em sua mente a dificuldade e para calcular o custo da perseverança em buscar a salvação. Você que está começando essa jornada (e aqui há muitos que começaram a fazer isso muito recentemente — louvado seja o nome de Deus por Ele o ter estimulado a isso!), seja exortado a atender a tal orientação. Não assuma essa empreitada com qualquer outro pensamento que não seja

O esforço para entrar no reino de Deus

o de entregar-se totalmente a Ele pelo restante de sua vida e passar por muitas e grandes dificuldades durante esse tempo.

Tome cuidado para não se engajar secretamente nessa condição, que você obterá em pouco tempo, prometendo a si mesmo que será nesta época do derramamento do Espírito de Deus, ou com qualquer outra limitação de tempo. Muitos, quando começam (parecendo começar com muito fervor), não esperam ser necessário buscar durante muito tempo e, assim, não se preparam para isso. Desse modo, quando descobrem ser diferente e encontram dificuldades inesperadas, estão desprotegidos e são facilmente derrubados. Porém, permitam-me aconselhar a todos os que agora buscam a salvação que não nutram pensamentos lisonjeiros, e sim pesem as maiores dificuldades da perseverança e estejam preparados para elas, tendo a mente fincada nisso para superá-las, sejam elas quais forem.

Considere agora, de antemão, como seria tedioso lutar pela salvação com o maior fervor e esforço durante muitos anos e, enquanto isso, não receber qualquer prova alegre ou consoladora de tê-la obtido. Considere que grande tentação para o desânimo provavelmente haveria nisso. Quão inclinado você estaria a submeter-se a isso. Quão pronto estaria a pensar que é em vão buscar mais e que Deus nunca pretende demonstrar-lhe misericórdia, visto que ainda não o fez. Quão inclinado você estaria a pensar consigo mesmo:

Que vida incômoda eu vivo! De que maneira
muito mais desagradável eu gasto o meu tempo do
que outras pessoas que não confundem a mente
com as coisas de outro mundo e, em vez disso,

estão à vontade e recebem o conforto de seus prazeres mundanos!

Considere quanta tentação provavelmente haveria se você visse outros que se achegaram e começaram a buscar o reino do Céu muito depois de você, regozijando-se em uma esperança e percepção do favor de Deus após mínimas dores e um curto tempo de despertamento, enquanto você, dia após dia e ano após ano, parecia esforçar-se em vão. Prepare-se agora para tais tentações. Previna-se de antemão para tais provações e dificuldades, para não pensar que algo estranho aconteceu quando elas vierem.

Espero que quem deu atenção ao que foi dito tenha, a esta altura, concebido em alguma medida o significado da expressão do texto e de que maneira deve esforçar-se para entrar no reino de Deus. Digo isso para encorajar você a uma conformidade com o que lhe foi orientado: se você ficar parado, morrerá; se retroceder, certamente morrerá; se seguir em frente, poderá viver. E, embora Deus não tenha se limitado a qualquer coisa que uma pessoa destituída de fé e de Cristo possa fazer, ainda há uma grande probabilidade de você viver se der ouvido a esse conselho, e de, avançando e perseverando, acabar apoderando-se do reino do Céu por força, por assim dizer.

Quem não apenas ouviu as orientações dadas, mas, por meio da misericordiosa ajuda de Deus, procederá em conformidade com elas, é quem provavelmente vencerá. Podemos muito bem esperar vê-lo finalmente de pé com o Cordeiro no monte Sião, trajando vestes brancas, com ramos de palmeiras nas mãos, quando todo o seu trabalho e fadiga forem abundantemente recompensados, e você não se arrependerá de haver feito tanto esforço, negado muito a si mesmo e esperado tanto tempo. Então, essa abnegação e essa espera parecerão pequenas e desaparecerão aos seus olhos, sendo totalmente absorvidas pelo deleite do primeiro minuto daquela glória que você então possuirá, e possuirá e desfrutará ininterruptamente ao longo de toda a eternidade.

d) *Aproveite o presente momento do derramamento do Espírito de Deus nesta cidade.* Em qualquer assunto, a prudência consiste muito em cuidar das nossas oportunidades e aproveitá-las. Se você deseja ter prosperidade espiritual, precisa ser prudente quanto aos interesses de sua alma e nas questões exteriores ao buscar a prosperidade exterior. O lavrador prudente observará as suas oportunidades: aprimorará a semeadura e a colheita, aproveitará as chuvas e os fulgores do céu. O comerciante prudente discernirá suas oportunidades: não ficará ocioso em um dia de mercado. Ele tem o cuidado de não deixar escapar os momentos para enriquecer. Assim também, quem busca prudentemente os frutos da justiça e o produto da sabedoria aproveitará suas oportunidades de eterna riqueza e felicidade.

Neste momento, Deus se agrada notavelmente em derramar seu Espírito entre nós (glória ao Seu nome!). Você, que deseja obter a graça da conversão e ir para o Céu quando morrer: o seu momento é agora! Portanto, se você tem algum tipo de prudência quanto à sua própria salvação e não tem intenção de ir para o inferno, aproveite este momento! "...eis, agora, o tempo sobremodo oportuno, eis, agora, o dia da salvação" (2CO 6:2). Você, que no passado foi chamado, fez

SERMÕES SOBRE AVIVAMENTO

ouvidos moucos à voz de Deus e durante muito tempo ficou alheio e resistiu aos Seus mandamentos e conselhos, ouça a voz de Deus hoje mesmo. Não endureça seu coração em um dia como este! Agora você tem um prêmio especial e notável colocado em suas mãos para obter sabedoria, se apenas se interessar por aproveitá-lo.

Deus tem Seus dias certos ou épocas designadas para exercer tanto misericórdia quanto julgamento. Há alguns momentos notáveis de ira, estabelecidos por Deus para Sua terrível visitação e as execuções de Sua ira. Esses tempos são chamados de dias de vingança — Provérbios 6:34. Neles, Deus visitará o pecado — Êxodo 32:34. Assim também, de maneira oposta, em Seus soberanos conselhos, Deus estabeleceu períodos de notável misericórdia, nos quais se manifestará exercendo Sua graça e benignidade, mais do que em outras ocasiões. Nas Escrituras, esses tempos são ditos como eminentes, aceitáveis e dias de salvação, e também dias de visitação de Deus, por serem dias em que Ele visitará com misericórdia:

> ...e te arrasarão e aos teus filhos dentro de ti;
> não deixarão em ti pedra sobre pedra, porque não
> reconheceste a oportunidade da tua visitação.
> (LUCAS 19:44)

Esta cidade está em uma época muito boa. Está conosco um dia da graciosa visitação de Deus. É, de fato, um dia de graça para nós enquanto vivemos neste mundo, desfrutando dos meios da graça. Porém, um tempo como este é especialmente, e de maneira distinta, um dia de graça. Há uma porta de misericórdia sempre aberta aos pecadores, mas, em um dia como este, Deus abre uma porta extraordinária a eles.

Somos orientados a buscar o Senhor enquanto Ele pode ser encontrado e a invocá-lo enquanto está perto — Isaías 55:6. Se você, que até agora não tem Cristo, não estiver extasiado e apaixonado, aproveitará por todos os meios uma oportunidade como esta de obter o Céu, quando o Céu está tão perto, quando a fonte está aberta no meio de nós de maneira tão extraordinária. Agora é o momento de obter um suprimento das necessidades de sua pobre alma que perece! Este é o dia para os pecadores que desejam se converter antes de morrer — um dia em que Deus está agindo tão liberal e abundantemente entre nós, em que a obra de conversão e salvação está acontecendo entre nós de *Shabat* a *Shabat* e muitos estão se esforçando para entrar no reino de Deus. Ora, não fique para trás, esforce-se dentre os demais! Outros foram incitados a ser fervorosos e conquistaram o Céu ardorosamente. Eu lhe suplico que siga o exemplo deles se quiser receber uma parte da herança com eles e não quer ser deixado no grande dia, quando eles forem levados!

Como isso deve motivar você a considerar que tem essa oportunidade em suas mãos agora! Você a possui. Se ela tivesse passado, não lhe seria possível recuperá-la ou qualquer criatura a trazer de volta a você. Mas não é passada. É agora, neste dia. Agora é o tempo aceitável, enquanto é chamado hoje! Você ficará impassível em um momento como este? Dormirá durante tal colheita? Você será negligente e ficará para trás por mera indolência, por amar alguma concupiscência, preguiça para lutar com alguma pequena dificuldade ou desviar-se um pouco de seu caminho, quando tantos estão fluindo para a bondade do Senhor? Você ainda está para trás. Por isso, correrá o risco de ser deixado para trás quando se houver completado o número dos que hão de entrar, se não se esforçar com fervor! Ser deixado para trás ao fim de um tempo como este será terrível — quase tanto quanto ser deixado para trás no dia em que os santos de Deus subirão como que com asas para encontrar com o Senhor nos ares (VEJA 1 TESSALONICENSES 4:14-17) — e, aparentemente, muito ameaçador.

Deus está chamando você agora de uma maneira extra-ordinária. E é compatível com a vontade e palavra de Cristo que eu deva agora, em Seu nome, chamar você, como alguém colocado sobre você e enviado a você para esse fim. Assim, é a vontade do Senhor que você dê ouvidos ao que eu digo, como se fosse a voz dele. Por isso, em lugar de Cristo, eu imploro a você para se esforçar a fim de entrar no reino de Deus agora, seja você quem for, jovem ou idoso, pequeno ou grande. Se você é um grande pecador, se você foi um apóstata, se apagou o Espírito, seja você quem for, não fique fazendo objeções, mas levante-se, aplique-se a si mesmo à sua obra! Faça o que você tem de fazer com o seu poder. Cristo está chamando você antecipadamente e apresentando Sua graça e Seus eternos benefícios, e a ira está em busca de você. Portanto, corra para salvar a sua vida e não olhe para trás!

Aqui, porém, desejo dirigir-me particularmente a vários tipos de pessoas.

2. Aos pecadores despertos até certo ponto, que estão preocupados com a sua salvação.
Você tem motivo para estar feliz por ter tal oportunidade e valorizá-la mais do que o ouro. Para induzi-lo a valorizá-la e aproveitá-la, considere várias coisas.

a) *Deus tem agora, sem dúvida, um desígnio de distribuir bênçãos salvadoras a várias pessoas.* Deus já fez isso para com algumas e não é provável que já tenha terminado a Sua obra entre nós. Podemos muito bem esperar ver ainda outros serem trazidos das trevas para a maravilhosa luz do Senhor.

E, portanto,

b) *Deus vem hoje e bate à porta de muitas pessoas, inclusive à sua dentre as demais.* Deus parece ter vindo de uma maneira muito incomum entre nós, com um desígnio gracioso e misericordioso; um desígnio de salvar muitas almas pobres sofredoras de um estado perdido e de perecimento, e de levá-las a um estado feliz e à glória eterna. Isso é oferecido a você, não apenas como sempre foi na palavra e nas ordenanças, mas pelas influências específicas do Espírito de Cristo despertando você. Essa oferta especial é feita para muitos de nós, e você não foi preterido. Cristo não se esqueceu de você. Ele bateu à sua porta e ali, por assim dizer, está esperando que você a abra para Ele entrar. Se você tiver sabedoria e critério para discernir a sua própria vantagem, saberá que agora é a sua oportunidade.

c) *Quão mais facilmente a graça da conversão é obtida em um tempo assim do que em outros tempos!* A obra é igualmente

SERMÕES SOBRE AVIVAMENTO

fácil para Deus em todos os tempos, mas há muito menos dificuldade no tocante aos homens em um tempo desses do que em outros tempos. Como eu disse antes, é um dia da graciosa visitação de Deus. Um dia que Ele, por assim dizer, separou para a distribuição mais liberal e abundante de Sua graça. Um dia em que a mão de Deus está bem aberta. A experiência mostra isso. Deus parece estar mais pronto para ajudar, fornecer convencimento adequado, fortalecer contra tentações e deixar entrar a luz divina. Ele parece fazer Sua obra com um descortinar mais glorioso de Seu poder, e Satanás está mais acorrentado do que em outros tempos. As dificuldades e tentações com as quais as pessoas antes se deparavam, ano após ano, são logo superadas.

A obra de Deus é realizada com maior velocidade e rapidez, e frequentemente há casos de conversão repentina em tempos como estes. Assim aconteceu no tempo dos apóstolos, quando houve o mais extraordinário derramamento do Espírito que já existira. Como as conversões eram rápidas e repentinas naquele tempo!

Naqueles dias, exemplos como o do carcereiro em Filipos eram abundantes, em cumprimento à esta profecia:

Antes que estivesse de parto, deu à luz; antes que lhe viessem as dores, nasceu-lhe um menino. Quem jamais ouviu tal coisa? Quem viu coisa semelhante? [...] Pois Sião, antes que lhe viessem as dores, deu à luz seus filhos. (ISAÍAS 66:7-8)

É dessa forma, em certo grau, sempre que há um extraordinário derramamento do Espírito de Deus, mais ou

O esforço para entrar no reino de Deus

menos, proporcionalmente à grandeza de tal derramamento. Raramente uma obra é feita tão rapidamente em outras ocasiões. As pessoas não são livradas tão cedo de suas várias tentações e complicações. Ficam muito mais tempo vagando em um deserto e tateando na escuridão. Ainda assim,

d) *Provavelmente há alguns aqui presentes que agora estão preocupados com a própria salvação, que nunca obterão.* Não se deve supor que todos os que agora são movidos e despertados serão convertidos para a salvação. Sem dúvida, muitos dos que a estão buscando agora não conseguirão entrar no reino dos Céus. Quando foi assim no passado, quando houve tempos de grande derramamento do Espírito de Deus, mas muitos que, durante algum tempo, perguntaram a outros o que deveriam fazer para ser salvos falharam e, depois, tornaram-se insensíveis e obstinados? Todos vocês, que agora estão despertos, desejam obter a salvação e, provavelmente, esperam obter um passaporte para o Céu no tempo deste mover do Espírito de Deus. Contudo (embora isso seja horrível de falar e de pensar), não temos motivo algum para pensar que a maioria de vocês não queimará no inferno eternamente.

Todos vocês têm medo do inferno e, no momento, parecem dispostos a esforçar-se para serem libertos dele. Entretanto, seria irracional pensar qualquer outra coisa senão que alguns de vocês terão sua parte no lago que arde com fogo e enxofre. Embora muitos pareçam conseguir tão facilmente, após pouco convencimento, alguns nunca conseguirão. Alguns logo perderão a percepção das coisas que agora têm. Mesmo que seu despertamento pareça ser muito considerável no momento, não se manterão. Seu coração não

SERMÕES SOBRE AVIVAMENTO

está disposto a resistir a muitas dificuldades. Alguns que partiram para o Céu e esperam obtê-lo tanto quanto outros são, de fato, apenas fúteis e preguiçosos, mesmo agora, em meio a um tempo como este. E outros, que no momento parecem ser mais fervorosos, dentro de pouco tempo provavelmente declinarão e falharão e, gradualmente, voltarão a ser como antes. A convicção de alguns parece ser grande enquanto o motivo de sua convicção é novo, todavia, quando começar a envelhecer, gradualmente se deteriorará e se desgastará.

Assim, talvez a ocasião do seu despertamento tenha sido ouvir falar da conversão de alguma pessoa, ou ver uma dispensação da Providência tão extraordinária quanto esta, na qual Deus aparece agora entre nós. Porém, aos poucos, a novidade e o frescor dessas coisas terão desaparecido e, assim, não afetarão a sua mente como agora fazem, e talvez as suas convicções desvaneçam juntamente com elas.

Embora este seja um tempo em que Deus concede Sua graça com mais liberalidade e, assim, um tempo de maior vantagem para obtê-la, parece haver, segundo alguns relatos, maior perigo de apostasia do que quando as pessoas são despertadas em outros tempos, pois, comumente, esses tempos extraordinários não duram muito. Então, quando cessam, multidões perdem sua convicção juntamente com eles, por assim dizer.

Nós falamos disso como algo feliz, que Deus tem prazer de promover tal tempo entre nós e, de fato, é assim. Porém, para alguns isso não será benefício: será ocasião de sua maior miséria. Eles desejarão nunca haver visto esse tempo. No dia do julgamento, será mais tolerável para quem nunca viu esse tempo, ou algo parecido, do que para eles. É terrível considerar que, provavelmente, haja aqui pessoas a quem o grande Juiz chamará, no porvir, para uma estrita prestação de contas acerca do porquê de não terem aproveitado melhor tal oportunidade, quando Ele abriu a fonte de Sua graça e, em tão alta voz, as chamou e veio e lutou com elas em particular, pelas influências despertadoras do Seu Espírito. Diante disso, elas não terão boas contas a prestar a esse Juiz — a boca delas se fechará, e elas ficarão mudas diante dele.

Você precisará, portanto, ser sincero e muito decidido quanto a esse assunto, para não ser um daqueles que falharão, para que possa lutar sem incertezas e, assim, correr para conquistar o prêmio.

e) *Considere as tristes circunstâncias que os tempos de extraordinária efusão do Espírito de Deus trazem, comumente, às pessoas quando as deixam não convertidas.* Tais circunstâncias encontram essas pessoas em um estado doloroso, em sua condição original. Porém, geralmente as deixam em um estado muito mais terrível. Elas ficam pavorosamente endurecidas e com grande aumento de culpa, e a alma sob o mais forte domínio e possessão de Satanás. E, frequentemente, quando épocas de extraordinária vantagem para salvação passam pelas pessoas e não as aperfeiçoam nem recebem delas qualquer bem, selam sua condenação. Quando essas épocas as deixam, Deus as deixa para sempre e as entrega à dureza do juízo.

Quando ia chegando, vendo a cidade, chorou e dizia: Ah! Se conheceras por ti mesma, ainda hoje, o que é devido à paz! Mas isto está agora oculto aos teus olhos. (LUCAS 19:41-42)

SERMÕES SOBRE AVIVAMENTO

f) *Considere que não há certeza de que você venha a ver outro tempo como este.* Se houver outro tempo assim, é muito incerto se você viverá até lá, é muito incerto se você viverá para vê-lo. Provavelmente, muitos de nós que agora estão preocupados com a própria salvação estarão no túmulo, e talvez no inferno, antes disso. Se você perder tal oportunidade, poderá ocorrer o mesmo com você. Que bem lhe fará o Espírito de Deus ter sido derramado sobre a Terra no lugar onde você viveu e você estar sendo atormentado no inferno? De que lhe valerá outros gritarem: "Que devo fazer para ser salvo?", enquanto você está trancado para sempre no abismo sem fundo, chorando e rangendo os dentes em chamas eternas?

Portanto, aproveite esta oportunidade enquanto Deus está derramando o Seu Espírito e você está na Terra, habita no lugar onde o Espírito de Deus é derramado e recebe as Suas influências despertadoras, para que nunca venha a chorar e ranger os dentes no inferno e, em vez disso, possa cantar no Céu eternamente, com outros redimidos dentre os homens e dentre nós.

g) *Se você vir outro tempo como este, será com desvantagens muito maiores do que agora.* Provavelmente, você estará muito mais velho e seu coração estará mais endurecido — e, assim, terá menor probabilidade de receber o bem. Algumas pessoas estão tão endurecidas no pecado e tão afastadas de Deus que podem atravessar um tempo como este e não ser muito despertadas ou afetadas por ele. Elas podem manter-se firmes e ser pouco persuadidas. E isso pode acontecer a você em outro tempo, se houver outro entre nós e você viver para vê-lo.

Com toda probabilidade, a sua situação estará muito alterada naquele tempo.

Se você continuar sem Cristo e destituído da graça até lá, estará muito mais longe do reino de Deus e muito mais profundamente envolvido em armadilhas e sofrimento, e, provavelmente, o diabo terá uma vantagem muito maior sobre você para tentá-lo e confundi-lo.

h) *Sabemos apenas que Deus está reunindo agora os Seus eleitos, diante de algum grande e doloroso julgamento.* Antes de rejeitar ou trazer algum grande e destruidor julgamento sobre um povo visível, tem sido a maneira de Deus, primeiramente, reunir os Seus eleitos, para que possam estar seguros. Foi assim antes de Ele rejeitar os judeus como Seu povo. Primeiramente, houve um derramamento muito notável do Espírito Santo e a reunião dos eleitos, pela pregação dos apóstolos e evangelistas, como lemos no início de Atos. Porém, depois disso, a colheita e suas respigas terminaram, e os outros foram cegados e endurecidos. O evangelho teve pouco sucesso entre eles, e a nação foi abandonada e destituída de ser o povo de Deus, sua cidade e terra foram destruídas pelos romanos de uma maneira terrível, e eles foram excluídos por Deus há muitas eras e ainda permanecem um povo endurecido e rejeitado. Assim, lemos, no início do capítulo 7 de Apocalipse, que Deus, quando estava prestes a trazer julgamentos destruidores sobre a Terra, selou primeiramente os Seus servos na fronte. Ele colocou o Seu selo no coração dos eleitos, deu-lhes as influências salvadoras e a habitação do Seu Espírito, sendo dessa maneira selados até o dia da redenção.

*Depois disto, vi quatro anjos em pé nos quatro cantos
da terra, conservando seguros os quatro ventos da
terra, para que nenhum vento soprasse sobre a terra,
nem sobre o mar, nem sobre árvore alguma. Vi outro
anjo que subia do nascente do sol, tendo o selo do
Deus vivo, e clamou em grande voz aos quatro anjos,
aqueles aos quais fora dado fazer dano à terra e ao mar,
dizendo: Não danifiqueis nem a terra, nem o mar,
nem as árvores, até selarmos na fronte os servos do
nosso Deus.* (APOCALIPSE 7:1-3)

E pode ser que, agora, Deus esteja prestes a abandonar esta terra e desistir deste povo amplamente, e a trazer sobre ele os julgamentos mais terríveis e intensos, e que esteja reunindo agora os Seus eleitos para protegê-los da calamidade. A situação da nação, e desta terra, nunca pareceu tão ameaçadora disso quanto agora. O aspecto atual das coisas é uma excessiva ameaça de expulsão, desta terra, da religião vital e até mesmo das verdades que especialmente constituem o seu fundamento. Se for assim, quão terrível será a situação de quem for deixado e não entrar no Céu, enquanto Deus mantém as influências de Seu Espírito para reunir os que serão redimidos dentre nós!

i) *Se você negligenciar a presente oportunidade e acabar se tornando incrédulo, as pessoas que se converterem neste tempo de derramamento do Espírito de Deus se levantarão em julgamento contra você.* Naquele dia, seus vizinhos, parentes, conhecidos ou companheiros que estiverem convertidos comparecerão contra você. Eles não apenas serão levados enquanto você é deixado, subindo com alegria para encontrar o Senhor nos ares — à direita dele com santos e anjos gloriosos, enquanto você está à esquerda com demônios —, mas também se levantarão em julgamento contra você.

Por mais amigos que vocês tenham sido, tido prazer na companhia mútua e, frequentemente, conversado intimamente, eles certamente se apresentarão contra você. Eles se levantarão como testemunhas e declararão que oportunidade preciosa você teve e não aproveitou, como você continuou incrédulo e rejeitou as ofertas do Salvador quando elas foram feitas de uma maneira tão extraordinária e quando tantos outros foram persuadidos a aceitar a Cristo. Como você foi negligente e indolente e não conheceu as coisas que se referiam à sua paz, naquele seu tempo. E não apenas isso, mas eles serão seus juízes, como assessores do grande Juiz, e, como tais, comparecerão contra você. Eles estarão com o Juiz ao proferir a sentença contra você. "...não sabeis que os santos hão de julgar o mundo?" (1CO 6:2). Cristo dará a eles a honra de julgar o mundo com Ele: "...dar-lhe-ei sentar-se comigo no meu trono" (AP 3:21). Eles se sentarão com Cristo em Seu trono de governo e em Seu trono de julgamento e serão juízes com Ele quando você for julgado — e, como tais, o condenarão.

j) *E, por último, você não sabe se viverá durante todo o presente tempo de derramamento do Espírito de Deus.* Você pode ser tomado no meio dele ou no início, como, em Sua providência, Deus está trazendo à sua mente o último caso de morte de uma jovem da cidade[8]. Ultimamente, Deus tem

---

[8] Referência a esposa de Joseph Clark, uma jovem recém-casada, que morreu repentinamente na semana anterior à pregação deste sermão.

sido muito terrível em Sua forma de lidar conosco, nas repetidas mortes de jovens em nosso meio. Isso deve motivar todos a terem mais pressa de entrar no reino de Deus, para poderem estar seguros sempre que a morte chegar. Esta é uma época e oportunidade benditas, mas você não sabe até quando poderá desfrutá-las. Você poderá ter muito menos do que outras pessoas. Poderá, pela morte, ser repentinamente arrebatado de todas as vantagens aqui desfrutadas para o bem da alma. Portanto, apresse-se e fuja para salvar a sua vida. Um momento de atraso é perigoso, pois a ira está perseguindo e a vingança divina pairando sobre toda pessoa desprotegida.

Que essas considerações incitem cada um a aproveitar tal oportunidade, para que, enquanto outros recebem o bem da salvação e se tornam herdeiros da glória eterna, você não seja deixado para trás, nas mesmas circunstâncias tristes e miseráveis em que veio ao mundo, um pobre cativo do pecado e de Satanás, uma ovelha perdida, perecendo, criatura arruinada, afundando em perdição eterna. Para que você não seja "como o arbusto solitário no deserto e não [veja] quando vier o bem" (JR 17:6). Se você não aproveitar esta oportunidade, lembre-se do que eu lhe disse — pois você se lamentará mais adiante. E, se não se lamentar neste mundo, restará a você lembrar-se ao longo de uma eternidade de sofrimento.

3. Agora, gostaria de me dirigir aos que ainda permanecem adormecidos.

É terrível ter entre nós alguma pessoa que permanece resistente em um momento como este. Contudo, é de se temer que existam algumas pessoas desse tipo. Logo, gostaria de brevemente adverti-las.

a) *Quando você espera que será mais provável que você seja desperto e forjado do que agora?* Você está sem Cristo. Entretanto, sem dúvida pretende ir para o Céu. Assim, espera ser convertido em algum momento antes de morrer, mas isso não deve ser esperado enquanto você não estiver, primeiramente, desperto e profundamente interessado no bem-estar de sua alma e levado a buscar fervorosamente a graça de Deus para a conversão. E quando você pretende que isso aconteça? O que você pensa, ou que previsão tem, acerca desse assunto? Será que é tão provável que uma pessoa seja desperta em um momento como este? Vemos muitos, que antes estavam resistentes, sendo agora despertados de seu sono e questionando: "Que devo fazer para ser salvo?". Mas você ainda resiste!

Você se agrada em pensar que é mais provável ser acordado quando for um tempo tedioso e ocioso? Você pensa que, embora esteja inconsciente quando os outros estão geralmente despertos, será despertado quando os outros estiverem geralmente inconscientes? Ou você espera ver outro momento de derramamento do Espírito de Deus no futuro? Você pensa que será mais provável que você seja transformado mais adiante, em vez de agora? Por que pensa assim? Será porque, mais adiante, você estará muito mais velho do que agora e seu coração ficará mais suave e terno com a idade? Ou por que terá se mantido, durante muito mais tempo, contra os apelos do evangelho e todos os meios da graça? Você pensa ser mais provável que Deus lhe conceda as influências necessárias de Seu Espírito depois do que agora, visto que você o haverá provocado muito mais, e seu pecado e culpa serão muito maiores? E você pensa que lhe trará algum benefício resistir ao presente período de graça, como prova contra os extraordinários meios

SERMÕES SOBRE AVIVAMENTO

de despertamento existentes? Você pensa que essa será uma boa preparação para a obra salvadora do Espírito no porvir?

b) *Por que meios você espera ser despertado?* Quanto a despertar coisas terríveis da Palavra de Deus, você as teve diante de si inúmeras vezes, da maneira mais tocante de que foram capazes os pregadores da Palavra. Quanto a advertências solenes específicas, dirigidas a quem se encontra em suas circunstâncias, você as recebeu com frequência e as recebe agora de tempos em tempos. Você espera ser despertado por providências terríveis? Você também as teve recentemente, as mais despertadoras, uma após outra. Você espera ser tocado pela morte de outras pessoas? Recentemente, tivemos repetidos casos desses. Houve mortes de idosos e jovens. Foi um ano marcante pela morte de jovens na flor da idade, e algumas delas foram muito repentinas.

A conversão de outras pessoas tocará você? De fato, é raro haver algo com tão grande tendência a impelir as pessoas, e você tem sido frequentemente provado por isso nos tempos recentes, mas até agora tem se comprovado contrário à sua própria conversão. Será que um derramamento geral do Espírito, e ver entre todos os tipos de pessoas uma preocupação com a salvação, farão efeito? Isso significa que agora você foi tocado, mas sem efeito. Sim, você tem tudo isso junto. Você tem as solenes advertências da Palavra de Deus, acontecimentos terríveis de morte, a conversão de outros e vê um interesse geral pela salvação. Porém, tudo isso junto não o move a qualquer grande preocupação com a sua própria alma preciosa, imortal e miserável. Por isso, considere por quais meios você espera vir a ser despertado.

Você ouviu falar que é provável que alguns que agora estão despertos nunca obtenham a salvação. Então, quão tenebroso isso parece a você, que permanece estupidamente não despertado! Pessoas adultas que não são tocadas em um momento como este têm motivo para temer estar entregues a severo julgamento. Não digo que elas tenham motivos para chegar a essa conclusão, mas têm motivos para temer. Quão tenebroso lhe parece Deus vir, bater à porta de tantas pessoas e não na sua e que Ele esteja distribuindo os esforços de Seu Espírito tão geralmente entre nós, enquanto você é deixado adormecido.

c) *Você espera obter a salvação sem nunca a buscar?* Se você tem consciência de que é necessário buscar para obter, e sempre pretende buscar, seria de se pensar que você não seria capaz de evitá-la em um momento como este. Pergunte-se, portanto, se pretende ir para o Céu vivendo, todos os seus dias, de forma resistente, negligente e descuidada.

d) *Ou você pensa ser capaz de poder suportar a condenação do inferno?* Você imagina que poderá resistir razoavelmente ao fogo devorador e às queimaduras eternas? Você espera ser capaz de lutar contra a vingança do Deus Todo-poderoso quando Ele se cingir de força e se vestir de ira? Você pensa em fortalecer-se contra Deus e ser capaz de enfrentá-lo? "Ou provocaremos zelos no Senhor? Somos, acaso, mais fortes do que ele?" (1CO 10:22). Você imagina que será capaz de descobrir meios para seu alívio e apoio e se sair razoavelmente bem em aguentar o seu espírito nas chamas eternas preparadas para o diabo e seus anjos? "Estará firme o teu coração?

SERMÕES SOBRE AVIVAMENTO

Estarão fortes as tuas mãos, nos dias em que eu vier a tratar contigo?" (EZ 22:13-14). É difícil conceber o que as pessoas sem Cristo pensam, visto que estão despreocupadas em um tempo como este.

4. Gostaria de me dirigir aos que já têm uma idade considerável e, ainda assim, estão em uma condição natural.

Gostaria agora de aproveitar a ocasião para exortá-lo sinceramente a aproveitar esta oportunidade extraordinária e esforçar-se para entrar no reino de Deus. Você perdeu muitas vantagens que antes tinha e, agora, não tem os mesmos privilégios que os outros têm. A sua situação é muito diferente da de muitos dos seus semelhantes. Você, acima de tudo, precisaria aproveitar tal oportunidade. Agora é o momento de você se mexer e conquistar o reino do Céu! Considere:

a) *Agora parece haver uma porta aberta para pecadores idosos.* Agora Deus está tratando livremente com todos os tipos de pessoas. A Sua mão está bem aberta, e Ele não deixa para trás os idosos assim como não costumava fazer outrora. Você não tem as vantagens dos outros mais jovens, ainda assim, Deus ordenou tão maravilhosamente que agora você não está destituído de grande privilégio. Embora você seja pecador há muito tempo, Deus pôs em suas mãos uma vantagem nova e extraordinária. Ó! Aproveite (faça bom uso) tal presente para obter sabedoria. Você, que há muito tempo tem buscado entrar pela porta estreita e, não obstante, permanece fora, aproveite agora a oportunidade e esforce-se por entrar! Você que tem estado há muito tempo no deserto, lutando contra várias tentações, trabalhando sob desânimos, pronto para desistir e tem sido frequentemente tentado ao desespero, veja agora a porta que Deus abre para você!

Não ceda a desânimos agora. Este não é um momento para isso. Não perca tempo pensando que você já fez o que pode e que não foi eleito, cedendo a outras tentações desconcertantes, enfraquecedoras e desanimadoras. Não desperdice esta preciosa oportunidade dessa maneira. Você não tem tempo a perder com coisas como essas. Deus o chama agora para algo diferente. Aproveite este momento para buscar e lutar pela salvação, não por aquilo que tende a impedi-la. Não é momento de você ficar conversando com o diabo. Em vez disso, ouça a Deus e se dedique ao audível chamado dele para você.

Alguns de vocês frequentemente lamentaram a perda de oportunidades passadas, particularmente a perda da juventude, e desejaram novamente ter tido uma oportunidade tão boa, e estão prontos a dizer: "Ó! Se eu fosse jovem de novo, poderia aproveitar como nunca essa vantagem!". Essa oportunidade que você teve no passado é irrecuperável. Nunca mais poderá usufruí-la. Porém, Deus pode lhe dar excelentes vantagens de outro tipo. Ele está fazendo isso hoje. Ele está colocando agora uma nova oportunidade em suas mãos, embora não do mesmo tipo que você teve anteriormente e perdeu, mas, em alguns aspectos, igualmente grande de outra maneira. Se você lamenta a sua insensatez em negligenciar e perder oportunidades passadas, não seja culpado da insensatez de negligenciar a oportunidade que Deus lhe concede agora. Você não poderia ter comprado esta oportunidade se houvesse dado por ela tudo que você tinha no mundo.

SERMÕES SOBRE AVIVAMENTO

Entretanto, o próprio Deus a está colocando em suas mãos, por Sua própria livre e soberana misericórdia, sem que você a compre. Então, quando a tiver, não a negligencie.

b) *É muito mais provável que esta seja a última vez para essas pessoas do que para outras.* Haverá um último momento de oferta especial de salvação para pecadores impenitentes: "O meu Espírito não agirá para sempre no homem..." (GN 6:3). Às vezes, Deus continua batendo por muito tempo à porta do coração dos ímpios. Porém, há as últimas batidas e os últimos chamados que eles receberão. E, às vezes, os últimos chamados de Deus são os mais altos. Então, se os pecadores não dão ouvidos, Ele finalmente os abandona. Deus há tempos vem batendo em muitas de suas portas envelhecidas no pecado. É muito mais provável que essas sejam as últimas batidas dele. Você resistiu ao Espírito de Deus no passado e endureceu seu coração várias vezes, mas Deus não será tratado assim para sempre. Há o perigo de que, se agora, após tanto tempo, você não der ouvidos, Ele o abandone totalmente e o deixe seguir os seus próprios conselhos.

Parece ser pela providência de Deus, como se Ele ainda tivesse um número eleito dentre os pecadores idosos deste lugar, que talvez Ele esteja agora prestes a fazer entrar no Céu. Parece haver alguns, que viveram durante muito tempo sob o ministério do Sr. Stoddard[9], os quais Deus não rejeitou totalmente, embora eles permanecessem fora devido aos tão

---

[9] Solomon Stoddard (1643–1729), ministro puritano na Nova Inglaterra e avô de Jonathan Edwards. Pastoreou a Primeira Igreja de Northampton por 60 anos, tornando-se figura civil e religiosa predominante no oeste de Massachusets em seu tempo. Foi ali, por meio do seu ministério, que começaram os períodos de avivamento americano.

grandes benefícios dos quais então desfrutavam. É de se esperar que, agora, Deus faça entrar um remanescente do meio deles. Porém, é mais provável que Deus esteja, agora, inclinado a acabar com eles, de um modo ou de outro, por terem sido, durante tanto tempo, vassalos de recursos tão extremos.

Você viu tempos anteriores do derramamento do Espírito de Deus sobre a cidade, quando outros foram tomados e você, deixado. Outros foram chamados das trevas para a maravilhosa luz e levados a um estado glorioso e feliz, e você não viu o bem quando este veio. Quão tenebrosas serão as suas circunstâncias se você resistir também a esta oportunidade e, mais uma vez, for deixado para trás! Cuide para não ser um daqueles semelhantes "a terra, que absorve a chuva que cai frequentemente [...], mas [...] produz espinhos e ervas daninhas..." (HB 6:7-8 NVI). Como vemos, há algumas partes do solo que, quanto mais chuvas caem sobre elas, mais estações frutíferas existem, por mais que sarças e outras plantas inúteis e nocivas enraizadas nelas cresçam e floresçam. Acerca desse fundamento, o apóstolo afirma: "...é rejeitada e perto está da maldição; e o seu fim é ser queimada" (v.8).

O que o lavrador faz com esse solo é atear fogo para queimar o que dele cresce. Se você perder esta oportunidade, há o perigo de ser totalmente rejeitado e de que seu destino seja ser queimado. Se for assim, é de se temer que você não esteja longe, e sim perto, da maldição.

Aqueles de vocês que já envelheceram no pecado e agora estão despertando, quando sentirem que suas convicções começam a desaparecer, caso isso aconteça, lembrem-se do que lhes foi dito agora. Isso poderá muito bem atingir o seu coração!

SERMÕES SOBRE AVIVAMENTO

5. Desejo dirigir o conselho aos jovens, que agora estão sob as suas primeiras convicções especiais.
Gostaria de exortar fervorosamente a essas pessoas que aproveitem tal oportunidade e se esforcem para entrar no reino de Deus. Então, considerem duas coisas:

a) *Você tem todos os tipos de vantagens agora centradas em você.* É um momento de grande vantagem para todos, mas suas vantagens estão acima de outras. Não há outro tipo de pessoa que tenha agora uma oportunidade tão grande e feliz quanto você, jovem. Você tem a grande vantagem que é comum a todos os que vivem neste lugar, a saber, que agora é um tempo de derramamento extraordinário do Espírito de Deus. E você não tem essa grande vantagem, o despertar das influências do Espírito de Deus sobre você em particular? E, além disso, você tem a peculiar vantagem de estar agora em sua juventude. E mais ainda, você tem outra vantagem indescritível: está sob suas primeiras convicções. Feliz é aquele que jamais endureceu seu coração nem bloqueou seu próprio caminho para o Céu pela apostasia e agora tem as influências do Espírito de Deus sobre si, se Deus apenas o capacitar para aperfeiçoá-las completamente. Acima de tudo, é uma oferta justa para o reino dos Céus. Deus está habituado a tais, acima de qualquer tipo de pessoa, como sendo algo fácil e pronto conceder a graça salvadora e os consolos de seu Espírito. Exemplos de conversão rápida e repentina são mais comumente encontrados entre os jovens. Felizes aqueles que têm o Espírito de Deus consigo e nunca o apagaram, se apenas souberem o preço que têm em suas mãos!

Se você tem entendimento de sua necessidade de salvação e do grande valor dela, você estará disposto a tomar o caminho mais seguro para alcançá-la, ou aquele que tem a maior probabilidade de sucesso, e isso certamente é para melhorar completamente suas primeiras convicções. Se você for assim, é provável que não fracasse, pois a probabilidade de você ser bem-sucedido é maior. Não vale a pena ter tal vantagem nas mãos a fim de obter a vida eterna? O momento atual de derramamento do Espírito de Deus é o primeiro que muitos de vocês, que estão agora sob o despertar, já viram desde que chegaram a anos de compreensão. Por isso, é a maior oportunidade que você já teve e, provavelmente, de longe a maior que você terá. Há muitos aqui presentes que gostariam de ter essa oportunidade, entretanto nunca poderão obtê-la. Eles não podem comprá-la por dinheiro, mas você a tem em sua posse e pode aproveitá-la se quiser. No entanto, ainda,

b) *Em alguns casos, há maior perigo de que os que estão em suas condições deixem de melhorar completamente suas convicções, com respeito à firmeza e perseverança, do que outros.* Os jovens são mais instáveis do que os idosos. Aqueles que nunca tiveram convicções antes têm menos experiência da dificuldade do trabalho em que se empenharam, estão mais dispostos a pensar que obterão a salvação com facilidade e são mais facilmente desencorajados por decepções. E os jovens têm menos razão e consideração para se fortalecerem contra as tentações de se desviarem. Você deve, portanto, trabalhar agora mais para se proteger de tais tentações. Por todos os meios, apenas se esforce o máximo para buscar a salvação! Faça um trabalho completo da primeira vez! Existem grandes desvantagens que enfrentam, porque eles têm várias voltas de busca com grandes intervalos. Por tal procedimento, as pessoas ferem excessivamente a própria alma e se enredam em muitas armadilhas. Quem são aqueles que comumente encontram tantas dificuldades, e estão por tanto tempo trabalhando nas trevas e na perplexidade, senão aqueles que tiveram várias oportunidades de buscar a salvação? Quem teve, (por) algum tempo, convicções, e então as apagou, e então voltou a trabalhar, e se desviou novamente, e prosseguiu dessa maneira?

Os filhos de Israel não teriam ficado 40 anos no deserto se tivessem mantido a coragem e continuado como partiram. Mas eles eram de uma mente instável e queriam voltar novamente para o Egito. Do contrário, se tivessem prosseguido sem desânimo, como Deus os havia direcionado, logo teriam entrado e tomado posse de Canaã. Eles haviam chegado às fronteiras da Terra Prometida quando retrocederam. Depois disso, foram mais 38 anos de peregrinação antes de atravessarem o deserto. Portanto, ao considerar o interesse de sua alma, não se detenha por dificuldade semelhante, por instabilidade, intervalo e retrocesso, mas prossiga, de agora em diante, e apenas se esforce em buscar ao máximo a graça que converte e perdoa, por maior, difícil e longo que esse esforço possa ser.

O CARÁTER DE PAULO: EXEMPLO PARA OS CRISTÃOS[10]

*Irmãos, sede imitadores meus
e observai os que andam segundo o modelo
que tendes em nós.* (FILIPENSES 3:17)

O apóstolo Paulo, na parte anterior ao versículo, relata como considerava tudo como perda por causa da sublimidade do conhecimento de Cristo Jesus (FP 3:8). Na passagem bíblica acima, ele insta para que seu exemplo seja seguido.

Paulo faz isso de duas maneiras:

a) Os cristãos de Filipos deveriam seguir seu exemplo: "Irmãos, sede imitadores meus...". Ele os exorta a

---

[10] Datado de fevereiro de 1739/1740. Originalmente, eram quatro sermões.

serem seus seguidores *conjuntos*, isto é, todos eles deveriam seguir o seu exemplo com um só coração e alma, concordando e, com o máximo de suas forças, se ajudando mutuamente nisso.

b) Esses cristãos deveriam dar atenção especial aos outros que faziam isso e dar-lhes honra peculiar. Isso está implícito na expressão que vem a seguir no versículo: "...observai os que andam segundo o modelo que tendes em nós".

DOUTRINA

Nós devemos seguir os bons exemplos do apóstolo Paulo. Devemos considerar que o apóstolo não disse isso acerca de si mesmo por ambição, por desejo de ser estabelecido como modelo, visto e imitado como exemplo para outros cristãos. Seus escritos não têm interpretação particular; ele falava movido pelo Espírito Santo. O Espírito Santo orientou que os bons exemplos do apóstolo Paulo deveriam ser notados e imitados pelos outros cristãos. Devemos considerar também que essa não é uma ordenança somente aos filipenses, a quem a epístola foi mais imediatamente dirigida, e sim a todos para cujo uso essa epístola foi escrita, ou seja: todos os cristãos até o fim do mundo. Afinal, embora Deus tenha ordenado que fossem, em sua maioria, escritas em ocasiões particulares e dirigidas a igrejas específicas, as epístolas dos apóstolos foram escritas para ser de uso universal. E aquelas ocasiões foram de tal maneira ordenadas na sabedoria da Providência divina que fazem parte da infalível regra de fé e costumes que Deus deu à Igreja de Cristo para ser sua regra em todos os tempos.

E os preceitos encontrados nessas epístolas não devem ser considerados como mais destinados apenas a quem a epístola fora enviada, assim como os Dez Mandamentos falados do monte Sinai aos filhos de Israel não devem ser considerados mandamentos destinados apenas para aquele povo.

E, quando somos orientados pelo Espírito Santo a seguir os bons exemplos do apóstolo Paulo, não é que devamos meramente imitar o que quer que vejamos ser bom em alguma pessoa, seja ela como for. Há, porém, obrigações espirituais dos cristãos de seguir os bons exemplos desse grande apóstolo. E agradou especialmente ao Espírito Santo estabelecer o apóstolo Paulo não apenas como um mestre da Igreja Primitiva, mas também como um padrão para outros cristãos ao longo do tempo.

O maior exemplo de todos, que nos é apresentado nas Escrituras para imitarmos, é o de Jesus Cristo. Aquele que Ele nos deu em Sua natureza humana e quando em Seu estado de humilhação. Isso nos é apresentado não apenas como um grande padrão, mas também como uma regra perfeita. E o exemplo de nenhum homem nos é apresentado como regra, senão o exemplo de Cristo. Somos ordenados a seguir os exemplos que o próprio Deus nos deu ou os atos da natureza divina: "Sede, pois, imitadores de Deus, como filhos amados" (EF 5:1) e "Portanto, sede vós perfeitos como perfeito é o vosso Pai celeste" (MT 5:48). Logo, o exemplo de Cristo Jesus, quando esteve na Terra, é mais especificamente o nosso padrão. Pois, embora os atos da natureza divina tenham a maior perfeição possível, e embora Sua inimitável perfeição seja o nosso melhor exemplo, Deus está muito acima de nós e a Sua natureza é infinitamente diferente da nossa, de modo que é impossível Seus atos serem acomodados à nossa natureza e circunstâncias a ponto de ser um exemplo de uso tão grande e geral quanto o exemplo perfeito em nossa natureza que nos foi dado por Cristo.

Embora fosse uma pessoa divina, Cristo era homem, como nós. E não apenas isso, mas foi, em muitos aspectos, um participante das nossas circunstâncias. Ele habitou entre os homens. Como nós, Ele dependia de alimento, roupas e do suporte exterior da vida. Como nós, Ele estava sujeito às mudanças do tempo, às aflições e calamidades deste mundo mau, a maus-tratos por corrupções dos homens e às tentações advindas de Satanás. Estava sujeito às mesmas leis e regras que nós, seguia as mesmas ordenanças e enfrentava muitas de nossas provações e outras ainda maiores. Dessa maneira, o exemplo de Cristo é o principal exemplo apresentado nas Escrituras para imitarmos.

Contudo, o exemplo de alguns que são criaturas caídas, como nós, pode, em alguns aspectos, ser mais adaptado às nossas circunstâncias e mais adequado às nossas instruções do que o exemplo de Jesus Cristo, visto que, embora Ele houvesse se tornado homem como nós, e fosse como nós, e estivesse nas nossas circunstâncias em muitos aspectos, em outras coisas havia uma grande diferença. Ele era o cabeça da Igreja e nós somos os Seus membros. Ele é Senhor de tudo, nós somos Seus súditos e discípulos. E nós precisamos de um exemplo, que nos ensine e nos oriente acerca de como devemos nos comportar para com Cristo, nosso Senhor e cabeça. Podemos ver isso melhor em alguns que têm Cristo como seu Senhor, assim como nós, do que no próprio Cristo. Porém, a maior diferença está em Cristo não ter pecado e todos nós

O caráter de Paulo: exemplo para os cristãos

sermos criaturas pecadoras, todos carregarmos conosco um corpo de pecado e morte. Diz-se que Cristo foi feito semelhante a nós em tudo, exceto quanto ao pecado. Porém, isso *foi* excetuado e, portanto, havia muitas coisas exigidas de nós das quais Cristo não poderia nos dar exemplo — como arrependimento pelo pecado, quebrantamento do espírito por causa do pecado, mortificação da concupiscência, guerra contra o pecado. E o excelente exemplo de alguns, naturalmente também pecadores, tem a vantagem de podermos considerá-lo como o exemplo de quem estava naturalmente nas nossas circunstâncias de todas as maneiras e agiu sob as mesmas dificuldades naturais e a mesma oposição do coração ao que é bom, como nós. Isso tende a nos despertar a dar mais atenção a tal exemplo e a nos encorajar e inspirar quanto a nos empenharmos em segui-lo.

Portanto, descobrimos que as Escrituras não apenas recomendam o exemplo de Cristo, mas também exibem alguns meros homens, que têm paixões semelhantes às nossas, como padrões para seguirmos. Assim elas mostram os santos eminentes do Antigo Testamento, acerca dos quais lemos nas Escrituras que herdam as promessas: "para que não vos torneis indolentes, mas imitadores daqueles que, pela fé e pela longanimidade, herdam as promessas" (HB 6:12). No capítulo 11 de Hebreus, numerosos santos eminentes são mencionados como padrões a serem seguidos. Abraão é particularmente apresentado como um exemplo de sua fé e como o padrão dos que creem.

> *...e pai da circuncisão, isto é, daqueles que não são apenas circuncisos, mas também andam nas*

pisadas da fé que teve Abraão, nosso pai, antes de ser circuncidado. (ROMANOS 4:12)

E assim os profetas do Antigo Testamento também são recomendados como padrões: "Irmãos, tomai por modelo no sofrimento e na paciência os profetas, os quais falaram em nome do Senhor" (TG 5:10). Dessa maneira, homens eminentemente santos sob o Novo Testamento, apóstolos e outros, enviados por Deus para pregar o evangelho, também são exemplos a serem seguidos pelos cristãos. "Lembrai-vos dos vossos guias, os quais vos pregaram a palavra de Deus; e, considerando atentamente o fim da sua vida, imitai a fé que tiveram" (HB 13:7). Porém, de todos os meros homens, ninguém é tão frequentemente apresentado nas Escrituras como um padrão a ser seguido pelos cristãos quanto o apóstolo Paulo. Não apenas o nosso texto básico insiste em observarmos seu santo comportamento como nosso exemplo, mas há outros textos que nos exortam a isso: "Admoesto-vos, portanto, a que sejais meus imitadores" (1CO 4:16); "Sede meus imitadores, como também eu sou de Cristo" (11:1), e também: "Com efeito, vos tornastes imitadores nossos..." (1TS 1:6), no qual o apóstolo elogia os cristãos tessalonicenses por imitarem seu exemplo. Paulo insiste nisso como o dever deles: "...estais cientes do modo por que vos convém imitar-nos..." (2TS 3:7).

Para tratar desse assunto de maneira mais completa, primeiramente, mencionarei, em particular, muitos dos bons exemplos do apóstolo Paulo que devemos imitar, dos quais tratarei não meramente como uma doutrina, mas também de seu modo de aplicação. Em seguida, mostrarei sob que obrigação estrita temos de seguir os bons exemplos desse apóstolo.

O caráter de Paulo: exemplo para os cristãos

1. Mencionarei particularmente muitos dos bons exemplos do apóstolo Paulo que devemos imitar. E, para poder ser mais claro,

A *primeira* menção que farei diz respeito à vigilância dele quanto ao bem de sua própria alma. *Depois*, abordarei as virtudes do apóstolo que mais diretamente diziam respeito a Deus e a Cristo. Na *sequência*, mencionarei aquilo que se refere mais diretamente aos homens, e por *último*, falarei dos exercitados em seu comportamento, tanto para com Deus quanto para com os homens.

a) *Devemos seguir o bom exemplo dado pelo apóstolo Paulo ao buscar o bem de sua própria alma.*

Primeiro, devemos seguir sua seriedade em buscar a sua própria salvação. Paulo não era descuidado e indiferente quanto a isso, pelo contrário, o reino do Céu recebeu dele muita veemência. Ele não se detinha entre duas opiniões ou buscava com uma mente vacilante e instável, e sim com a mais plena determinação e forte resolução. Ele resolveu que, se de algum modo fosse possível, ele alcançaria a ressurreição dos mortos.

Ele não diz que estava determinado a alcançá-la, se pudesse, por meios que não fossem muito custosos ou difíceis, esforçando-se por ela durante pouco tempo, apenas de vez em quando, sem um grande grau de sofrimento ou sem grande perda em seus interesses temporais. Porém, se por *algum* meio pudesse fazê-lo, ele o faria, ainda que o meio fosse fácil ou difícil. Quer fosse um curto ou um longo esforço e provação. Quer a cruz fosse leve ou pesada, tudo era uma coisa só em sua resolução. Fossem quais fossem os meios necessários, se fosse possível, ele os obteria. Ele não hesitou em perder o que era terreno, visto que nos diz que sofreu prontamente a perda de tudo para poder ganhar a Cristo e ser achado nele e em Sua justiça (VEJA FILIPENSES 3:8-9).

Paulo não agiu da mesma forma que o jovem rico que foi a Cristo, ajoelhou-se diante dele, perguntou o que deveria fazer para herdar a vida eterna e, quando Cristo disse a ele: "Vai, vende tudo o que tens, dá-o aos pobres..." (MC 10:21), "retirou-se triste" (v.22). Esse jovem não estava disposto a se separar de *tudo*. Se Cristo lhe tivesse sugerido vender a metade, talvez ele concordasse, já que tinha um grande desejo de garantir a salvação.

Entretanto, o apóstolo Paulo não se contentou apenas em desejar. Ele estava resolvido em, se fosse possível, obtê-la. E, quando lhe era necessário perder bens terrenos ou quando qualquer grande sofrimento o afligia, isso não era motivo de hesitação para ele. Ele havia estado em circunstâncias muito confortáveis e honrosas entre os judeus. Ele havia recebido a melhor educação possível entre eles, sendo criado aos pés de Gamaliel e considerado um jovem muito culto. Ele era muito estimado por sua própria nação, os judeus, por suas qualificações morais e religiosas entre eles.

Porém, quando ele não pôde, ao mesmo tempo, reter o benefício exterior dessas coisas e ganhar a Cristo, ele as desprezou totalmente e se desfez de toda sua boa reputação e honra. Ele as considerou nada para que pudesse ganhar a Cristo. E, em vez de ser honrado e amado e viver com crédito, como antes entre a sua própria nação, tornou-se o objeto de ódio geral deles. Ele perdeu tudo, e os judeus o odiavam e o perseguiam em todos os lugares. Quando grandes sofrimentos surgiam em seu caminho, ele se conformava voluntariamente com a morte de Cristo para poder ter parte na Sua ressurreição. Ele se afastou de sua honra, sua comodidade, seus antigos amigos e conhecidos, seus bens materiais e tudo mais e mergulhou em um estado de extremo esforço, desprezo e sofrimento. E, dessa maneira, buscava o reino do Céu.

Nisso, ele agiu muito semelhantemente a alguém que está disputando uma corrida por algum grande prêmio, que faz do correr sua grande e única ocupação até alcançar a linha de chegada; que para isso força todos os nervos e tendões, nada o distrai e não se detém para ouvir o que alguém lhe diz, e sim se esforça para seguir em frente. Ou como um homem que está engajado na batalha, com espada na mão e inimigos fortes e violentos que buscam a sua morte, assim esse homem se esforça ao máximo por sua vida. "Assim corro também eu, não sem meta; assim luto, não como desferindo golpes no ar" (1CO 9:26).

Quando apetites carnais se interpunham, por mais importunos que fossem, Paulo os rejeitava e os renunciava totalmente. Eles não eram impedimento no caminho de sua fervorosa busca pela salvação. Ele não se sujeitaria aos apetites de seu corpo, e sim os sujeitava à sua alma: "esmurro o meu corpo e o reduzo à escravidão..." (1CO 9:27). Provavelmente, jamais houve um soldado que, ao fazer sua parte no ataque a uma cidade, tenha agido com maior resolução e violência, por assim dizer, forçando seu caminho em meio a todos os que se opunham a ele, do que o apóstolo Paulo na busca pelo reino do Céu. Não apenas a sua própria palavra conta isso, mas a história de sua vida, escrita por Lucas, revela a mesma coisa.

Ora, quem busca a salvação deve seguir tal exemplo. Às vezes, pessoas preocupadas com sua salvação perguntam o que devem fazer. Que façam como o apóstolo Paulo: busquem a salvação da maneira como ele buscou, com o mesmo fervor e resolução. Quem faz essa indagação, que está um tanto ansioso ano após ano e reclama por não ter obtido consolo algum, faria bem em se perguntar se busca a salvação dessa maneira, com a resolução e fervor que Paulo lhes deixou como exemplo. Infelizmente, essas pessoas não estão, de fato, muito longe disso? Pode-se dizer, em algum sentido adequado, que o reino do Céu sofre certa coação por parte delas?

Segundo, o apóstolo buscou fervorosamente a salvação não apenas antes de sua conversão e esperança, mas também depois. O que ele declara no capítulo 3 de Filipenses acerca de sofrer a perda de tudo para poder ser achado em Cristo, sendo isso a única coisa que ele fez para buscar a salvação, e também quanto a corrida dele não ser em vão — visto que estava decidido a conquistar o prêmio da salvação e a dominar seu corpo para não ser um rejeitado — ocorreu muito depois de sua convicção e após haver renunciado a toda esperança de seu próprio bom patrimônio natural. Se ser um pecador convicto isenta um homem de buscar a salvação ou torna razoável ele cessar seu zelo e esforço por ela, certamente o apóstolo poderia ter sido isentado quando não só já havia alcançado a verdadeira graça, mas também tão eminentes graus dela. Ver um dos santos mais eminentes que já viveram, senão o mais eminente de todos, tão extremamente empenhado em buscar a sua própria salvação deveria envergonhar eternamente os que estão a mil graus abaixo dele e são, comparativamente, apenas meros bebês que — se é que têm alguma graça — ainda se esquivam de usar qualquer força para entrar no reino do Céu agora, já que o alcançaram, e se livram do fardo de prosseguir fervorosamente em busca da salvação, pois terminaram a obra e obtiveram uma esperança.

Por mais eminente que fosse, o apóstolo não disse a si mesmo:

> Estou convertido e, portanto, tenho certeza da salvação. Cristo a prometeu a mim. Por que preciso me esforçar mais para garanti-la? Sim, não apenas sou convertido, como também obtive grandes graus de graça.

Não obstante, continua sendo veemente pela salvação. Ele não ficava olhando para trás, para as extraordinárias descobertas nos primeiros tempos de sua conversão e para a grande experiência que tivera de tempos em tempos. Ele não se contentava com o pensamento de que possuía os mais maravilhosos testemunhos do favor de Deus e do amor de Cristo de que alguém já desfrutou, mesmo tendo sido arrebatado ao terceiro Céu. Porém, esquecia as coisas que ficavam para trás. Ele agia como se não considerasse já ter alcançado algum benefício em Cristo.

> *...para, de algum modo, alcançar a ressurreição dentre os mortos. Não que eu o tenha já recebido ou tenha já obtido a perfeição; mas prossigo para conquistar aquilo para o que também fui conquistado por Cristo Jesus.*

Irmãos, quanto a mim, não julgo havê-lo alcançado; mas uma coisa faço: esquecendo-me das coisas que para trás ficam e avançando para as que diante de mim estão, prossigo para o alvo, para o prêmio da soberana vocação de Deus em Cristo Jesus. (FILIPENSES 3:11-14)

O apóstolo ainda buscava poder ganhar a Cristo e Sua justiça e alcançar a Sua ressurreição, como se ainda não a tivesse alcançado ou obtido o direito à coroa. E é especialmente nisso que, no texto, ele nos convida a imitar o seu exemplo. Não era por não saber se era realmente convertido ou não que ele ainda era tão zeloso em buscar a salvação. Ele não somente acreditava ser convertido, mas também que iria para o Céu quando morresse. Paulo sabia e falou particularmente sobre isso nessa mesma epístola: "Porquanto, para mim, o viver é Cristo, e o morrer é lucro" (FP 1:21). No versículo anterior, ele afirma: "...segundo a minha ardente expectativa e esperança de que em nada serei envergonhado; antes, com toda a ousadia, como sempre, também agora, será Cristo engrandecido no meu corpo, quer pela vida, quer pela morte" (v.20). O apóstolo sabia que, embora fosse convertido, ainda precisava executar uma grande obra pela sua salvação. Havia um caminho estreito para a glória eterna, pelo qual ele precisava passar, pois jamais poderia ir para o Céu de outra maneira. Ele sabia que lhe era absolutamente necessário buscar a salvação com fervor. Ele sabia que não havia como ir para o Céu de uma maneira indolente. Por isso, não buscava a salvação com menos fervor por ter esperança e garantia, porém por muito mais. Em nenhum lugar lemos tanto acerca de seu fervor e ardor pelo reino do Céu antes de sua conversão quanto depois dela. A esperança do apóstolo não o tornou preguiçoso, mas teve efeito contrário. A garantia que ele tinha da vitória, juntamente com a necessidade de lutar, o engajaram a combater, não como alguém que golpeava o ar, e sim que lutava contra principados e potestades.

Ora, em nosso texto básico, o apóstolo insiste especialmente em que devemos seguir esse exemplo. E isso deve induzir todos os presentes que se julgam convertidos a indagar se buscam a salvação sem fervor por pensarem que estão bem e, agora, têm a certeza do Céu. Obviamente, se o apóstolo estava agindo de maneira correta, nós estamos, no geral, errados. Afinal, nada é mais aparente do que não ser assim com a maioria dos fiéis que aqui estão, e sim que é comum, depois que pensam estar seguros, ser muito menos diligentes e fervorosos na religião do que antes.

Terceiro, o apóstolo não apenas buscou diligentemente o Céu após saber que estava convertido, mas também foi extremamente cauteloso para não ser condenado como mostra a passagem a seguir. "Mas esmurro o meu corpo e o reduzo à escravidão, para que, tendo pregado a outros, não venha eu mesmo a ser desqualificado" (1CO 9:27). Aqui, você vê que o apóstolo é muito cuidadoso para não ser desqualificado e, por essa razão, nega seus apetites carnais e mortifica sua carne. Ele não disse: "Estou seguro, tenho certeza de que nunca me perderei. Por que preciso tomar mais cuidado quanto a isso?". Muitos pensam que, por se suporem convertidos e tão seguros, nada têm a ver com as terríveis ameaças da Palavra de Deus e as tenebrosas denúncias de condenação nela contidas. Quando as ouvem, eles as ouvem como algo que diz respeito somente a outros e de modo algum a si mesmos, como se, para os piedosos, não se aplicasse o que as Escrituras revelam acerca do inferno. Por isso, quando ouvem sermões de despertamento acerca das coisas terríveis de que Deus ameaçou os ímpios, eles não os ouvem para aplicar a si mesmos, e sim apenas aos outros.

Porém, não foi assim com esse santo apóstolo, que certamente estava tão garantido contra o inferno e tão longe de uma condição condenável como qualquer um de nós. Paulo se considerava ainda quase envolvido nas ameaças de Deus de condenação eterna, a despeito de toda a sua esperança e eminente santidade. Por isso, se empenhava diligentemente em evitar a condenação eterna. Afinal, ele considerava que o sofrimento eterno estava tão estritamente ligado à vida perversa quanto sempre estivera e que lhe era absolutamente necessário ainda controlar e sujeitar seu corpo para não ser condenado, visto que ceder às concupiscências do corpo e ser condenado estavam, com toda a certeza, conectados. O apóstolo sabia que essa proposição condicional era verdadeira no tocante a ele, como sempre fora. "Se eu viver perversamente ou não viver em obediência total aos mandamentos de Deus, certamente serei desqualificado." Isso é evidente, pois o apóstolo menciona algo dessa natureza concernente a si mesmo no mesmo capítulo de 1 Coríntios onde diz que esmurrava seu corpo para não ser desqualificado. "Se anuncio o evangelho, não tenho de que me gloriar, pois sobre mim pesa essa obrigação; porque ai de mim se não pregar o evangelho!" (1CO 9:16).

Que necessidade o apóstolo tinha de pregar o evangelho, embora Deus lhe tivesse ordenado, uma vez que já era

O caráter de Paulo: exemplo para os cristãos

convertido e estava seguro? E, se houvesse negligenciado pregar o evangelho, como poderia ter morrido após converter-se? Não obstante, essa proposição condicional ainda era válida. Se ele não vivesse uma vida de obediência a Deus, ai dele, ai dele se não pregasse o evangelho. A ligação ainda se mantinha. É impossível um homem ir a qualquer outro lugar que não o inferno trilhando um caminho de desobediência a Deus. Ele considerava necessário pregar o evangelho por causa disso e, pela mesma razão, julgava necessário esmurrar seu corpo para não ser desqualificado.

A ligação entre viver de forma perversa e a condenação é tão certa que, se um homem vive uma vida perversa, ela prova que todas as supostas experiências dele nada são. Se, no último dia, um homem for considerado obreiro da iniquidade, nada mais será perguntado sobre ele. Independentemente do que ele possa fingir, Cristo dirá a ele e a todos os outros semelhantes a ele: "...nunca vos conheci. Apartai-vos de mim, os que praticais a iniquidade" (MT 7:23). E Deus revelou essas ameaças e essa conexão para dissuadir não apenas os homens perversos, mas também os piedosos, de pecar. Embora Deus proteja da condenação os homens convertidos, o meio pelo qual ele os protegerá dela será protegê-los contra uma vida perversa. E, embora Ele os proteja contra uma vida perversa, um dos meios pelos quais ele os protegerá dela será pela cautela deles mesmos em evitar a condenação, e por Suas ameaças de condenação se eles viverem de maneira perversa.

Temos outro exemplo notável em Jó, homem eminentemente santo que evitava o pecado com o máximo cuidado, pois queria evitar ser destruído por Deus (VEJA JÓ 31). Certamente, temos tantos motivos quanto ele para sermos cautelosos, para não nos expormos à destruição por Deus. Não temos um estoque maior de bondade do que Jó. O apóstolo Paulo orienta os cristãos a desenvolverem a própria "salvação com temor e tremor" (FP 2:12). E é dito que o caráter de um verdadeiro santo é tremer diante da Palavra de Deus (VEJA ISAÍAS 66:2), e esse tremer é especialmente por causa de Suas terríveis ameaças, como fez Jó. Considerando que, agora, o hábito de muitos é, sempre que pensam estar convertidos, desprezar as ameaças da Palavra de Deus como se nada mais tivessem a ver com elas, por suporem que estão convertidos e fora de perigo. Cristo instruiu Seus discípulos — até mesmo os que eram convertidos e também outros — a se empenharem pela salvação, visto que o caminho que conduz à destruição é espaçoso, e os homens são muito inclinados a andar por esse caminho e ser condenados.

Entrai pela porta estreita (larga é a porta, e espaçoso, o caminho que conduz para a perdição, e são muitos os que entram por ela), porque estreita é a porta, e apertado, o caminho que conduz para a vida, e são poucos os que acertam com ela. (MATEUS 7:13-14)

Quarto, o apóstolo não buscava a salvação por sua própria justiça. Embora seus sofrimentos fossem muito grandes e seus esforços tão abundantes, Paulo nunca os considerou como justiça. Ele pisou na justiça como totalmente insuficiente para recomendá-lo a Deus. Ele se esforçou para ser achado em Cristo, não tendo a sua própria justiça, visto que ela é de Deus mediante a fé, como na parte anterior do capítulo do qual nosso texto básico fora extraído.

O caráter de Paulo: exemplo para os cristãos

Bem que eu poderia confiar também na carne. Se qualquer outro pensa que pode confiar na carne, eu ainda mais: circuncidado ao oitavo dia, da linhagem de Israel, da tribo de Benjamim, hebreu de hebreus; quanto à lei, fariseu, quanto ao zelo, perseguidor da igreja; quanto à justiça que há na lei, irrepreensível. Mas o que, para mim, era lucro, isto considerei perda por causa de Cristo. Sim, deveras considero tudo como perda, por causa da sublimidade do conhecimento de Cristo Jesus, meu Senhor; por amor do qual perdi todas as coisas e as considero como refugo, para ganhar a Cristo e ser achado nele, não tendo justiça própria, que procede de lei, senão a que é mediante a fé em Cristo, a justiça que procede de Deus, baseada na fé; para o conhecer, e o poder da sua ressurreição, e a comunhão dos seus sofrimentos, conformando-me com ele na sua morte; para, de algum modo, alcançar a ressurreição dentre os mortos. Não que eu o tenha já recebido ou tenha já obtido a perfeição; mas prossigo para conquistar aquilo para o que também fui conquistado por Cristo Jesus. (FILIPENSES 3:4-12)

Quinto, naqueles esforços fervorosos que realizava, Paulo considerava a recompensa do prêmio. Ele o fazia por uma coroa incorruptível (VEJA 1 CORÍNTIOS 9:25). Ele buscava um alto grau de glória, por saber que, quanto mais trabalhava, mais seria recompensado, como fica claro pelo que diz aos coríntios: "…aquele que semeia pouco pouco também ceifará; e o que semeia com fartura com abundância também ceifará" (2CO 9:6) e "…cada um receberá o seu galardão, segundo o seu próprio trabalho" (1CO 3:8). Seu respeito por tal coroa de glória, que o Mestre havia prometido, naqueles grandes esforços e sofrimentos, fica evidente pelo que o apóstolo diz, pouco antes de sua morte, a Timóteo.

> *Combati o bom combate, completei a carreira, guardei a fé. Já agora a coroa da justiça me está guardada, a qual o Senhor, reto juiz, me dará naquele Dia; e não somente a mim, mas também a todos quantos amam a sua vinda.* (2 TIMÓTEO 4:7-8)

Também nisso, todos os cristãos devem seguir o seu exemplo. Não devem se contentar com o pensamento de que possuem bondade suficiente para levá-los ao Céu. Em vez disso, devem buscar zelosamente altos graus de glória, pois os graus mais elevados de glória estão prometidos para obras extraordinárias para Deus, por nenhuma outra razão, senão que devemos buscá-los.

b) *Passo a mencionar algumas das virtudes de Paulo mais diretamente referentes a Deus e a Cristo, nas quais devemos seguir o seu exemplo.*

Primeiro, ele era forte na fé. Em relação a Paulo, pode-se realmente dizer que ele vivia por fé. Sua fé parecia não ter a mínima aparência de desconfiança ou dúvida em suas palavras ou seus atos. Todos pareciam proclamar que ele tinha continuamente em vista Deus, Cristo e o mundo invisível. Tal fé era continuamente exercitada e professada por ele.

Temos, portanto, sempre bom ânimo, sabendo que, enquanto no corpo, estamos ausentes do Senhor; visto que andamos por fé e não pelo que vemos. Entretanto, estamos em plena confiança, preferindo deixar o corpo e habitar com o Senhor. (2 CORÍNTIOS 5:6-8)

Ele sempre fala de Deus, de Cristo e de coisas invisíveis e futuras como se com certeza as conhecesse e, então, as visse tão plena e certamente quanto vemos qualquer coisa que está diretamente diante dos nossos olhos terrenos. Ele falava como se, seguramente, soubesse que a promessa de Deus de vida eterna seria cumprida e afirma isso como a razão pela qual trabalhava tão exaustivamente e suportava todos os tipos de sofrimentos temporais e a morte, sendo sempre entregue à morte por causa de Cristo: "Porque nós, que vivemos, somos sempre entregues à morte por causa de Jesus, para que também a vida de Jesus se manifeste em nossa carne mortal" (2CO 4:11). Ele fala de sua ardente expectativa e esperança do cumprimento das promessas de Deus. E, pouco antes de sua morte, quando estava encarcerado e, possivelmente, sofreria martírio, que é a maior provação da fé, Paulo expressa sua fé em Cristo nos termos mais fortes.

...e, por isso, estou sofrendo estas coisas; todavia, não me envergonho, porque sei em quem tenho crido e estou certo de que ele é poderoso para guardar o meu depósito até aquele Dia. (2 TIMÓTEO 1:12)

Um exemplo como esse pode muito bem nos deixar constrangidos, pois quão fraca e instável é a fé da maioria dos cristãos! Ainda que, de vez em quando, pareça haver um vigoroso exercício de fé, dando à pessoa naquele momento uma firme convicção e confiança, quão curtos são tais exercícios, quão rapidamente eles desaparecem! Quão frequentemente a fé é estremecida por uma única tentação! Quão frequentemente seus exercícios são interrompidos por dúvida, e o quanto se mostra um espírito desconfiado e oscilante! Quão pouco nossa fé realiza em tempos de provação! Quão frequente e facilmente a nossa confiança em Deus é abalada e interrompida, quão regularmente prevalece a incredulidade! Isso desonra muito o nosso Salvador Jesus Cristo, e é muito doloroso para nós. Quão feliz e glorioso quinhão é viver uma vida de fé como Paulo viveu! Quão longe ele voou, nas asas de sua inabalável fé, acima daquelas pequenas dificuldades que continuamente nos molestam e estão prontas para nos vencer! Que esse tão bendito exemplo, apresentado a nós nas Escrituras, nos incite a buscar fervorosamente a Deus para também voarmos mais alto.

Segundo, outra virtude na qual devemos seguir o exemplo de Paulo é o seu grande amor a Cristo. Os coríntios, que viram como o apóstolo agia, esforçava-se e sofria, e sem enxergarem motivações mundanas, ficaram atônitos. Eles se perguntavam o que influenciava e impulsionava aquele homem de maneira tão maravilhosa. O apóstolo diz ter sido um espetáculo para o mundo. Porém, o princípio imediato que o movia era o seu firme e intenso amor por seu glorioso Senhor e Mestre. Esse amor o constrangia, de modo que nada mais podia fazer senão esforçar-se e trabalhar em busca da sua salvação. Ele declara: "Pois o amor de Cristo nos constrange..." (2CO 5:14).

O caráter de Paulo: exemplo para os cristãos

Ele tinha tanto contentamento no Senhor Jesus Cristo, no conhecimento e na contemplação dele, que nos diz: "...considero tudo como perda, por causa da sublimidade do conhecimento de Cristo Jesus" (FP 3:8). Ele declara isso em termos muito positivos. Ele não diz meramente que espera amar a Cristo de modo a desprezar outras coisas em comparação com o conhecimento dele, e sim "sem dúvida, considero todas as coisas como perda devido à excelência do conhecimento de Cristo Jesus, meu Senhor". E Paulo atribui a razão pela qual ele até se gloriava em seus sofrimentos por causa de Cristo: "...porque o amor de Deus é derramado em nosso coração pelo Espírito Santo" (RM 5:5). Essa expressão parece implicar que ele percebia essa santa afeição, doce e poderosamente difundida em sua alma, como um unguento precioso e perfumado. E como ele triunfa em seu amor a Cristo em meio a seus sofrimentos!

> *Quem nos separará do amor de Cristo? Será tribulação, ou angústia, ou perseguição, ou fome, ou nudez, ou perigo, ou espada? Como está escrito: Por amor de ti, somos entregues à morte o dia todo, fomos considerados como ovelhas para o matadouro. Em todas estas coisas, porém, somos mais que vencedores, por meio daquele que nos amou.* (ROMANOS 8:35-37)

Que isso não nos deixe envergonhados por causa de nosso coração frio e morto, que ouvimos tão frequentemente de Cristo — de Suas gloriosas excelências e Seu maravilhoso amor, com tão pouca emoção —, nosso coração muito comumente congelado, como um torrão de terra, por afeições

SERMÕES SOBRE AVIVAMENTO

mundanas. E pode ser que, de quando em quando, com muita dificuldade, nós nos persuadamos a fazer um pouco ou investir um pouco para o avanço do reino de Cristo. Então, somos rápidos em nos gabar do que tão nobremente fizemos. Tais exemplos superiores que temos são suficientes para nos fazer corar eternamente por nossas próprias realizações no amor de Cristo e nos despertar para seguir fervorosamente aqueles que foram tão além de nós.

Terceiro, o apóstolo viveu em uma época em que o cristianismo era fortemente desprezado. Contudo, ele não se envergonhava do evangelho de Cristo. Em todos os lugares, os cristãos eram desprezados pelos célebres homens do mundo. Quase todos os que tinham alguma projeção na sociedade, homens em posições honrosas, homens cultos e homens ricos desprezavam o cristianismo e consideravam vil e desprezível ser cristão, um seguidor e adorador de um miserável homem crucificado. Ser cristão era considerado algo que arruinava a reputação de um homem. Em toda parte, os cristãos eram considerados tolos, ridicularizados e escarnecidos. Eles eram os mais vis da humanidade, a escória do mundo. Isso era uma grande tentação para os cristãos se envergonharem do evangelho.

E o apóstolo Paulo estava mais especialmente em tais circunstâncias que o expunham a essa tentação, porque, antes de ser cristão, possuía elevada reputação entre seus próprios compatriotas. Ele era considerado um jovem de proficiência acima do comum no aprendizado e desfrutava de grande distinção entre os fariseus, uma classe de homens da mais alta posição entre os judeus.

O caráter de Paulo: exemplo para os cristãos

Em tempos em que a religião é muito desprezada, os homens ilustres estão mais dispostos a envergonhar-se dela do que os outros. Muitos dos poderosos parecem pensar que aparentar ser um homem religioso os faria parecer inferiores. Eles não sabem como demonstrar um espírito devoto, um espírito de supremo amor a Deus e um estrito respeito aos mandamentos do Senhor. Ainda assim, o apóstolo não se envergonhava do evangelho de Cristo em lugar algum nem diante de qualquer pessoa. Não se envergonhava do evangelho entre seus próprios compatriotas, os judeus, diante de seus governantes, escribas e grandes homens. Em vez disso, sempre professava a Cristo com ousadia e os confrontava quando se opunham a ele. Quando esteve em Atenas — a principal sede do aprendizado e dos eruditos do mundo —, embora os eruditos e filósofos de lá desprezassem a doutrina apresentada por Paulo e o chamassem de tagarela por pregar o evangelho, ele não sentiu vergonha. Pelo contrário, contestou e confundiu ousadamente aqueles grandes filósofos e converteu alguns deles. E, quando foi para Roma — a metrópole e senhora do mundo, onde residiam o imperador, senadores e os principais governantes do mundo —, não se envergonhou do evangelho ali.

...estou pronto a anunciar o evangelho também a vós outros, em Roma. Pois não me envergonho do evangelho, porque é o poder de Deus para a salvação de todo aquele que crê... (ROMANOS 1:15-16)

O apóstolo foi muito ridicularizado e desprezado por pregar o Jesus crucificado: "...até agora, temos chegado a ser considerados lixo do mundo, escória de todos" (1CO 4:13). E, no versículo 10, ele declara: "Nós somos loucos por causa de Cristo...". Em toda parte, eles eram considerados tolos e chamados assim. Contudo, o apóstolo estava tão longe de se envergonhar do Jesus crucificado, que se gloriava nele acima de todas as coisas: "...longe esteja de mim gloriar-me, senão na cruz de nosso Senhor Jesus Cristo..." (GL 6:14).

Eis aí um exemplo para seguirmos se, em algum momento, cairmos entre os que desprezam a religião. Eles nos desprezarão por nossas pretensões religiosas, estarão prontos para zombar de nós por sermos tão precisos e nos considerarão tolos. Diante disso, que não nos envergonhemos da religião e não nos rendamos a obediências pecaminosas e a pessoas vaidosas e perdidas, a fim de não parecermos peculiares e considerados ridículos. Tal mesquinhez de espírito se apodera de muitas pessoas indignas de serem chamadas cristãs. Delas, Cristo se envergonhará quando vier na glória de Seu Pai com os santos anjos.

Quarto, outra virtude em que devemos seguir o apóstolo é seu desprezo pelo mundo e sua mentalidade celestial. Ele desprezou todas as vãs alegrias do mundo. Desprezou suas riquezas: "De ninguém cobicei prata, nem ouro, nem vestes" (AT 20:33). Desprezou os prazeres do mundo: "Esmurro o meu corpo" (1CO 9:27). Os prazeres do apóstolo estavam nos sofrimentos de seu corpo, em vez de na satisfação de seus apetites carnais: "Pelo que sinto prazer nas fraquezas, nas injúrias, nas necessidades, nas perseguições, nas angústias, por amor de Cristo..." (2CO 12:10). Desprezou as honras do mundo: "Também jamais andamos buscando glória de homens, nem de vós, nem de outros" (1TS 2:6). Ele declara que o mundo estava crucificado para ele, e ele para o mundo. O que o apóstolo buscava não era isso, e sim as coisas do alto, que estavam fora da visão de outros homens. "...não atentando nós nas coisas que se veem, mas nas que se não veem..." (2CO 4:18). Paulo ansiava muito pelo Céu.

Pois, na verdade, os que estamos neste tabernáculo gememos angustiados, não por querermos ser despidos, mas revestidos, para que o mortal seja absorvido pela vida. (2 CORÍNTIOS 5:4)

E ele nos diz que não conhecia homem algum segundo a carne. Isto é, não olhou para os homens ou as coisas deste mundo, ou os considerou como relacionados ao mundo, ou como eles respeitavam a vida presente, ao contrário, considerava todos os homens e todas as coisas por estarem relacionadas com a natureza espiritual e com outro mundo. Nisso o apóstolo agia como convém a um cristão. Porque os verdadeiros cristãos são pessoas que não pertencem a este mundo e, portanto, é muito inadequado se preocuparem com tais coisas. O exemplo de Paulo pode envergonhar todas as pessoas cuja mente se ocupa principalmente com as coisas terrenas, conquistar propriedades ou obter honras. E ainda seriam considerados condiscípulos com o apóstolo, participantes dos mesmos esforços e coerdeiros da mesma herança celestial. Isso deve nos incitar a lutar para sermos mais indiferentes ao mundo e termos mais mente celestial.

Quinto, devemos também seguir o exemplo do apóstolo em sua abundância de oração e louvor. Ele era muito zeloso

SERMÕES SOBRE AVIVAMENTO

e fortemente empenhado nesses deveres e os exercia continuamente, como se vê em muitas passagens.

Primeiramente, dou graças a meu Deus, mediante Jesus Cristo, no tocante a todos vós, porque, em todo o mundo, é proclamada a vossa fé. Porque Deus, a quem sirvo em meu espírito, no evangelho de seu Filho, é minha testemunha de como incessantemente faço menção de vós em todas as minhas orações... (ROMANOS 1:8-10)

Por isso, também eu, tendo ouvido da fé que há entre vós no Senhor Jesus e o amor para com todos os santos, não cesso de dar graças por vós, fazendo menção de vós nas minhas orações. (EFÉSIOS 1:15-16)

Damos sempre graças a Deus, Pai de nosso Senhor Jesus Cristo, quando oramos por vós. (COLOSSENSES 1:3)

Damos, sempre, graças a Deus por todos vós, mencionando-vos em nossas orações e, sem cessar, recordando-nos, diante do nosso Deus e Pai, da operosidade da vossa fé, da abnegação do vosso amor e da firmeza da vossa esperança em nosso Senhor Jesus Cristo. (1 TESSALONICENSES 1:2-3)

Pois que ações de graças podemos tributar a Deus no tocante a vós outros, por toda a alegria com que nos regozijamos por vossa causa, diante do nosso Deus, orando noite e dia, com máximo empenho, para vos

ver pessoalmente e reparar as deficiências da vossa fé?
(1 TESSALONICENSES 3:9-10)

Dou graças a Deus, a quem, desde os meus antepassados,
sirvo com consciência pura, porque, sem cessar,
me lembro de ti nas minhas orações, noite e dia.
(2 TIMÓTEO 1:3)

Sexto, devemos segui-lo em seu contentamento com as dispensações da Providência divina. Ele recebeu uma grande variedade de dispensações da Providência. Passou por muitíssimas transformações e estava quase continuamente em circunstâncias de sofrimento, por vezes sob um aspecto, por vezes sob outro, e por vezes sujeito a muitos tipos de sofrimento juntos. Contudo, havia alcançado tal grau de submissão à vontade de Deus que ficava contente em todas as condições e sob todas as dispensações para com ele.

Digo isto, não por causa da pobreza, porque aprendi a
viver contente em toda e qualquer situação. Tanto sei
estar humilhado como também ser honrado; de tudo
e em todas as circunstâncias, já tenho experiência,
tanto de fartura como de fome; assim de abundância
como de escassez; tudo posso naquele que me fortalece.
(FILIPENSES 4:11-13)

Que índole e disposição benditos eram aqueles a que Paulo havia chegado! E quão feliz é o homem de quem, agora, isso pode ser dito em verdade. Ele está, por assim dizer, fora do alcance de todo mal. Nada pode tocá-lo de modo a perturbar o seu descanso, visto que ele repousa em tudo que Deus ordena.

Sétimo, devemos seguir o apóstolo em sua grande cautela ao relatar sua experiência, para não exibir em suas palavras mais do que os homens veriam em seus atos. Em 2 Coríntios 12:1-4, ele faz algo como um relato de como havia sido favorecido com visões e revelações, e arrebatado ao terceiro Céu. E, no versículo 6, sugerindo que poderia relatar algo mais, ele interrompe e se abstém de dizer qualquer coisa acerca de sua experiência. Ele explica a razão disso: evitar, naquilo que relata sobre si mesmo, ocasionar que alguém ficasse decepcionado esperando dele, por seu relato de sua experiência e revelações, mais do que deveria ver ou ouvir falar dele em sua conversa. Suas palavras são:

> *Pois, se eu vier a gloriar-me, não serei néscio, porque direi a verdade; mas abstenho-me para que ninguém se preocupe comigo mais do que em mim vê ou de mim ouve.* (2 CORÍNTIOS 12:6)

Alguns podem se maravilhar disso em um homem como o apóstolo e questionar: "Por que um homem com tão eminente conduta seria tão cauteloso nesse assunto? Por que precisaria ter medo de declarar todas as coisas extraordinárias que havia testemunhado, já que sua vida era tão coerente, e tão eminentemente compatível, com a sua experiência?". Contudo, você vê o apóstolo se abstendo exatamente disso. Ele sabia que havia grande necessidade de cautela quanto a esse assunto. Ele sabia que se, ao prestar contas das extraordinárias revelações recebidas, suscitasse uma expectativa de coisas demasiadamente grandiosas em sua conduta e não vivesse em conformidade com tal expectativa, isso feriria profundamente a religião. Ele sabia que seus inimigos estariam imediatamente prontos a dizer: "Quem é esse? O homem que dá um relato tão extraordinário de suas visões e revelações, e sinais peculiares do favor de Deus para com ele, não vive em maior conformidade com isso?".

Porém, se um homem como o apóstolo, tão eminente em sua vida, era tão cauteloso quanto a isso, certamente nós precisamos ser cautelosos, porque falhamos muito mais em nosso exemplo do que ele e, em nossa conduta, o inimigo pode encontrar muito mais ocasião para falar da religião com reprovação. Isso nos ensina que será melhor nos abstermos totalmente de nos gabar de nossa experiência do que nos apresentarmos como melhores do que nossos atos e conversas nos retratam, pois os homens compararão uma coisa com a outra. E, se não virem correspondência entre elas, isso será muito mais para a desonra de Deus do que o nosso relato será para a Sua honra. Portanto, sejam os cristãos alertados para ser sempre cautelosos a esse respeito, segundo o grande exemplo do apóstolo.

c) *Mencionarei algumas das virtudes do apóstolo que mais imediatamente referem-se aos homens, nas quais devemos seguir o seu exemplo.*

Primeiro, sua mansidão ao sofrer maus-tratos e seu amor pelos inimigos. Multidões o odiavam, mas ele não parecia odiar pessoa alguma. A maior parte do mundo onde ele esteve lhe era inimiga. Ele, porém, era amigo de todos e se empenhava e orava fervorosamente pelo bem de todos. E, ao ser repreendido, ridicularizado e esbofeteado, suportava tudo com mansidão e brandura e, não obstante, desejava e buscava o bem deles. "Quando somos injuriados, bendizemos; quando perseguidos, suportamos; quando caluniados, procuramos conciliação" (1CO 4:12-13).

No período de seus grandes sofrimentos, quando subiu a Jerusalém, e houve grande alvoroço por sua causa, e as pessoas estavam tão raivosas contra ele, ansiosamente sedentas por seu sangue, ele não sentiu raiva ou inimizade para com seus perseguidores. Quando estava preso por maldade deles e se apresentou perante o rei Agripa, e este lhe disse: "Por pouco me persuades a me fazer cristão" (AT 26:28), e seus inimigos sedentos de sangue estavam por perto, Paulo respondeu: "Assim Deus permitisse que, por pouco ou por muito, não apenas tu, ó rei, porém todos os que hoje me ouvem se tornassem tais qual eu sou, exceto estas cadeias" (v.29). Ele desejava que seus acusadores, e aqueles que haviam jurado não comer nem beber enquanto não o matassem, tivessem tão grandes privilégios e favor do Céu quanto ele mesmo. Também que eles ficassem tal como ele estava, exceto em seus grilhões, sua prisão e nas aflições que lhe haviam trazido. Ele não desejava que eles estivessem naquela aflição como ele, ainda que ela fosse fruto da crueldade deles.

E quando alguns dos coríntios, a quem ele havia instruído e convertido do paganismo, tinham agido mal com ele, dado ouvido a alguns falsos mestres que haviam estado entre eles e odiavam e censuravam o apóstolo, ele lhes disse que, não obstante aqueles abusos, muito alegremente se gastaria e se deixaria gastar por eles, ainda que, quanto mais abundantemente os amasse, menos fosse amado por eles (VEJA 2 CORÍNTIOS 12:15). Ainda que eles não lhe retribuíssem com gratidão o seu amor, senão apenas com hostilidade e maus tratos, ele ainda estava pronto para gastar-se e se deixar gastar por eles.

Embora o apóstolo fosse tão odiado e houvesse sofrido tantos maus-tratos dos judeus incrédulos, como ainda expressava seu amor por eles? Ele orava fervorosamente por eles. "Irmãos, a boa vontade do meu coração e a minha súplica a Deus a favor deles são para que sejam salvos" (RM 10:1). E se lamentava por eles. Paulo andava com o coração pesado, com dor e pesar contínuos por compaixão por eles, sob as calamidades a que estavam sujeitos. Ele declara, da maneira mais solene, que almejava tanto pela salvação deles que desejaria ser amaldiçoado por Cristo por amor a eles e ser oferecido em sacrifício, se isso pudesse resultar nela (VEJA ROMANOS 9:1-3). Devemos entender isso como uma maldição temporal. Ele poderia estar disposto a morrer uma morte maldita e, assim, ser feito maldição durante algum tempo, como Cristo foi, se isso pudesse ser um meio de salvação para eles.

Como é reprovado por isso quem, quando é maltratado e sofre repreensão ou injúria, desenvolve ódio contra o próximo, um preconceito pelo qual a pessoa está sempre inclinada a nutrir uma desconfiança e a buscar e aproveitar oportunidades contra este, lamentar sua prosperidade e alegrar-se com suas decepções.

Segundo, Paulo se deleitava na paz. Quando qualquer contenda acontecia entre cristãos, ele ficava extremamente entristecido, como quando ouviu falar das que eclodiram na igreja de Corinto. Ele dá a entender aos filipenses que se alegraria muito por eles viverem em amor e paz e, por isso, lhes implora ardentemente que vivam assim.

Se há, pois, alguma exortação em Cristo, alguma consolação de amor, alguma comunhão do Espírito, se há entranhados afetos e misericórdias, completai a minha alegria, de modo que penseis a mesma coisa, tenhais o mesmo amor, sejais unidos de alma, tendo o mesmo sentimento. (FILIPENSES 2:1-2)

E ele estudou as coisas que deveriam contribuir para a paz. Para esse fim, submeteu-se a todos o máximo possível no que era lícito e, frequentemente, se conformou com as fraquezas e os humores dos outros, para que houvesse paz. Ele declara que, embora fosse livre de todos os homens, se fizera servo de todos. Para os judeus, ele agia como judeu; para os que estavam sob a Lei, agia como que sob a Lei; para os que estavam sem lei, como se estivesse sem lei; para os fracos, tornou-se fraco. Ele preferia agradar aos outros em vez de a si mesmo, pelo bem da paz e da alma deles: "...assim como também eu procuro, em tudo, ser agradável a todos, não buscando o meu próprio interesse, mas o de muitos, para que sejam salvos" (1CO 10:33).

Terceiro, ele era muito terno e compassivo para com quem quer que estivesse em aflição. Ele demonstrou tal atitude especialmente no caso do coríntio incestuoso. O crime foi muito grande e a falha da igreja foi grande ao acolher tal perversidade. Isso levou o apóstolo a escrever-lhes com alguma aspereza acerca da questão.

Porém, embora se alegrasse ao perceber que sua reprovação fora aceita pelos cristãos em coríntios, que eles se arrependeram e ficaram com o coração repleto de tristeza, o apóstolo ficou tão afetado com a tristeza deles que seu coração se apiedou deles e ele esteve a ponto de se arrepender de lhes ter escrito tão severamente. Ele ficou muito preocupado com isso, temendo que sua carta anterior os enchesse de excessiva tristeza.

Porquanto, ainda que vos tenha contristado com a carta,
não me arrependo; embora já me tenha arrependido
(vejo que aquela carta vos contristou por breve tempo).
(2 CORÍNTIOS 7:8)

Assim, ele teve compaixão do homem incestuoso, embora houvesse sido culpado de um crime tão vil, e estava muito preocupado com que ele fosse consolado. O apóstolo diz que, sempre que qualquer cristão sofria ou era ferido, ele também sentia e sofria. "Quem enfraquece, que também eu não enfraqueça? Quem se escandaliza, que eu não me inflame?" (2CO 11:29).

Quarto, ele se alegrava com a prosperidade e alegria dos outros. Quando via a alma de alguém ser consolada, o apóstolo participava disso. Sua alma também era consolada. Quando ele via algum cristão revigorado em seu espírito, seu próprio espírito era revigorado.

*Porém Deus, que conforta os abatidos, nos consolou
com a chegada de Tito; e não somente com a sua
chegada, mas também pelo conforto que recebeu de vós,
referindo-nos a vossa saudade, o vosso pranto, o vosso
zelo por mim, aumentando, assim, meu regozijo. [...]
Foi por isso que nos sentimos confortados. E, acima
desta nossa consolação, muito mais nos alegramos pelo
contentamento de Tito, cujo espírito foi recreado por
todos vós.* (2 CORÍNTIOS 7:6-7,13)

Quinto, Paulo se deleitava na comunhão com o povo de Deus. Ele ansiava por eles quando estava ausente. "Porque Deus me é testemunha das saudades que de todos vós tenho, em entranhável afeição de Jesus Cristo" (FP 1:8 ARC). E também: "Portanto, meus irmãos, amados e mui saudosos, minha alegria e coroa..." (4:1).

*Porque muito desejo ver-vos, a fim de repartir convosco
algum dom espiritual, para que sejais confirmados,
isto é, para que, em vossa companhia, reciprocamente
nos confortemos por intermédio da fé mútua, vossa e
minha.* (ROMANOS 1:11-12)

Sexto, ele era realmente cortês em seu comportamento para com os outros. Embora fosse um homem tão eminente e houvesse recebido tantas honras de Deus, ele era repleto de amabilidade para com todos os homens, prestando-lhes todo o devido respeito. Assim, ao ser chamado à presença de magistrados judeus ou pagãos, ele os tratava com a honra e o respeito devidos aos seus postos. Quando os judeus o pegaram no Templo, embora se comportassem mais como demônios do que como homens, ele se dirigiu a eles com grande respeito: "Irmãos e pais, ouvi, agora, a minha defesa perante vós" (AT 22:1), chamando os judeus comuns de seus *irmãos* e saudando os anciãos e escribas com o título de *pais*, ainda que fossem um grupo de infiéis. Assim, ao defender sua causa perante Festo, um governador pagão, ele lhe profere o título adequado à sua posição, chamando-o de "excelentíssimo Festo". Sua cortesia aparece também nas saudações em suas epístolas. Ele é particularmente cuidadoso ao mencionar muitas pessoas, instruindo que suas saudações deveriam ser entregues a elas. Tal grau de cortesia em uma pessoa tão destacada quanto esse apóstolo reprova todos os cristãos professos que, embora muito abaixo dele, não são educados e respeitosos em seu comportamento para com o próximo e, especialmente, seus superiores. A incivilidade é aqui reprovada, como também a negligência muito comum dos cristãos que não tomam o estrito cuidado de ensinar a seus filhos boas maneiras e polidez e educá-los a ter um comportamento respeitoso e cortês para com os outros.

d) *Mencionarei as virtudes do apóstolo referentes a Deus e aos homens, nas quais devemos imitar seu exemplo.*

Primeiro, ele era um homem com uma inclinação extremamente pública. Ele era muito preocupado com a prosperidade do reino de Cristo e com o bem de Sua Igreja. Nós vemos muitos homens totalmente engajados em perseguir seus interesses mundanos. Muitos que são fervorosos na busca por prazeres carnais, muitos que são ávidos na busca por honras, e muitos que são ardorosos na busca por lucros. Porém, provavelmente nunca vimos homem algum mais engajado em promover o seu patrimônio, nem mais ocupado com os seus prazeres, nem mais ganancioso de honra do que o apóstolo Paulo era quanto à prosperidade do reino de Cristo e ao bem da alma dos homens.

As coisas que entristecem os outros homens são cruzes exteriores: perda de propriedades, cair em desprezo, sofrimento físico. Porém, essas coisas não entristeciam o apóstolo. Ele fazia pouco caso delas. As coisas que o afligiam eram as que feriam os interesses da religião. Por elas, ele derramava lágrimas. Assim, ele ficou extremamente triste e chorou muito pelas corrupções que haviam se infiltrado na igreja de Corinto, motivo de haver escrito sua primeira epístola a eles. "Porque, no meio de muitos sofrimentos e angústias de coração, vos escrevi, com muitas lágrimas..." (2CO 2:4).

As coisas de que outros homens têm ciúme são seus prazeres e vantagens mundanos. Se estes são ameaçados, seu ciúme é aguçado, visto que eles lhes são queridos acima de tudo. Porém, as coisas que despertavam o ciúme do apóstolo eram as que pareciam ameaçar os interesses da religião e o bem da Igreja de Cristo.

> *Porque zelo por vós com zelo de Deus; visto que vos tenho preparado para vos apresentar como virgem pura a um só esposo, que é Cristo. Mas receio que, assim como a serpente enganou a Eva com a sua astúcia, assim também seja corrompida a vossa mente e se aparte da simplicidade e pureza devidas a Cristo.*
>
> (2 CORÍNTIOS 11:2-3)

O caráter de Paulo: exemplo para os cristãos

As coisas nas quais outros homens se regozijam são o acúmulo de tesouros terrenos, serem promovidos a honras, possuírem prazeres e deleites exteriores. Nada disso aumentava a alegria do apóstolo, mas, quando ele via ou ouvia falar de qualquer coisa pela qual os interesses da religião eram promovidos, e a Igreja de Cristo prosperava, ele se alegrava: "...recordando-nos, diante do nosso Deus e Pai, da operosidade da vossa fé, da abnegação do vosso amor e da firmeza da vossa esperança em nosso Senhor Jesus Cristo" (1TS 1:3); "Sim, vós sois realmente a nossa glória e a nossa alegria!" (2:20). Ele se alegrava com essas coisas, por mais caro que lhe custassem, por mais que elas lhe causassem perdas em seus interesses temporais, se o bem-estar da religião e o bem das almas fossem promovidos.

> *...preservando a palavra da vida, para que, no Dia de Cristo, eu me glorie de que não corri em vão, nem me esforcei inutilmente. Entretanto, mesmo que seja eu oferecido por libação sobre o sacrifício e serviço da vossa fé, alegro-me e, com todos vós, me congratulo.*
> (FILIPENSES 2:16-17)

Ele se alegrava com a constância dos santos: "Pois, embora ausente quanto ao corpo, contudo, em espírito, estou convosco, alegrando-me e verificando a vossa boa ordem e a firmeza da vossa fé em Cristo" (CL 2:5). E se alegrava com a convicção dos pecadores e em tudo que tendesse a isso.

Ele se alegrava com qualquer bem que fosse feito, ainda que por outros, e embora fosse feito acidentalmente por seus inimigos.

> *Alguns, efetivamente, proclamam a Cristo por inveja*
> *e porfia; outros, porém, o fazem de boa vontade; estes,*
> *por amor, sabendo que estou incumbido da defesa*
> *do evangelho; aqueles, contudo, pregam a Cristo,*
> *por discórdia, sem sinceridade, julgando suscitar*
> *tribulação às minhas cadeias. Todavia, que importa?*
> *Uma vez que Cristo, de qualquer modo, está sendo*
> *pregado, quer por pretexto, quer por verdade, também*
> *com isto me regozijo, sim, sempre me regozijarei.*
> (FILIPENSES 1:15-18)

Quando o apóstolo ouvia algo dessa natureza, essa era uma boa notícia para ele.

> *Agora, porém, com o regresso de Timóteo, vindo do*
> *vosso meio, trazendo-nos boas notícias da vossa fé*
> *e do vosso amor, e, ainda, de que sempre guardais*
> *grata lembrança de nós, desejando muito ver-nos,*
> *como, aliás, também nós a vós outros, sim, irmãos,*
> *por isso, fomos consolados acerca de vós, pela vossa*
> *fé, apesar de todas as nossas privações e tribulação.*
> (1 TESSALONICENSES 3:6-7)

Quando ele ouvia notícias como essas, seu coração costumava se alargar nos louvores a Deus.

> *Damos sempre graças a Deus, Pai de nosso Senhor Jesus*
> *Cristo, quando oramos por vós, desde que ouvimos da*
> *vossa fé em Cristo Jesus e do amor que tendes para com*
> *todos os santos.* (COLOSSENSES 1:3-4)

O caráter de Paulo: exemplo para os cristãos

Ele não apenas costumava louvar a Deus quando ouvia essas notícias, mas, sempre que pensava nessas coisas, elas lhe eram tão alegres que ele prontamente louvava a Deus.

Dou graças ao meu Deus por tudo que recordo de vós,
fazendo sempre, com alegria, súplicas por todos vós,
em todas as minhas orações, pela vossa cooperação
no evangelho, desde o primeiro dia até agora.
(FILIPENSES 1:3-5)

Comparemo-nos com esse exemplo e examinemos até que ponto somos assim. Neste momento, reflitam sobre si mesmos todos aqueles cujo coração está principalmente empenhado em seus próprios interesses temporais particulares e não estão muito preocupados com os interesses da religião e da Igreja de Cristo se puderem atingir seus objetivos particulares. Que ficam muito aflitos quando as coisas vão contra a sua prosperidade terrena, que veem a religião, por assim dizer, agitando-se em seu sangue, sem muita tristeza no coração. Talvez eles digam: "É muito lamentável haver tal decadência e é triste o pecado prevalecer tanto". Porém, se observarmos o coração deles, veremos o quão frio e descuidado ele é. Tais palavras são palavras, é claro. Eles se expressam principalmente assim, porque pensam ser honroso lamentar a decadência da religião. Contudo, se preocupam dez vezes mais com outras coisas, com seus próprios interesses particulares ou alguns assuntos seculares da cidade. Se algo parece ameaçar sua decepção com essas coisas, quão prontamente ficam agitados e alarmados! Entretanto, quão calmos e tranquilos de espírito eles são a despeito de todas as nuvens

SERMÕES SOBRE AVIVAMENTO

escuras que aparecem sobre a causa e o reino de Cristo e a salvação de quem está ao redor deles. Quão rápido e grande é o seu zelo contra quem pensam opor-se injustamente a eles em seus interesses temporais. Porém, quão baixo é o seu zelo, comparativamente, contra as coisas extremamente perniciosas para os interesses da religião. Como eles são despertados se o seu próprio crédito é tocado! Mas podem ver o crédito da religião ser ferido, sangrar e morrer, com pouca preocupação sincera. A maioria dos homens tem uma atitude reclusa e limitada. Eles não têm a atitude do apóstolo Paulo, nem do salmista, que preferia Jerusalém à sua maior alegria (VEJA SALMO 137:6).

Segundo, devemos seguir o apóstolo em seus esforços diligentes e laboriosos por fazer o bem. Nós vemos multidões se esforçando e lutando incessantemente para ganhar o mundo, porém, não mais do que o apóstolo se esforçou pelo avanço do reino de seu amado Mestre e pelo bem de seus semelhantes. Sua obra foi muito grandiosa e enfrentou grandes dificuldades e oposição. E seu esforço foi responsavelmente grande. Ele se esforçou muito mais do que qualquer um dos apóstolos: "...trabalhei muito mais do que todos eles; todavia, não eu, mas a graça de Deus comigo" (1CO 15:10).

Quão grandes foram as dificuldades que ele enfrentou a fim de pregar e viajar de um lugar para outro em uma área tão vasta do mundo, por mar e terra — e, provavelmente, na maior parte a pé ao viajar por terra: instruindo e convertendo os pagãos, debatendo com opositores, judeus pagãos e hereges, vigorosamente combatendo os inimigos da Igreja de Cristo e opondo-se a eles. Ele lutava não "contra o sangue e a carne, e sim contra os principados e potestades, contra os dominadores deste mundo tenebroso, contra as forças espirituais do mal, nas regiões celestes" (EF 6:12), cumprindo o papel de um bom soldado, como alguém que vai para a guerra, revestindo-se de Cristo e usando toda a armadura de Deus, esforçando-se para estabelecer, confirmar e edificar os santos, resgatando os que estavam errantes, libertando os que estavam enredados, iluminando as trevas, confortando os desolados e socorrendo os tentados. Ele retificava perturbações que haviam acontecido nas igrejas, exercendo disciplina eclesiástica para com os ofensores e admoestando os santos da aliança da graça. Paulo abria e aplicava as Escrituras, ordenando pessoas e dando-lhes instruções, auxiliando os que foram ordenados, escrevendo epístolas e enviando mensageiros para uma e outra parte da Igreja de Cristo.

O cuidado pelas igrejas permanecia continuamente sobre ele. "Além das coisas exteriores, há o que pesa sobre mim diariamente, a preocupação com todas as igrejas" (2CO 11:28). Isso fazia com que ele estivesse continuamente empenhado em fervorosos esforços. Ele seguia noite e dia, às vezes quase a noite toda, pregando e admoestando seus ouvintes.

No primeiro dia da semana, estando nós reunidos com o fim de partir o pão, Paulo, que devia seguir viagem no dia imediato, exortava-os e prolongou o discurso até à meia-noite. [...] Subindo de novo, partiu o pão, e comeu, e ainda lhes falou largamente até ao romper da alva. E, assim, partiu. (ATOS 20:7,11)

SERMÕES SOBRE AVIVAMENTO

E ele fazia tudo gratuitamente, sem qualquer objetivo de ganho temporal. Ele disse aos coríntios: "Eu de boa vontade me gastarei e ainda me deixarei gastar em prol da vossa alma" (2CO 12:15). Além de esforçar-se na obra do evangelho, ele se esforçava muito, sim, às vezes noite e dia, no comércio de tendas para obter subsistência (VEJA ATOS 18:1-3), para não ser um peso para outros e, assim, prejudicar a causa de Cristo.

Porque, vos recordais, irmãos, do nosso labor e fadiga; e de como, noite e dia labutando para não vivermos à custa de nenhum de vós, vos proclamamos o evangelho de Deus. (1 TESSALONICENSES 2:9)

E ele continuou nesse ritmo de trabalho enquanto viveu. Nunca se cansava de fazer o bem e, embora encontrasse oposição contínua e milhares de dificuldades, nada o desencorajava. Em vez disso, seguiu em frente, esforçando-se nesse ritmo de trabalho árduo e constante até o fim de sua vida, como mostra o que ele diz pouco antes de sua morte.

Quanto a mim, estou sendo já oferecido por libação, e o tempo da minha partida é chegado. Combati o bom combate, completei a carreira, guardei a fé. (2 TIMÓTEO 4:6-7)

E os efeitos e frutos dos esforços do apóstolo testemunhavam em seu favor. O mundo foi abençoado pelo bem que ele fez. Não apenas uma única nação, e sim uma infinidade de nações. Os efeitos de seu ministério foram tão grandes e em tantas nações que, antes de ele ter trabalhado 20 anos, os pagãos de Tessalônica disseram sobre isso: "...têm transtornado o mundo..." (AT 17:6). Esse mesmo homem foi o principal instrumento desta grande obra de Deus: o chamado dos gentios e a conversão do mundo romano. E Paulo parece ter feito mais bem, muito mais bem, do que qualquer outro homem, desde o início do mundo até hoje. Após sua conversão, Paulo viveu não muito mais de 30 anos. E, nesses 30 anos, fez mais do que, comumente, mil homens fazem em uma era.

Esse exemplo pode muito bem nos fazer refletir acerca de nós mesmos e considerar quão pouco fazemos por Cristo e por nossos semelhantes. Professamos ser cristãos tanto quanto o apóstolo Paulo, e Cristo é digno de que o sirvamos como Paulo o serviu. Porém, quão pequenos são os nossos esforços para com Deus, Cristo e os nossos semelhantes! Embora muitos de nós nos mantenhamos ocupados, de que maneira o nosso trabalho e as nossas forças são empreendidos, e com que o nosso tempo está sendo preenchido? Consideremos um pouco nós mesmos e a maneira como investimos o nosso tempo. Trabalhamos para prover para nós mesmos e para a nossa família, para não nos envolver em dívidas e para fazer com que a nossa parte seja boa entre os homens. Mas foi só para isso que fomos enviados ao mundo? Aquele que nos fez, nos dotou com nossas faculdades mentais e forças físicas e nos concede o tempo e os nossos talentos nos deu isso principalmente para os despendermos dessa maneira ou para servi-lo?

Alguns de nós já têm idade, e para que temos vivido? O que temos feito esse tempo todo? Quanto o mundo é melhor para nós? Estávamos aqui apenas para comer, beber e consumir o bem que a terra produz? Muitas das bênçãos da Providência nos foram conferidas. E onde está o bem que fizemos em retribuição? Se nunca tivéssemos nascido, ou se tivéssemos morrido na infância, de quanto bem o mundo teria sido privado?

Tais reflexões devem ser feitas com preocupação por quem se diz cristão, pois, certamente, Deus não planta videiras em sua vinha senão pelos frutos que Ele espera que elas produzam. Ele não contrata trabalhadores para a Sua vinha senão para prestar serviço. Quem vive somente para si mesmo vive em vão e, por fim, será eliminado como estorvo da Terra. Que o exemplo de Paulo nos torne mais diligentes em fazer o bem no futuro. Homens que fazem pouco bem são rápidos em se justificar e dizer que Deus não deu sucesso aos seus esforços. Porém, é de se admirar não termos conseguido quando nosso engajamento não foi maior? Ao ver uma pessoa total e fervorosamente engajada, perseverante e realmente fiel, Deus costuma lhe conceder uma boa medida de sucesso. Você vê quão maravilhosamente Ele deu sucesso aos grandes esforços do apóstolo.

Terceiro, ele não apenas envidou grandes esforços, mas também exerceu sua maior habilidade e inventividade para a glória de Deus e o bem de seus semelhantes. "...sendo astuto, vos prendi com dolo" (2CO 12:16). Como os homens do mundo não apenas trabalham de boa vontade para obter bens terrenos, mas quanta habilidade e sutileza eles usam? E consideremos como ocorre conosco. Quantos não são os nossos artifícios para garantir e desenvolver os nossos próprios interesses terrenos. Quem pode calcular o número de todos os esquemas que foram engendrados entre nós para ganhar dinheiro e honras e realizar determinados projetos mundanos? Quão sutis somos nós para evitar as coisas que podem nos prejudicar em nossos interesses mundanos e para frustrar os planos de quem pode estar se esforçando para nos prejudicar. No entanto, quão pouco é planejado para o progresso da religião e o bem de nosso próximo! Quantos esquemas são delineados pelos homens para promover seus desígnios terrenos, enquanto apenas um é traçado para o avanço do reino de Cristo e o bem dos homens. Quão frequentes são as reuniões para determinar como promover melhor tais e tais assuntos mundanos! Porém, quão raramente há tais reuniões para reavivar a religião que está afundando, para manter e ampliar o crédito do evangelho e para realizar projetos de caridade para o avanço do reino de Cristo e o conforto e bem-estar da humanidade. Não podem essas considerações ser, com justiça, motivo de lamento? Quantos homens são sábios em promover seus interesses mundanos? Contudo, que vergonha é tão poucos se mostrarem "prudentes como as serpentes e símplices como as pombas" (MT 10:16) por Cristo! E quão comumente ocorre o inverso do que o apóstolo aconselha aos cristãos de Roma: "...quero que sejais sábios para o bem e símplices para o mal" (RM 16:19). Não é frequente ocorrer o contrário com cristãos professos, como acontecia com o povo de Judá e de Jerusalém? "...são filhos néscios e não inteligentes; são sábios para o mal e não sabem fazer o bem" (JR 4:22).

Quarto, o apóstolo Paulo renunciava voluntariamente a coisas lícitas em si mesmas, em prol dos interesses da religião e o bem dos homens. Assim, o casamento era algo lícito para o apóstolo Paulo e também para os outros homens, como ele mesmo afirma. Porém, ele não usou a liberdade que tinha quanto a esse assunto visto que pensou ser-lhe mais vantajoso, para pregar o evangelho, ser solteiro em vez de casado. Assim, era lícito ao apóstolo seguir outro curso de vida, como no comer e beber, e usar livremente todos os tipos de alimentos saudáveis. E era legal em si mesmo o apóstolo pedir um sustento àqueles a quem pregava. Mas absteve-se dessas coisas por supor que, nas suas circunstâncias e nas circunstâncias da Igreja de Cristo daquele tempo, sem elas ele poderia promover mais os interesses da religião e o bem dos homens.

Pelo evangelho e o bem dos homens, Paulo estava disposto a renunciar a todas as vantagens exteriores que pudesse desviá-lo deles. "E, por isso, se a comida serve de escândalo a meu irmão, nunca mais comerei carne, para que não venha a escandalizá-lo" (1CO 8:13). Ele evitaria não apenas as coisas inúteis em si mesmas, mas também as que dessem qualquer ocasião ao pecado ou que levassem ou expusessem ele mesmo ou outros ao pecado. Na sequência, ele diz:

> *Não sou eu, porventura, livre? Não sou apóstolo? Não vi Jesus, nosso Senhor? Acaso, não sois fruto do meu trabalho no Senhor? Se não sou apóstolo para outrem, certamente, o sou para vós outros; porque vós sois o selo do meu apostolado no Senhor. A minha defesa perante os que me interpelam é esta: não temos nós o direito de comer e beber? E também o de fazer-nos acompanhar de uma mulher irmã, como fazem os demais apóstolos, e os irmãos do Senhor, e Cefas? Ou somente eu e*

O caráter de Paulo: exemplo para os cristãos

Barnabé não temos direito de deixar de trabalhar?
(1 CORÍNTIOS 9:1-6)

O apóstolo não apenas se abstinha de algumas pequenas coisas, como também se colocava em grandes dificuldades por evitar as que eram, em si mesmas, lícitas. Manter-se lhe custava muito trabalho físico. Contudo, ele se esforçava com disposição, trabalhando com as próprias mãos. E, como ele diz, embora fosse livre de todos os homens, ainda assim se fez servo de todos para conquistar ainda mais.

Que isso induza tais pessoas a analisarem a si mesmas, se agem realmente como convém, ao se tornarem cristãs; se consideram nisso uma desculpa suficiente para todas as liberdades que tomam, já que as coisas às quais se permitem são lícitas em si mesmas, não proibidas em lugar algum — embora não possam negar que, consideradas em suas circunstâncias, não sejam de tendência ruim; no entanto, essas coisas as expõem à tentação. Na verdade, tendem a ferir o crédito e o interesse pela religião e a ser uma pedra de tropeço para os outros. Talvez, como o apóstolo bem o expressa, tendem a causar ofensas aos outros transgridam. Porém, as pessoas se sustentam alegando que as coisas que praticam não são absolutamente ilícitas em si mesmas e, portanto, não darão ouvido a qualquer conselho que as faça evitá-las. Elas pensam consigo mesmas que não é razoável estarem tão estritamente amarradas que não possam tomar uma ou outra liberdade e que precisem ser tão rígidas e precisas, mais do que as outras.

Mas por que o apóstolo não falava da maneira deles? Por que ele não dizia consigo mesmo: "Não é razoável eu me negar a ingerir alimentos e bebidas lícitos apenas para estar em conformidade com a consciência de umas poucas pessoas fracas com escrúpulos irracionais? Por que eu deveria negar a mim mesmo os confortos do casamento? Por que deveria negar a mim mesmo o sustento que o próprio Cristo ordenou para os ministros, somente para evitar a objeção de homens irracionais?". Porém, o apóstolo tinha outra índole. O que ele pretendia era, de qualquer maneira, promover o interesse da religião e o bem da Igreja do Senhor. E ele preferiria renunciar a todos os confortos e alegrias comuns da vida para evitar que a religião sofresse.

Quinto, o apóstolo suportou voluntariamente inúmeros e extremos sofrimentos pela honra de Cristo e o bem dos homens. Os sofrimentos de Paulo foram muito grandes, não apenas uma ou duas vezes — ele passou por uma longa série de sofrimentos, que continuaram desde o momento de sua conversão até o fim de sua vida. Então, a sua vida não foi apenas uma vida de extraordinário esforço, mas também uma vida de extremos sofrimentos. Esforços e sofrimentos se misturaram e andaram de mãos dadas até o fim da carreira que o apóstolo correu. Ele suportou sofrimentos de todos os tipos, até mesmo os que não podem consistir em perda de coisas temporais. Ele nos diz que havia sofrido a perda de tudo (VEJA FILIPENSES 3:8), de todas as suas alegrias anteriores, que tinha antes de sua conversão. E suportou muitos tipos de aflições positivas.

Até à presente hora, sofremos fome, e sede, e nudez;
e somos esbofeteados, e não temos morada certa, e
nos afadigamos, trabalhando com as nossas próprias

mãos. Quando somos injuriados, bendizemos; quando perseguidos, suportamos. (1 CORÍNTIOS 4:11-12)

Pelo contrário, em tudo recomendando-nos a nós mesmos como ministros de Deus: na muita paciência, nas aflições, nas privações, nas angústias, nos açoites, nas prisões, nos tumultos, nos trabalhos, nas vigílias, nos jejuns, na pureza, no saber, na longanimidade, na bondade, no Espírito Santo, no amor não fingido, na palavra da verdade, no poder de Deus, pelas armas da justiça, quer ofensivas, quer defensivas; por honra e por desonra, por infâmia e por boa fama, como enganadores e sendo verdadeiros; como desconhecidos e, entretanto, bem conhecidos; como se estivéssemos morrendo e, contudo, eis que vivemos; como castigados, porém não mortos; entristecidos, mas sempre alegres; pobres, mas enriquecendo a muitos; nada tendo, mas possuindo tudo. (2 CORÍNTIOS 6:4-10)

Nenhum dos apóstolos passou por tantas aflições tão grandes e variadas quanto Paulo.

São ministros de Cristo? (Falo como fora de mim.) Eu ainda mais: em trabalhos, muito mais; muito mais em prisões; em açoites, sem medida; em perigos de morte, muitas vezes. Cinco vezes recebi dos judeus uma quarentena de açoites menos um; fui três vezes fustigado com varas; uma vez, apedrejado; em naufrágio, três vezes; uma noite e um dia passei na voragem do mar; em jornadas, muitas vezes; em perigos de rios, em perigos de

SERMÕES SOBRE AVIVAMENTO

salteadores, em perigos entre patrícios, em perigos entre gentios, em perigos na cidade, em perigos no deserto, em perigos no mar, em perigos entre falsos irmãos; em trabalhos e fadigas, em vigílias, muitas vezes; em fome e sede, em jejuns, muitas vezes; em frio e nudez.

(2 CORÍNTIOS 11:23-27)

Seus sofrimentos foram tão extremos que ele não passou meramente por uma série de aflições. Poderíamos dizer que ele passou por uma série de mortes. De fato, ele suportou as dores da morte repetidas vezes, quase continuamente, e por isso se expressa desta maneira:

...perseguidos, porém não desamparados; abatidos, porém não destruídos; levando sempre no corpo o morrer de Jesus, para que também a sua vida se manifeste em nosso corpo. Porque nós, que vivemos, somos sempre entregues à morte por causa de Jesus, para que também a vida de Jesus se manifeste em nossa carne mortal.

(2 CORÍNTIOS 4:9-11)

"Como está escrito: Por amor de ti, somos entregues à morte o dia todo, fomos considerados como ovelhas para o matadouro" (RM 8:36). "Dia após dia, morro! Eu o protesto, irmãos, pela glória que tenho em vós outros, em Cristo Jesus, nosso Senhor" (1CO 15:31). Paulo era tão perseguido e pressionado por dificuldades, às vezes problemas exteriores e interiores juntos, que ele não tinha descanso. "Porque, chegando nós à Macedônia, nenhum alívio tivemos; pelo contrário, em tudo fomos atribulados: lutas por

O caráter de Paulo: exemplo para os cristãos

fora, temores por dentro" (2CO 7:5). Às vezes, seus sofrimentos eram tão extremos que sua natureza parecia prestes a desfalecer sob eles: "Porque não queremos, irmãos, que ignoreis a natureza da tribulação que nos sobreveio na Ásia, porquanto foi acima das nossas forças, a ponto de desesperarmos até da própria vida" (2CO 1:8). E, por fim, o apóstolo foi privado de sua vida. Ele sofreu uma morte violenta em Roma nas mãos do cruel tirano Nero, logo após escrever a segunda epístola a Timóteo.

Paulo suportava essas coisas por amor a Cristo, pelo avanço do Seu reino; como ele disse, sempre foi entregue à morte por causa de Jesus. E as suportava também por amor aos homens e por um sincero desejo do bem deles: "Por esta razão, tudo suporto por causa dos eleitos, para que também eles obtenham a salvação que está em Cristo Jesus, com eterna glória" (2TM 2:10). Ele sabia de antemão que as aflições o aguardavam. Porém, não evitaria seu dever por causa de tais sofrimentos. Ele era tão resoluto em buscar a glória de Cristo e o bem dos homens que perseguiria esses objetivos, independentemente do que pudesse lhe acontecer.

E, agora, constrangido em meu espírito, vou para Jerusalém, não sabendo o que ali me acontecerá, senão que o Espírito Santo, de cidade em cidade, me assegura que me esperam cadeias e tribulações. Porém em nada considero a vida preciosa para mim mesmo, contanto que complete a minha carreira e o ministério que recebi do Senhor Jesus para testemunhar o evangelho da graça de Deus. (ATOS 20:22-24)

Contudo, passou por aflições com alegria e boa vontade e se deleitou em fazer a vontade de Deus e em promover o bem dos outros, embora isso a um custo enorme. "Agora, me regozijo nos meus sofrimentos por vós; e preencho o que resta das aflições de Cristo, na minha carne, a favor do seu corpo, que é a igreja" (CL 1:24). Paulo nunca se cansava disso. Após sofrer durante muito tempo, não se desobrigou dizendo pensar ter feito a sua parte.

Ora, aqui aparece o verdadeiro cristianismo. Ter um caráter como esse é ter o caráter que Cristo requer frequentemente de nós se quisermos ser Seus discípulos. É vender tudo e dar aos pobres. É tomar a cruz diariamente e seguir ao Senhor. Ter um caráter como esse é ter boas evidências de ser um cristão de fato, um cristão completo, que se entregou a Cristo sem reservas, que ama o Senhor mais do que a seu pai e mãe, esposa, filhos e irmãs, sim, mais do que a sua própria vida (VEJA MATEUS 10:37-39). Alguém que perde a sua vida por amor a Cristo e, assim, a encontrará.

E, embora não seja exigido de todos suportar sofrimentos tão grandes quanto os de Paulo, é requerido e absolutamente necessário que muitos cristãos tenham certa medida desse caráter de perder todas as coisas e sofrer tudo por Cristo, em vez de não obedecer aos Seus mandamentos e não buscar a Sua glória. Ter um exemplo como o de Paulo diante de nossos olhos pode constranger muito a nós, que somos tão negligentes, para que, de vez em quando, percamos coisas pequenas, demos menos importância a nós mesmos, recusemos a nós mesmos alguma conveniência, neguemos nossos apetites pecaminosos, para não causar desagrado a um semelhante. Ai de mim! Que pensamentos nós temos do cristianismo para dar muita importância a coisas como essas, fazer tantas objeções, não agir e imaginar maneiras de nos isentarmos, quando surge uma pequena dificuldade! Qual ideia tínhamos acerca de ser cristãos quando, pela primeira vez, comprometemo-nos a ser ou fingimos estar dispostos a ser? Será que nunca nos sentamos e calculamos o custo, ou avaliamos que a soma não chegaria a tão pequenos sofrimentos dispostos em nosso caminho?

2. Em seguida, passo a mostrar sob quais obrigações especiais devemos seguir o bom exemplo desse apóstolo.
Além da obrigação que recai sobre nós de seguir o bom exemplo de todos, e além da eminência do exemplo de Paulo, existem algumas razões especiais pelas quais somos mais obrigados a ser influenciados pelo bom exemplo desse grande apóstolo do que pelo mesmo exemplo em outras pessoas. Isso se mostra se considerarmos:

a) *Em geral, aqueles a quem Deus designou especialmente para o ensino na Igreja Cristã foram também por Ele estabelecidos para ser exemplos na Sua Igreja.* Faz parte da responsabilidade dos mestres servir de exemplo para os outros. Isso constitui o seu trabalho e ofício. Assim essa é parte da responsabilidade dada por Paulo a Timóteo: "...torna-te padrão dos fiéis, na palavra, no procedimento, no amor, na fé, na pureza" (1TM 4:12). O mesmo encargo é dado a Tito: "Torna-te, pessoalmente, padrão de boas obras..." (TT 2:7). E isso faz parte da responsabilidade dada pelo apóstolo Pedro aos presbíteros e mestres da Igreja Cristã: "Rogo, pois, aos presbíteros que há entre vós [...] pastoreai o rebanho de Deus

SERMÕES SOBRE AVIVAMENTO

não por constrangimento [...] nem como dominadores dos que vos foram confiados, antes, tornando-vos modelos do rebanho" (1PE 5:1-3). Assim, Cristo — o Pastor supremo das ovelhas, a quem Deus ordenou que fosse o maior Mestre e o exemplo superior para a Sua Igreja — comissiona os pastores e os mestres que estão sujeitos a Ele, segundo Sua designação para mestres, a serem exemplos também. Assim, eles devem guiar o rebanho de Cristo por meio do ensino e do exemplo; como os pastores conduzem seus rebanhos de duas maneiras: em parte pelo uso da voz, chamando-os, e em parte indo à frente deles mostrando o caminho. E, de fato, guiar por palavra e guiar por exemplo são apenas duas maneiras diferentes de ensinar. Portanto, as duas pertencem ao ofício dos mestres na Igreja Cristã.

Se assim for, se Deus estabeleceu aqueles a quem Ele fez Seus mestres, especificamente, para serem exemplos na Igreja Cristã, seguir-se-á que, onde quer que eles tenham nos deixado bons exemplos, esses exemplos devem ser especialmente considerados. Porque, sem dúvida, Deus fez com que o dever dos mestres para com a Sua Igreja e o dever desta para com eles se atendessem mutuamente. Portanto, o encargo é mútuo. A incumbência não é somente de os mestres darem bons exemplos, mas também de a Igreja respeitar e seguir os seus bons exemplos. "Lembrai-vos dos vossos guias, os quais vos pregaram a palavra de Deus; e, considerando atentamente o fim da sua vida, imitai a fé que tiveram" (HB 13:7). Isso diz respeito aos bons exemplos dos mestres da Igreja Primitiva, bem como às suas palavras, instruções e exortações. Nós devemos ouvir boas instruções e bons conselhos de qualquer pessoa, seja quem for. Porém, temos ainda obrigações especiais de

O caráter de Paulo: exemplo para os cristãos

dar ouvidos aos bons exemplos e instruções daqueles a quem Deus tornou nossos mestres, visto que esse é exatamente o cargo para o qual Deus os designou para nos ensinar e aconselhar.

b) *Duas coisas devem ser observadas especificamente acerca do apóstolo Paulo, as quais, a partir da observação geral anterior, mostrarão que temos obrigações muito especiais de respeitar e seguir o bom exemplo dele.*

Primeiro, Deus designou o apóstolo Paulo não apenas para ser um mestre maior da Igreja Cristã da época em que ele viveu, mas também o principal mestre da Sua Igreja em relação a qualquer homem de todas as eras subsequentes. Ele foi designado por Deus não apenas para ensinar à Igreja de Cristo na época em que viveu: Deus fez dele nosso mestre por meio de seus inspirados escritos. A Igreja Cristã ainda é ensinada pelo apóstolo, como tem sido em todos os tempos desde que ele viveu. Os escritores da Bíblia não são como os outros mestres da Igreja Cristã. Outros mestres são feitos mestres de um rebanho específico na época em que vivem. Os autores das Escrituras, porém, Deus fez para serem os mestres da Igreja de Cristo em todos os tempos. Portanto, assim como as congregações específicas devem seguir os bons exemplos de seus pastores, a Igreja do Senhor de todos os tempos deve observar e seguir os bons exemplos dos profetas e apóstolos, os escritores da Bíblia, em todos os tempos.

Assim, o apóstolo Tiago nos ordena a tomar os antigos profetas como exemplo, pois foram designados por Deus para serem nossos mestres e falarem conosco em nome do

Senhor. "Irmãos, tomai por modelo no sofrimento e na paciência os profetas, os quais falaram em nome do Senhor" (TG 5:10). Visto que Deus os fez autores das Escrituras, os profetas e apóstolos são, depois de Cristo, o fundamento da Igreja do Senhor: "...edificados sobre o fundamento dos apóstolos e profetas, sendo ele mesmo, Cristo Jesus, a pedra angular" (EF 2:20). E Paulo, acima de todos os escritores da Bíblia, é distinguido por Deus como sendo feito por Ele o principal mestre da Igreja Cristã, mais do que qualquer mero homem. Moisés ensinou verdades do evangelho com símbolos e sombras, pelos quais, por assim dizer, colocou um véu sobre o rosto. Paulo, porém, usou grande clareza de discurso (VEJA 2 CORÍNTIOS 3:12-13). Moisés foi um ministro do Antigo Testamento e da letra que mata, mas o apóstolo Paulo é o principal ministro do Novo Testamento, do espírito, não da letra (VEJA 2 CORÍNTIOS 3:6-7). Cristo capacitou esse apóstolo a ser o escritor de mais textos do Novo Testamento do que qualquer outro homem, sendo principalmente por causa dele que temos explicação das grandes doutrinas. Sob o senhorio de Cristo, Deus realmente fez desse apóstolo o principal fundador da Igreja Cristã, o que faz com que seja uma grande obrigação do rebanho do Senhor respeitar e seguir o seu bom exemplo.

Segundo, nós, que somos gentios, temos em especial a obrigação de respeitar o ensino e exemplo de Paulo, porque foi principalmente por meio desse apóstolo que fomos inseridos na Igreja Cristã. Ele foi o grande apóstolo dos gentios, o principal instrumento desta grande obra de Deus: o chamado dos gentios. Foi principalmente por seu intermédio que todos os países da Europa conheceram o evangelho. E, assim, foi por meio de suas mãos que a nossa nação veio ao evangelho. Os países receberam o evangelho diretamente dele ou de quem o havia recebido dele. Se não fosse pelos esforços de Paulo, a nossa nação poderia ter permanecido até hoje em total paganismo. Essa consideração deve nos motivar especialmente a considerá-lo nosso guia e fazer com que seu bom exemplo seja estimado por nós. Com frequência Paulo exorta as igrejas, como as de Corinto, Filipos e outras, as quais ele havia convertido do paganismo e para as quais ele tinha sido um pai espiritual. Nós somos alguns de seus filhos espirituais. Fomos os mais notavelmente convertidos do paganismo por esse apóstolo e devemos reconhecê-lo como nosso pai espiritual. E somos obrigados a seguir seu bom exemplo, tal qual os filhos devem seguir o bom exemplo de seus pais.

APLICAÇÃO

De tudo que foi dito acerca desse assunto, ele pode ser resumido como exortação a todos a fim de que se esforcem fervorosamente para seguir o bom exemplo desse grande apóstolo.

Ouvimos dizer qual caráter o apóstolo manifestava e de que maneira ele vivia no mundo, quão fervorosamente buscou a sua própria salvação, e isso não apenas antes, mas também após a sua conversão, e quão seriamente cauteloso ele foi a fim de evitar a condenação eterna, muito depois de ter obtido um interesse salvador em Cristo.

Ouvimos sobre quão forte era a sua fé, quão grande era o seu amor ao seu Senhor e Salvador e como ele não se envergonhava do evangelho, mas se gloriava na cruz de Cristo.

Também sobre como ele era abundante em oração e louvor, como desprezava a riqueza, os prazeres e a glória do mundo. Ouvimos sobre quão contente Paulo era com as dispensações da Providência, quão prudente e cauteloso era ao prestar contas de suas realizações, a fim de que não apresentasse mais de si mesmo em palavras do que os homens pudessem ver nas atitudes dele.

Ouvimos ainda quanto ele sofria maus-tratos, como amava seus inimigos, como se deleitava na paz, se alegrava com quem se alegrava e chorava com quem chorava, se deleitava na comunhão do povo de Deus e como era cortês em seu comportamento para com os outros.

Também ouvimos acerca de quão grande era o seu espírito público, quão grandemente preocupado com a prosperidade do reino de Cristo e o bem da Sua Igreja; sobre quão diligente, laborioso e infatigável era em seus esforços para fazer o bem, como estudava maneiras e meios de atingir esse objetivo, como exercia sua habilidade e capacidade inventiva, renunciando voluntariamente às coisas lícitas em si mesmas e suportando voluntariamente inumeráveis e extraordinários sofrimentos. Minha exortação agora é imitar tal exemplo. E, para isso, desejo que várias coisas sejam consideradas.

1. Consideremos por que tanto foi escrito acerca do bom exemplo desse apóstolo senão para o seguirmos.

Frequentemente lemos nas Sagradas Escrituras essas coisas que agora foram colocadas diante de nós acerca desse assunto, e com que propósito, se não for para as aplicar a nós mesmos? Seria melhor nunca termos sido informados de como o apóstolo se comportava bem se não nos esforçarmos para segui-lo. Todos nós professamos ser cristãos e devemos formar as nossas noções acerca do cristianismo a partir do que está escrito nas Escrituras pelos profetas e dos excelentes preceitos e exemplos ali colocados diante de nós.

Uma grande razão pela qual muitos mestres não vivem melhor, não andam mais amigavelmente e são tão desagradáveis em tantas coisas é por não terem boas noções do cristianismo. Eles não parecem ter uma ideia correta da religião que nos é ensinada no Novo Testamento, pois não aprenderam bem quem é Cristo. Os conceitos que algumas pessoas têm do cristianismo são muito distorcidos e incongruentes com o evangelho. As noções de outras são muito errôneas. Elas colocam equivocadamente a ênfase principal onde não deveria ser colocada. Eles põem a religião quase totalmente em alguns deveres específicos, deixando de fora outros de grande peso e, talvez, as questões mais importantes da Lei.

E a razão pela qual tais mestres não têm melhores noções do cristianismo é por obterem suas ideias sobre ele principalmente de fontes de onde não deveriam obtê-las. Algumas as obtêm da proclamação geral ou da voz do povo no meio do qual vivem. Eles veem que outras pessoas colocam a religião meramente, senão quase totalmente, em algumas coisas. E assim formam suas noções acerca do cristianismo. Ou eles obtêm suas noções do exemplo de determinados indivíduos do nosso tempo que têm grande reputação de piedade. E sua noção sobre o cristianismo consiste em ser como essas pessoas. Portanto, eles não têm apenas noções de religião, mas "eles, medindo-se consigo mesmos e comparando-se consigo mesmos, revelam insensatez" (2CO 10:12).

Se quisermos ter noções corretas do cristianismo, devemos observar aqueles em quem ele resplandeceu, dos quais temos relato nas Escrituras, visto que eles são os exemplos que o próprio Deus escolheu para nos apresentar, com a finalidade de, a partir deles, podermos formar a nossa noção de religião — e, especialmente, o exemplo do apóstolo Paulo. Deus sabe como selecionar exemplos. Portanto, se quisermos ter ideias corretas do cristianismo, devemos seguir o bom exemplo de Paulo. Certamente, ele era um cristão, e um cristão eminente. Temos o testemunho abundante, fornecido por Deus, acerca dele. Porém, o cristianismo é algo agradável em si e assim apareceu no exemplo desse apóstolo. E, se os mestres que temos formassem suas noções a partir de exemplos como esses, em vez de qualquer costume e exemplo específico dos dias atuais, sem dúvida ele pareceria muito mais agradável em sua prática do que agora aparenta. Isso conquistaria outros. Assim, eles não seriam uma pedra de tropeço, e a luz deles brilharia. Com isso, mereceriam reverência e estima e exerceriam uma influência poderosa.

2. Seguir o bom exemplo dado por Paulo nos assegurará a mesma consoladora e doce influência de Deus de que ele desfrutou ao longo de sua vida.
Consideremos que vida feliz o apóstolo viveu, que paz de consciência e alegria no Espírito Santo ele possuía. "Porque a nossa glória é esta: o testemunho da nossa consciência" (2CO 1:12). Como ele usufruía de abundante consolo e alegria, mesmo em meio às maiores aflições?

Bendito seja o Deus e Pai de nosso Senhor Jesus Cristo, o Pai de misericórdias e Deus de toda consolação! É ele que nos conforta em toda a nossa tribulação, para podermos consolar os que estiverem em qualquer angústia, com a consolação com que nós mesmos somos contemplados por Deus. Porque, assim como os sofrimentos de Cristo se manifestam em grande medida a nosso favor, assim também a nossa consolação transborda por meio de Cristo. (2 CORÍNTIOS 1:3-5)

Em todas as suas tribulações, sua alegria era excepcionalmente grande. Paulo parece não ter palavras para expressar a grandeza da alegria que possuía continuamente. Ele diz que estava pleno de consolo e extremamente alegre: "...sinto-me grandemente confortado e transbordante de júbilo em toda a nossa tribulação" (2CO 7:4). O amor desse apóstolo parece transbordar de alegria!

...entristecidos, mas sempre alegres; pobres, mas enriquecendo a muitos; nada tendo, mas possuindo tudo. Para vós outros, ó coríntios, abrem-se os nossos lábios, e alarga-se o nosso coração. (2 CORÍNTIOS 6:10-11)

Quão feliz é uma vida assim! Como vale a pena buscar essa felicidade! Nós mesmos somos a causa de nossos ferimentos e problemas. Trazemos escuridão à nossa própria alma. Condescendendo com sua preguiça, cristãos professos procuram seu próprio conforto e comodidade. Porém, destroem seu próprio objetivo. Os cristãos mais laboriosos e mais abnegados são os mais felizes. Muitos estão se queixando de suas trevas e indagando o que farão para obter a luz e a confortadora presença de Deus.

3. Essa seria a maneira de ser ajudado contra a tentação e de triunfar sobre nossos inimigos espirituais, como o apóstolo fazia.

Satanás o atacava violentamente e os homens o perseguiam continuamente. Os poderes do inferno se combinavam contra Paulo. Todavia Deus estava com ele e o tornou mais do que vencedor. Ele viveu uma vida de triunfo: "Graças, porém, a Deus, que, em Cristo, sempre nos conduz em triunfo…" (2CO 2:14). Consideremos que excelente privilégio seria ser ajudado assim contra a tentação. Que tristeza à alma é ser subjugado com tanta frequência.

4. Seguir o exemplo de Paulo nos garantiria honra de Deus e uma extraordinária intimidade com o Senhor.

Moisés desfrutava de grande intimidade com Deus, mas, em alguns aspectos, o apóstolo Paulo ainda mais. Moisés conversou com Deus no monte Sinai. Paulo foi arrebatado ao terceiro Céu. Ele teve visões e revelações mais abundantes do que nos contou, para que ninguém pensasse que ele se gabava. Paulo foi favorecido com mais dons miraculosos do Espírito Santo do que qualquer outra pessoa. E, embora não possamos esperar ser honrados com intimidade com o Céu exatamente da mesma maneira, se nos aplicarmos com seriedade, poderemos usufruir de uma intimidade cada vez maior, para que possamos nos achegar com ousadia e conversar com Deus como amigo.

Essa seria a maneira de nos tornarmos grandes bênçãos no mundo. Por meio do caráter e comportamento acerca

O caráter de Paulo: exemplo para os cristãos

dos quais vocês ouviram, o apóstolo, entre todos os que já viveram na Terra — exceto o próprio Cristo Jesus, homem — tornou-se a maior bênção para o mundo. Aonde quer que Paulo fosse, ia com ele uma bênção. Comumente, sua entrada em uma cidade se tornava, para ela, uma misericórdia maior do que se o maior monarca da Terra tivesse ido ali, espalhando seus tesouros entre os habitantes ao seu redor. Aonde quer que Paulo fosse, irradiava, por assim dizer, uma luz sobre ele, aparentemente para iluminar os ignorantes filhos dos homens. Prata e ouro ele não tinha, mas o que ele transmitiu a muitos milhares de pessoas valeu, para elas, mais do que se lhes tivesse concedido as mais ricas joias que o imperador romano possuía.

E Paulo não foi uma bênção somente para a geração dele, pois, desde a sua morte, tem sido bênção e continuará sendo até o fim do mundo por conta dos frutos do que fez em sua vida, dos fundamentos que lançou e dos escritos que deixou para o bem da humanidade. Ele foi, e desde então tem sido, uma luz para a Igreja do Senhor, quase tão brilhante quanto o Sol da justiça. E foi por meio de seu excelente caráter e comportamento que ele se tornou tão grande bênção. Isso foi o que Deus tornou útil nele para fazer tanto bem. E, se imitássemos tal caráter e o comportamento do apóstolo, a indubitável consequência seria também nos tornarmos grandes bênçãos no mundo. Nós não devemos viver em vão, e sim levar uma bênção conosco aonde quer que formos. Em vez de prejudicarmos o solo, multidões seriam alimentadas com os nossos frutos e teriam motivos para louvar e bendizer a Deus por nos ter trazido à existência. Ora, quão melancólico pode ser, para qualquer pessoa, considerar que tenha vivido sem propósito, que o mundo não teria sido privado de coisa alguma se ela nunca tivesse nascido e, talvez, teria sido melhor sem ela do que com ela. Quão desejável é ser uma bênção! Quão grandiosa foi a promessa feita a Abraão "...em ti serão benditas todas as famílias da terra" (GN 12:3)!

5. Seguirmos o bom exemplo do apóstolo Paulo seria o caminho para morrermos como ele morreu.

Quanto a mim, estou sendo já oferecido por libação, e o tempo da minha partida é chegado. Combati o bom combate, completei a carreira, guardei a fé. Já agora a coroa da justiça me está guardada, a qual o Senhor, reto juiz, me dará naquele Dia... (2 TIMÓTEO 4:6-8)

6. Isso nos garantiria uma distinta coroa de glória no porvir.

Alguns pensam, não sem grande probabilidade, que a glória do apóstolo Paulo só é inferior à do próprio Jesus Cristo homem. Isso é provável por ele ter feito mais bem do que qualquer outro e por tê-lo feito com tantos esforços e sofrimentos. O apóstolo nos diz: "...cada um receberá o seu galardão, segundo o seu próprio trabalho" (1CO 3:8).

Concluirei mencionando algumas coisas como incentivos para que nos empenhemos em seguir o excelente exemplo desse grande apóstolo. Muitos poderão estar prontos para dizer que será em vão tentar. O apóstolo era uma pessoa tão distinta que será em vão eles se esforçarem para ser como ele. Porém, para seu encorajamento, considere:

a) *Que o apóstolo era um homem de paixões semelhantes às nossas.* Ele tinha naturalmente o mesmo coração, as mesmas corrupções, estava sob as mesmas circunstâncias, a mesma culpa e a mesma condenação. Essa circunstância que acompanha o exemplo do apóstolo para nos encorajar ao esforço de imitá-lo não acompanhava o exemplo de Cristo. Contudo, nós somos chamados a imitar o exemplo de Cristo. Provavelmente, esse é um dos principais motivos pelos quais não apenas o exemplo de Cristo, mas também o de meros homens são apresentados nas Escrituras. Embora você possa pensar que não tem grande motivo para esperar chegar ao grau do apóstolo, não é por isso que não deve fazer do bom exemplo dele o seu padrão e esforçar-se ao máximo para imitá-lo.

b) *Antes de sua conversão, esse apóstolo era um homem muito perverso e um vil perseguidor.* Ele mesmo diz isso frequentemente. Ele pecava contra a grande Luz.

c) *Ele tinha obstáculos e impedimentos muito maiores à eminente santidade exterior do que qualquer um de nós.* Suas circunstâncias tornavam isso mais difícil para ele.

d) *O mesmo Deus, o mesmo Salvador e a mesma fonte de influência divina que o ajudaram estão prontos para ajudar os nossos sinceros esforços.*

Portanto, não nos justifiquemos, e sim nos esforcemos fervorosamente em seguir tão excelente exemplo. Então, por mais fracos que sejamos em nós mesmos, poderemos esperar experimentar o apoio de Cristo e ser capazes de dizer por experiência própria, como o apóstolo fez diante do Senhor: "Porque, quando sou fraco, então, é que sou forte" (2CO 12:10).

COMO A SALVAÇÃO DA ALMA DEVE SER BUSCADA[11]

*Assim fez Noé, consoante a tudo
o que Deus lhe ordenara.* (GÊNESIS 6:22)

Acerca dessas palavras, quero observar três coisas:

a) As ordens de Deus a Noé referentes a tais palavras. A construção de uma arca conforme a Sua específica orientação: "Faze uma arca de tábuas de cipreste..." (v.14), para o tempo em que o Senhor derramaria águas em dilúvio. Noé deveria estocar alimentos para ele e sua família, bem como para os animais que seriam preservados na arca. Veja em Gênesis 6:14-21 as ordenanças de Deus a Noé concernentes a esse assunto.

b) O desígnio especial da obra que Deus ordenou a Noé. O Senhor salvaria a Noé e a sua família, quando, por

---
[11] Setembro de 1740

ocasião do dilúvio, o restante do mundo pereceria (VEJA GÊNESIS 6:17-18).

c) A obediência de Noé. Ele obedeceu a Deus: "Assim fez Noé...". E sua obediência foi completa e total: ele agiu consoante a tudo o que Deus lhe ordenara. Noé não apenas iniciou a obra que Deus lhe pediu que fizesse, a fim de se manter a salvo do dilúvio, mas a realizou até o fim. Tal obediência é referenciada em Hebreus: "Pela fé, Noé, divinamente instruído acerca de acontecimentos que ainda não se viam e sendo temente a Deus, aparelhou uma arca para a salvação de sua casa..." (HB 11:7).

DOUTRINA

Devemos estar dispostos a nos engajar em grandes empreendimentos e realizá-los até o fim, a fim de conquistar a nossa própria salvação.

A construção da arca, ordenada a Noé para que ele e sua família pudessem ser salvos, era um empreendimento gigantesco: a arca era uma construção de grandes proporções, com 300 côvados de comprimento, 50 côvados de largura e 30 côvados de altura. Até pouco tempo, eruditos consideravam que um côvado equivalia a aproximadamente 46 centímetros. Porém, recentemente, alguns doutos de nossa nação viajaram ao Egito e outros países históricos e mediram ali alguns edifícios antigos construídos há vários milhares de anos cujos primitivos registros fornecem as dimensões em côvados — particularmente as das pirâmides do Egito, que estão de pé e inteiras até hoje. Então, comparando a medida

Como a salvação da alma deve ser buscada

atual com os antigos relatos da medida delas em côvados, concluíram que um côvado tem quase 56 centímetros. Portanto, os eruditos agora calculam um côvado muito maior do que o indicado anteriormente, de modo que a arca, considerada muito maior em todos os sentidos, parecerá ter quase o dobro do tamanho atribuído a ela antes. Segundo esse novo cálculo do côvado, a arca media mais de 168 metros de comprimento, cerca de 28 metros de largura e 15 metros de altura.[12]

Construir tal estrutura, com todos os cômodos e divisões necessários, e de maneira que fosse adequada para flutuar na água durante tanto tempo, era então um enorme empreendimento. Noé, com todos os trabalhadores que ele empregou, levaram algo em torno de 120 anos[13] para construí-la. Durante todo esse tempo, o Espírito de Deus se empenhou, e o longânimo Deus aguardou no velho mundo, como se pode ver: "O meu Espírito não agirá para sempre no homem, pois este é carnal; e os seus dias serão cento e vinte anos" (GN 6:3). Tudo isso enquanto a arca era construída, segundo o apóstolo: "...foram desobedientes quando a longanimidade de Deus aguardava nos dias de Noé, enquanto se preparava a arca..." (1PE 3:20). Noé se dedicou continuamente a essa

---

[12] Uma nova pesquisa acadêmica, na época de Edwards, indicava 56 centímetros para um côvado. Os cálculos modernos, porém, voltaram à medida originalmente entendida, ou seja, 46 centímetros. Logo, o tamanho da arca seria o seguinte: "A arca deve ter 135 metros de comprimento, 22,5 metros de largura e 13,5 metros de altura" (Gn 6:15 NVT).

[13] Alguns estudiosos acreditam que levou 40 anos, enquanto outros ensinam que levou de 100 a 120 anos para Noé construir a arca. Edwards acredita em 120 anos, como exposto neste sermão, contudo o texto bíblico não é explícito quanto ao tempo que Noé levou para construir a arca. O que se pode inferir é que tal construção não foi realizada rapidamente. As indicações de tempo aparecem apenas a partir do momento em que Noé, com sua família, entra na arca (Gn 7; 8).

construção durante muito tempo. Os homens considerariam enorme esse empreendimento, o que os manteria ininterruptamente ocupados, ainda que durasse a metade do tempo. Noé precisou ter, em sua mente, um grande e constante cuidado durante aqueles 120 anos ao supervisionar a obra e verificar que tudo fosse feito exatamente conforme as instruções que Deus lhe dera.

Não apenas o próprio Noé esteve incessantemente empenhado — a construção da arca exigiu que um grande número de operários estivesse continuamente dedicado, durante todo o tempo, a fim de adquirir, armazenar e adequar os materiais e montá-los da maneira devida. Quão grande foi para Noé empreender tal obra! Pois, além do cuidado e trabalho contínuos, era uma obra de grande custo. Não é provável que qualquer pessoa daquela geração perversa movesse um dedo, sem salário integral, para ajudar a levar adiante tal obra que, sem dúvida, eles acreditavam ser mero fruto da loucura de Noé. Ele só poderia ser muito rico para poder arcar com as despesas de tal obra e pagar tantos trabalhadores durante tanto tempo. Haveria sido uma despesa muito grande para um príncipe. Sem dúvida, Noé era muito rico, como foram, depois, Abraão e Jó. Porém, é provável que Noé tivesse gastado todas as suas riquezas terrenas nessa obra, manifestando assim sua fé na ordenança de Deus, vendendo tudo que possuía por crer que, certamente, viria um dilúvio que destruiria tudo, de modo que não lhe seria de proveito algum manter o que possuía. Nisso ele nos deu um exemplo, mostrando-nos como devemos abrir mão de tudo pela nossa salvação.

O empreendimento de Noé foi de grande dificuldade, pois o expôs às contínuas reprovações de todos os seus vizinhos durante todos aqueles 120 anos. Nenhum deles acreditava no que ele lhes dizia acerca de uma inundação que estava prestes a destruir o mundo. Um homem empreender um trabalho tão vasto, por crer que isso seria o meio de salvá-lo quando tudo sobre a terra pereceria, o tornava motivo de chacota contínua das pessoas. Quando foi contratar operários, sem dúvida, todos riram dele, e podemos supor que, embora consentissem em trabalhar por salário, os empregados riam da insanidade de seu empregador. Quando a arca foi iniciada, podemos supor que todos os que passavam e viam um volume tão grande ali riam, chamando tal obra de "loucura de Noé".

Nos dias de hoje, dificilmente os homens são levados a fazer ou a submeter-se a algo que os torne objetos de reprovação de todos os seus semelhantes. De fato, se enquanto alguns os reprovam, outros os apoiarem e honrarem os ajudará. Porém, é muito difícil um homem prosseguir por um caminho pelo qual se torne motivo de chacota de todo mundo e no qual não encontre alguém que não o despreze. Onde está o homem que consegue suportar o impacto de tal provação durante 120 anos?

Porém, em um empreendimento como esse, sob direção divina, Noé se engajou e foi até o fim, para que ele e sua família pudessem ser salvos da destruição geral que, em breve, viria ao mundo. Ele começou e também terminou: "Assim fez Noé, consoante a tudo o que Deus lhe ordenara" (GN 6:22). A extensão de tempo não o extenuou. Ele não se cansou de seus enormes gastos. Ele suportou o ultraje do escárnio de todos os seus vizinhos e de todo mundo, ano após ano. Ele não se cansou de ser motivo de chacota de modo a desistir de seu empreendimento. Em vez disso, perseverou nele até terminar a arca. Depois disso, teve o trabalho e a responsabilidade de adquirir suprimentos para a manutenção de sua família e de todos os diversos tipos de criaturas para o longo tempo do dilúvio. Ele se engajou e cumpriu tal empreendimento para obter uma salvação *temporal*. Então, em quão grande empreendimento os homens devem estar dispostos a se engajar e completar por sua salvação *eterna*! A salvação de um dilúvio eterno, de ser oprimido pelas ondas da ira de Deus, da qual o dilúvio nos dias de Noé foi apenas uma sombra.

Tratarei especificamente dessa doutrina sob as três proposições a seguir: *Primeiro*, há uma obra ou uma atividade que precisa ser empreendida e realizada pelos homens se quiserem ser salvos. *Segundo*, essa atividade é um grande empreendimento. *Terceiro*, os homens devem estar dispostos a entrar nesse empreendimento e terminá-lo, embora seja grande, visto que é para a sua própria salvação.

1. Há uma obra ou uma atividade que precisa ser empreendida e realizada para a sua salvação.

Os homens não têm motivo algum para esperar ser salvos na ociosidade ou ir para o Céu sem fazer coisa alguma. Não! Para conseguir isso, há uma grande obra, que precisa ser não apenas iniciada, mas também concluída. Falarei sobre esta proposição respondendo a duas perguntas.

Pergunta 1. O que é essa obra ou atividade que precisa ser empreendida e realizada para a salvação dos homens?

Resposta. É a obra de buscar a salvação no cumprimento constante de todo o dever ao qual Deus nos orienta em Sua Palavra. Se queremos ser salvos, precisamos buscar a salvação, porque, embora os homens não obtenham o Céu por si

Como a salvação da alma deve ser buscada

mesmos, eles não vão para lá acidentalmente, ou sem qualquer intenção ou esforço próprio. Em Sua Palavra, Deus orientou os homens a buscarem a salvação da forma que esperavam obtê-la. Uma carreira lhes é proposta, a qual eles precisam correr e terminar vitoriosos para conquistar o prêmio.

As Escrituras nos dizem quais deveres específicos precisamos desempenhar para conquistarmos a salvação. Não é suficiente os homens buscarem a salvação apenas no cumprimento de *alguns* desses deveres. Eles precisam ser observados em sua totalidade. A obra que temos de fazer não é uma obediência a apenas alguns, e sim a *todos* os mandamentos de Deus, uma conformidade com todas as instituições de culto, um uso diligente de todos os meios designados da graça, cumprindo assim todos os deveres para com Deus e para com o homem. Não é suficiente os homens terem algum respeito por todos os mandamentos de Deus e se poder dizer que eles buscam a salvação em algum tipo de observância a todos os mandamentos. Eles precisam ser *devotados* a isso.

Eles não devem fazer disso uma atividade apressada, algo em que sejam negligentes e descuidados ou façam com indolência. Ela precisa ser a sua grande atividade, recebendo a atenção de um grande interesse. Eles precisam não apenas buscar, e sim se esforçar. Precisam fazer com as suas forças o que lhes vier às mãos para fazerem, como homens totalmente engajados em sua mente e movidos e impulsionados por um grande desejo e uma forte resolução. Eles precisam agir como alguém que vê a importância da religião acima de todas as outras coisas de tal forma que tudo mais precisa ser como um assunto ocasional e nada deve competir com seus deveres. Essa deve ser a única coisa que eles fazem: "…uma coisa faço..." (FP 3:13). Precisa ser a atividade à qual eles fazem todas as outras tarefas darem lugar e pela qual estão prontos a sacrificar outras coisas. Eles devem estar prontos para abrir mão de prazeres e honra, bens e vida, e vender tudo, para poderem realizar com sucesso tal ocupação.

É exigido de todo homem que não apenas faça algo nessa atividade, mas também se dedique a ela, o que implica que ele deve entregar a ela sua vida, todos os seus assuntos e os seus prazeres temporais. Esse é o significado de pegar a cruz, de tomar sobre si o jugo de Cristo e de negar-se a si mesmo para seguir o Senhor. O jovem rico, que foi de joelhos diante de Cristo para saber o que deveria fazer para ser salvo, buscava, de certa forma, a salvação, mas não a obteve. Em certo sentido, ele cumpria todos os mandamentos desde a juventude, mas não se dedicava de coração a essa atividade. Ele não havia sacrificado a ela todos os seus prazeres, como ficou claro quando Cristo o provou. Aquele jovem não quis se separar de suas propriedades por Ele (VEJA MARCOS 10:17-22).

Logo, não é necessário apenas que os homens pareçam estar muito engajados nisso e dedicados ao seu dever por algum tempo. É preciso haver devoção constante, com perseverança, como Noé demonstrou na construção da arca, continuando com essa grande, difícil e onerosa obra até ser concluída e vir o dilúvio. Os homens devem não apenas ser diligentes quanto ao uso dos meios da graça e avidamente empenhados em escapar da ruína eterna até obterem esperança e conforto, mas, depois disso, precisam perseverar nos deveres da religião até vir o dilúvio, o dilúvio da morte. Não apenas as faculdades, as forças e os bens dos homens precisam ser dedicados a essa obra, mas também seu tempo e sua vida. Eles precisam dedicar toda a sua vida a ela, até o dia em que Deus fizer vir as tempestades e inundações. Essa é a obra ou a atividade que os homens têm de realizar para conquistar a salvação.

Pergunta 2. Por que é necessário os homens empreenderem tal obra até o fim para obter a salvação?

Resposta a) Não é para merecer a salvação ou para ser recomendáveis à misericórdia salvadora de Deus. Os homens não são salvos por qualquer obra deles. Contudo, não são salvos sem obras. Se meramente considerarmos para que, ou pelo que, os homens são salvos, nenhuma obra lhes é necessária para a sua salvação. No tocante a isso, eles são salvos sem qualquer obra deles: "...não por obras de justiça praticadas por nós, mas segundo sua misericórdia, ele nos salvou mediante o lavar regenerador e renovador do Espírito Santo" (TT 3:5). Devemos, de fato, ser salvos em decorrência de obras, mas não das nossas. A salvação acontece por causa das obras que Cristo realizou por nós. As obras são o preço fixo da vida eterna. Ele é estabelecido por uma regra de justiça eterna e inalterável. Porém, desde a queda, não há esperança de fazermos tais obras sem a salvação oferecida gratuitamente, sem dinheiro e sem preço. Porém,

Resposta b) Embora não seja necessário fazermos coisa alguma para merecer a salvação, visto que Cristo já a providenciou plenamente para todos os que nele creem. Deus, para fins sábios e santos, determinou que não chegássemos à salvação final de nenhuma outra maneira, senão pelas boas obras realizadas por nós. Deus não salvou Noé devido ao seu esforço e às suas despesas para construir a arca. A salvação de Noé do dilúvio foi um exemplo da misericórdia gratuita e distintiva do Senhor. Deus também não precisou do esmero, custo ou esforço de Noé para construir uma arca. O mesmo poder que criou o mundo e trouxe o dilúvio sobre a Terra poderia ter feito a arca em um instante, sem qualquer esmero ou custo para Noé ou esforço dos operários empregados durante tão longo período. Contudo, Deus se agradou em designar que Noé fosse salvo dessa maneira. Assim, Deus determinou que o homem não deve ser salvo sem empreender e fazer essa obra da qual tenho falado. Portanto, somos ordenados a desenvolver a nossa "salvação com temor e tremor" (FP 2:12).

Há muitas finalidades sábias a serem alcançadas pelo estabelecimento de tal obra como pré-requisito para a salvação. A glória de Deus a exige. Porque, embora Deus não precise de coisa alguma que os homens façam para recomendá-los à Sua misericórdia salvadora, teria grande reflexo na glória da sabedoria e santidade de Deus conceder salvação aos homens de uma maneira que os incentivasse à preguiça e perversidade, ou de qualquer outra maneira diferente daquela que tende a promover diligência e santidade. O homem foi criado com capacidade de ação, com muito potencial no corpo e na mente que o habilitam a isso. Ele foi criado para a atividade e não para a ociosidade, e a principal atividade para a qual ele foi feito foi a da religião. Portanto, é próprio da sabedoria de Deus conceder salvação e felicidade ao homem de uma maneira que tenda ao máximo a promover o propósito de Deus no tocante a isso e a incitar tal homem ao uso diligente de suas faculdades e seus talentos.

É próprio da sabedoria de Deus ordenar que coisas de grande valor e importância não sejam adquiridas sem grande esforço e diligência. Muito aprendizado humano e grandes realizações morais não devem ser obtidos sem esmero e esforço. Isso é sabiamente ordenado dessa maneira para manter no homem o devido senso do valor das coisas excelentes. Se grandes coisas fossem comumente obtidas com facilidade, isso tenderia a levar os homens a menosprezá-las e a subestimá-las. Comumente, os homens desprezam as coisas baratas e obtidas sem dificuldade.

Embora não seja necessária para merecer a salvação, a obra de obediência realizada por homens é necessária para eles estarem preparados para a salvação. Os homens não podem estar preparados para a salvação sem buscá-la da maneira que foi descrita. Isso é necessário para que eles tenham uma percepção adequada de suas próprias necessidades e indignidade, e para que estejam preparados e dispostos a valorizar a salvação quando concedida e sejam devidamente gratos a Deus por ela. A exigência de tão grande obra para a nossa salvação não é, de modo algum, inconsistente com a liberdade da oferta da salvação. Porque, afinal, ela é oferecida e concedida sem qualquer relação com a nossa obra ser o preço ou a causa meritória da nossa salvação, conforme já expliquei. Além disso, a salvação concedida dessa maneira é melhor para nós, mais própria ao nosso benefício e felicidade neste mundo e no futuro, do que se fosse dada sem essa exigência.

2. Essa obra ou atividade que precisa ser executada para a salvação dos homens é um grande empreendimento.

Frequentemente assim parece aos homens a quem isso é requerido. Romper totalmente com todos os seus pecados e se entregar para sempre à atividade da religião, sem fazer uma

SERMÕES SOBRE AVIVAMENTO

reserva de qualquer concupiscência, submetendo-se e obedecendo a todos os mandamentos de Deus, em todos os casos, e perseverando nisso, parece a muitos uma coisa tão grande, que em vão eles são instados a empreendê-la. Parece-lhes que, ao fazê-lo, deveriam se entregar a uma escravidão perpétua. Por isso, a maior parte dos homens decide adiar essa atividade e mantê-la o mais longe possível. Eles não suportam pensar em iniciar imediatamente um serviço tão difícil e, em vez de fazê-lo, preferem correr o risco de condenação eterna ao adiá-lo para uma oportunidade futura incerta.

Embora a atividade da religião esteja longe de realmente ser como parece a tais homens, o diabo se certificará de, se possível, representá-la aos pecadores em cores falsas e fazê-la parecer tão negra e terrível quanto ele puder. Ainda assim, é de fato uma grande atividade, um grande empreendimento, sendo adequado que todos os que são instados a ela avaliem o custo antecipadamente e estejam cientes da dificuldade para realizá-la. Porque, embora o diabo desencoraje muitos quanto a esse empreendimento representando-o como mais difícil do que realmente é, com outros ele segue um curso contrário e lhes diz que é muito fácil, uma atividade trivial, que pode ser feita a qualquer momento e quando lhes agradar, incentivando-os, assim, a adiar tal consideração. Porém, ninguém conceba qualquer outra noção da atividade da religião, que é absolutamente necessária para a sua salvação, que não seja a de um grande empreendimento. É assim nas explicações a seguir.

a) *É uma atividade de grande esforço e esmero.* Há muitos mandamentos a serem obedecidos, muitos deveres a serem cumpridos, deveres para com Deus, deveres para com nosso próximo e deveres para com nós mesmos. Há muita oposição exterior no caminho desses deveres. Há um adversário sutil e poderoso colocando todos os tipos de bloqueios no percurso. Há inumeráveis tentações advindas de Satanás a serem resistidas e rechaçadas. Há grande oposição do mundo, inumeráveis armadilhas colocadas por todos os lados, muitas rochas e montanhas a serem superadas, muitos riachos a serem atravessados e muitas lisonjas e seduções de um mundo frívolo a serem resistidas. Há uma grande oposição interior, um coração embotado e preguiçoso, extremamente avesso à atividade necessária na religião, um coração carnal avesso à devoção e aos exercícios espirituais, que empurra continuamente para o lado contrário, e um coração orgulhoso e enganoso, no qual a corrupção se manifestará de todas as maneiras. Assim sendo, nada pode ser feito sem uma vigilância extremamente estrita e cuidadosa, grande esforço e luta.

b) *É uma constante na atividade.* Nessa atividade que requer grande trabalho, os homens amam ter, de vez em quando, um período de relaxamento para poderem descansar de seu extraordinário esforço. Porém, essa é uma atividade que precisa ser seguida todos os dias. "Se alguém quer vir após mim, a si mesmo se negue, dia a dia tome a sua cruz e siga-me" (LC 9:23). Nunca devemos nos propiciar qualquer relaxamento nessa atividade. Ela precisa ser exercida continuamente dia após dia. Se, às vezes, fizermos grande agitação e alvoroço quanto à religião, mas depois deixarmos tudo de lado para descansar, e assim fizermos de tempos em tempos, o efeito não será bom. Fazer nada seria tão bom quanto isso. A atividade da religião realizada dessa maneira jamais terá probabilidade de chegar a um bom resultado, nem a obra, de ser realizada para um bom propósito.

c) *É um grande empreendimento, tanto quanto um empreendimento de grande custo.* Precisamos, portanto, renunciar a tudo. Precisamos realizar essa atividade às custas de todos os nossos prazeres e delícias ilícitos, às custas de nosso bem-estar carnal, frequentemente às custas de nossos recursos financeiros, de nossa credibilidade entre os homens, da boa vontade dos nossos semelhantes, às custas de todos os nossos amigos terrenos e até mesmo às custas da própria vida. Isso é equivalente ao empreendimento de Noé em construir a arca, o que, como foi mostrado, foi um empreendimento custoso. Foi caro para a sua reputação entre os homens, expondo-o a ser motivo constante de chacota entre os seus vizinhos e de todo mundo, e foi caro para o seu patrimônio, provavelmente lhe tendo custado tudo o que possuía.

d) *Às vezes, o medo, a preocupação e os pensamentos acerca dessa atividade e da salvação da alma são grandes e permanecem por um longo tempo antes de algum conforto ser obtido.* Às vezes, as pessoas em tal situação se esforçam muito no escuro e, às vezes, por assim dizer, no próprio fogo, tendo grande angústia de consciência, grandes medos e muitas tentações desconcertantes, antes de obterem luz e conforto para facilitar seu empenho e esforço. Às vezes, elas buscam conforto com fervor e durante muito tempo, mas não o encontram porque não o buscam da maneira correta, nem com os objetivos certos. Por isso, Deus esconde a Sua face. As pessoas choram, mas Deus não atende às suas orações. Elas se esforçam, mas

Como a salvação da alma deve ser buscada

tudo parece em vão. Não se veem avançando ou se aproximando de libertação do pecado. Pelo contrário, elas se sentem retrocedendo em vez de avançando. Elas não veem raios de luz, em vez disso, as coisas parecem cada vez mais tenebrosas. De modo que, frequentemente, estão prontas a ficar desanimadas e afundar sob o peso de sua angústia presente e a perspectiva de sofrimento futuro. Nessa situação, e sob essas perspectivas, algumas são quase levadas ao desespero. Muitos, após ter obtido alguma consolação salvadora, envolvem-se novamente em trevas e problemas. Acontece com elas o que ocorreu aos hebreus cristãos: "...depois de iluminados, [sustentaram] grande luta e sofrimentos" (HB 10:32). Alguns, por hábito melancólico e enfermidade corporal, juntamente com tentações por Satanás, passam grande parte da vida em angústia e trevas, mesmo após terem recebido alguma consolação salvadora.

e) *É uma atividade que, devido às muitas dificuldades, armadilhas e perigos que a acompanham, requer muita instrução, consideração e conselho.* Não há atividade em que os homens necessitem mais de conselho do que esta. Ela é uma tarefa árdua. É difícil proceder corretamente nela. Há dez mil caminhos errados que os homens podem tomar. Há muitos labirintos onde muitas pobres almas se enredam e nunca encontram a saída. Há muitas rochas nas quais milhares de almas sofreram naufrágio por não terem se direcionado apropriadamente.

Por si mesmos, os homens não sabem como proceder nessa atividade, assim como os filhos de Israel no deserto não sabiam para onde ir sem a orientação da nuvem e da coluna de fogo (VEJA ÊXODO 40:36-38). É muito necessário examinarem as Escrituras e darem diligente atenção às instruções e orientações nelas contidas, como a uma luz que brilha em um lugar escuro, e pedirem conselho aos versados nesses assuntos. E não há atividade na qual os homens tenham tanta necessidade de buscar a Deus por meio de oração, para que Ele os aconselhe e guie no caminho certo e lhes mostre a porta estreita. "Porque estreita é a porta, e apertado, o caminho que conduz para a vida, e são poucos os que acertam com ela" (MT 7:14), sim, ninguém a encontra sem orientação do Céu. A construção da arca foi uma obra de grande dificuldade visto que a sabedoria de Noé não era capaz de orientá-lo quanto a efetuar uma construção que fosse segura o suficiente contra tal dilúvio e uma moradia conveniente para si mesmo, sua família e todos os diversos tipos de animais, aves e seres rastejantes. Nem poderia ele saber como fazer tal construção se Deus não o orientasse.

f) *Essa atividade não termina antes do fim da vida.* Quem empreende essa obra laboriosa, cuidadosa, cara e abnegada não deve esperar descansar de seus esforços enquanto a morte não lhe pôr um fim. O extenso período da obra empreendida por Noé foi o que a tornou, especialmente, um grande empreendimento. Foi também isso o que fez a viagem dos filhos de Israel pelo deserto lhes parecer tão longa, por continuar durante tanto tempo. A disposição deles desfaleceu, eles ficaram desanimados e não tiveram ânimo para ir até o fim em tão grande empreendimento. Porém, essa atividade é de tal ordem que ocorre em paralelo à vida, seja ela mais longa ou mais curta. Embora devamos viver até idade avançada, nossa carreira e nosso combate não terão fim antes de a morte nos alcançar. Não devemos esperar que nosso trabalho, dedicação e contendas tenham fim por qualquer esperança de um bom patrimônio que possamos obter aqui. As realizações e os sucessos do passado não nos dispensarão do que está reservado para o futuro, nem farão com que o trabalho e a dedicação constantes, no futuro, sejam desnecessários à nossa salvação.

3. Os homens devem estar dispostos a se engajar nessa atividade até o fim, por maior e mais difícil que lhes possa parecer, visto que é para a sua própria salvação. Porque:

a) *Um dilúvio de ira certamente virá.* Os habitantes do mundo antigo não quiseram acreditar que viria um dilúvio — a inundação por águas que cobriria a Terra —, como esse sobre o qual Noé lhes falara. Então, embora lhes alertasse com frequência, eles não quiseram tomar qualquer providência para evitar tal destruição. Assim, o dilúvio veio, e nada do que Noé lhes disse deixou de acontecer.

Assim, certamente virá um dilúvio mais terrível de ira divina a este mundo perverso. Frequentemente somos avisados quanto a isso nas Escrituras e, como na antiguidade, as pessoas não acreditam em algo assim. Contudo, certamente a ameaça será cumprida, como foi a enunciada condenação contra o mundo antigo. O dia da ira está chegando. Ele virá no tempo determinado. Não demorará, não retardará um momento além do tempo designado para ele.

b) *Todos aqueles que, em tempo oportuno, não empreenderem e forem até o fim da grande obra mencionada serão, certamente, tragados por esse dilúvio.* Quando o dilúvio de ira vier, dominará universalmente o mundo ímpio. Todos os que não cuidaram de preparar uma arca serão, certamente, engolidos pelas águas. Eles não encontrarão outra maneira de escapar. Em vão será esperada a salvação nas colinas e na multidão de montanhas, porque o dilúvio cobrirá os cumes de todas as montanhas. Ou, se eles se esconderem nas cavernas e nos covis das montanhas, as águas do dilúvio os descobrirão e eles morrerão miseravelmente. Assim como aqueles do mundo antigo que não estavam na arca pereceram (VEJA GÊNESIS 7:21-23), todos os que não assegurarem para si um lugar na arca espiritual do evangelho perecerão muito mais miseravelmente do que aqueles do mundo antigo. Sem dúvida, os habitantes da antiguidade tinham muitos estratagemas para se salvar. Podemos supor que alguns subiram no topo de suas casas, sendo levados a subir de um andar para outro, até finalmente morrer. Outros escalaram o topo de torres altas, mas foram lavados dali pelas ondas turbulentas do dilúvio crescente. Alguns subiram em copas de árvores, outros, ao cume de montanhas, especialmente as mais altas. Porém, tudo foi em vão. Em algum momento, o dilúvio tragou todos eles. Somente Noé e sua família, que haviam cuidado de preparar uma arca, permaneceram vivos. Assim será, sem dúvida, no fim dos tempos, quando Cristo vier para julgar o mundo com justiça (VEJA MATEUS 24:37-39). Ao olhar para cima e vê-lo nas nuvens do céu, alguns se esconderão em armários e lugares secretos de suas casas. Outros, correndo rapidamente para as cavernas e os covis da Terra, tentarão esconder-se ali. Outros clamarão para que as rochas e montanhas caiam sobre eles e os escondam da face daquele que está

Como a salvação da alma deve ser buscada

sentado no trono e da ira do Cordeiro (VEJA APOCALIPSE 6:15-17).
Assim será após a sentença ser pronunciada e os homens iníquos virem chegar aquele fogo terrível que queimará este
mundo para sempre, que será um dilúvio de fogo e queimará
a Terra até a base das montanhas e o seu centro.

*Porque um fogo se acendeu no meu furor e arderá
até ao mais profundo do inferno, consumirá a terra
e suas messes e abrasará os fundamentos dos montes.*
(DEUTERONÔMIO 32:22)

Eu digo que, quando, após a sentença, os ímpios virem
esse grande fogo começar, se acender e se apoderar desta
Terra, conceberão muitos estratagemas para escapar, alguns
correndo rapidamente até cavernas e covas na Terra, alguns se
escondendo em um lugar e alguns em outro. Porém, independentemente de onde se escondam ou do que façam, tudo
isso será em vão. Toda caverna queimará como um forno, as
rochas e montanhas se derreterão com o calor fervente e, se
eles conseguissem rastejar até o centro da Terra, ainda assim
o calor os seguiria e se enfureceria com tanta veemência ali
quanto na superfície.

Portanto, quando homens ímpios, que negligenciam essa
grande obra em sua vida e não se dispõem a enfrentar as dificuldades e os esforços dela, se aproximam da morte, por vezes,
fazem muitas coisas para escapar do fim e empreendem muitos esforços para prolongar sua vida, no mínimo um pouco
mais. Para isso, procuram médicos, e talvez consultem muitos
e cumpram à risca suas prescrições. Eles também se esforçam
muito para salvar sua alma do inferno. Eles clamam a Deus,

confessam seus pecados passados, prometem mudar no futuro, e, ó, o que não dariam por alguma pequena extensão de sua vida ou por alguma esperança de felicidade futura! Porém, tudo se prova em vão: Deus contou seus dias e os finalizou, e, por terem pecado até o dia da graça, precisam suportar as consequências e permanecer eternamente em sofrimento.

c) *A destruição, quando vier, será infinitamente terrível.* A destruição do mundo antigo pelo dilúvio foi horrível, mas a destruição eterna que está vindo sobre os ímpios é infinitamente mais terrível. Aquela inundação de águas foi apenas uma imagem dessa terrível inundação de vingança divina. Quando as águas caíram, mais semelhantes a bicas, cataratas ou a queda de um grande rio do que a chuva, houve uma horrível demonstração da ira de Deus. Essa, porém, é apenas uma imagem do terrível derramamento da ira de Deus que durará para sempre, sim, para todo o sempre, sobre os homens ímpios. E, quando as fontes do grande abismo se romperam e as águas jorraram da terra, como se houvessem irrompido da madre (VEJA JÓ 38:8), isso foi uma imagem da poderosa manifestação da ira de Deus, que ocorrerá quando as comportas da Sua ira forem abertas. Como podemos supor que os ímpios do mundo antigo se arrependeram de não terem dado ouvido às advertências que Noé lhes dera, ao verem essas coisas terríveis e verem que, obrigatoriamente, pereceriam! Quanto mais você se arrependerá por sua recusa de dar ouvido às graciosas advertências do evangelho quando vir o fogo da ira de Deus contra você, descendo do Céu e eclodindo das entranhas da Terra por todos os lados!

d) *Embora seja grande, a obra necessária para a salvação do homem não é impossível.* Sem dúvida, o que era exigido de Noé parecia um empreendimento muito grande e difícil. Mesmo assim, ele o realizou com resolução e continuou até o fim. Assim, se empreendermos essa obra com a mesma boa vontade e resolução, não há dúvida de que seremos bem-sucedidos. Por mais difícil que seja, multidões já passaram por isso e obtiveram a salvação dessa forma. Não se trata de uma obra que excede as faculdades da nossa natureza ou as oportunidades que Deus nos concede. Se os homens apenas aceitarem advertências e ouvirem conselhos, se apenas forem sinceros e zelosos, forem oportunos em sua obra, aproveitarem suas oportunidades, usarem suas vantagens, forem firmes e não vacilarem, não falharão.

APLICAÇÃO

O uso que eu quero fazer de tal doutrina é exortar todos a realizar e ir até o fim dessa grande obra que têm de fazer para sua salvação, e isso mesmo que a obra pareça tão grande e difícil. Se a sua natureza é avessa a isso e parece haver coisas muito assustadoras no caminho, de modo que o seu coração está pronto para enfraquecer diante de tal perspectiva, ainda assim considere seriamente o que foi dito e aja com sabedoria, entendendo que é para você mesmo, para a sua própria salvação. Compreendendo que é para tão grande salvação, para sua libertação da destruição eterna. E atentando que é de imprescindível e de absoluta necessidade que o dilúvio da ira divina venha para a sua salvação, e que não há como escapar dele sem preparar uma arca. Logo, não é melhor você empreender a obra, engajar-se nela com todas as suas forças e ir até o fim, embora isso não possa ser feito sem muito esforço, esmero, dificuldade e custo?

De maneira alguma eu o lisonjearia acerca dessa obra ou faria você acreditar que encontrará nela uma atividade fácil e leve. Não, eu não gostaria que você esperasse tal coisa. Quero que você se sente e calcule o custo, e, se não conseguir encontrar em seu coração a disposição para engajar-se em um empreendimento tão grande, difícil, laborioso e caro, e perseverar nele até o fim da vida, não finja ser religioso. Entregue-se ao seu conforto, siga os seus prazeres, coma, beba e seja feliz, até mesmo resolva ir para o inferno dessa maneira e nunca mais pretenda buscar a sua salvação.

Aqui, considere várias coisas em particular.

1. Com que frequência você foi avisado acerca do dilúvio de ira de Deus que se aproxima?

Com que frequência você ouviu falar do inferno, ouviu as ameaças da Palavra de Deus apresentadas a você e foi avisado para fugir da ira vindoura? Você é semelhante aos habitantes do mundo antigo. Noé os advertiu abundantemente acerca do dilúvio que se aproximava e os aconselhou a cuidar de sua segurança (VEJA 1 PEDRO 3:19-20). Noé os advertiu com palavras e pregou para eles. Ele os alertou também com seus atos. A construção da arca, que lhe custou tanto tempo e para a qual ele empregou tantos trabalhadores, foi uma advertência permanente para eles. Todos os golpes do martelo e do machado durante o andamento dessa construção foram tanto apelos quanto advertências ao mundo antigo para que cuidassem de se preservar da destruição que se aproximava.

Cada batida dos trabalhadores era uma batida de Jesus Cristo à porta do coração deles, mas eles não quiseram dar ouvidos a ela. Todas essas advertências, embora repetidas todos os dias e continuadas durante muito tempo, de nada serviram.

Ora, não acontece com você o mesmo que com eles? Quantas vezes você foi avisado! Como você ouviu as batidas de advertência do evangelho, *Shabat* após *Shabat*, durante todos estes anos! Contudo, como alguns de vocês não os consideraram mais do que os habitantes do mundo antigo consideraram o barulho das ferramentas dos trabalhadores na arca de Noé!

Objeção. Aqui, porém, alguns poderão objetar que, embora seja verdade que frequentemente tenham lhes falado acerca do inferno, nunca o viram e, portanto, não têm como perceber que tal lugar existe. Eles ouviram falar do inferno frequentemente e são informados de que os ímpios, quando morrem, vão para o mais terrível lugar de tormento, que no porvir haverá um dia de julgamento e que o mundo será consumido por fogo. Porém, como sabem eles que é realmente assim? Como sabem o que acontece com os ímpios que morrem? Nenhum deles voltou para lhes contar. Eles nada têm em que confiar, exceto a palavra que ouvem. E como sabem que tudo não é uma fábula astuciosamente inventada?

Resposta. Os pecadores do mundo antigo fizeram a mesma objeção ao que Noé lhes disse acerca de um dilúvio que estava prestes a destruir o mundo. Entretanto, a simples palavra de Deus provou ser evidência suficiente de que tal coisa estava por vir. Por que razão nenhum dos muitos milhões que habitavam a Terra acreditou no que Noé disse, e sim que era estranho nunca haverem ouvido falar de coisa semelhante?

SERMÕES SOBRE AVIVAMENTO

E que história estranha deve ter parecido a eles a de Noé, na qual ele lhes contou acerca de um dilúvio de águas acima do topo das montanhas! Por isso, Hebreus afirma: "Pela fé, Noé, divinamente instruído acerca de acontecimentos que ainda não se viam e sendo temente a Deus, aparelhou uma arca para a salvação de sua casa..." (HB 11:7). É provável que ninguém conseguisse conceber como poderia o mundo inteiro perecer em uma inundação, e todos estarem propensos a perguntar onde havia água suficiente para tal, e por que meios isso seria trazido sobre a Terra. Noé não lhes disse como o dilúvio aconteceria, apenas lhes disse que Deus havia dito que aconteceria, e isso provou ser o suficiente. O acontecimento revelou a loucura deles em não confiar simplesmente no que Deus disse, visto que Ele era capaz, sabia fazer acontecer e não podia mentir.

De semelhante modo, a Palavra de Deus se provará verdadeira em ameaçar um dilúvio de ira eterna para subjugar todos os ímpios. Você acreditará nela quando tal evento a comprovar, quando for tarde demais para se beneficiar por acreditar. A Palavra de Deus jamais falhará. Nada é tão certo quanto isso: "Passará o céu e a terra, porém as minhas palavras não passarão" (MT 24:35). Ela é mais firme do que montanhas de bronze. No fim, a visão falará e não mentirá. O decreto virá e todos os iníquos saberão que Deus é o Senhor, que Ele é o Deus de verdade e que quem não confiar em Sua palavra é insensato. Os ímpios da antiguidade consideraram Noé insensato por ele confiar tanto no que Deus dissera a ponto de se dar por inteiro a toda a fadiga e às despesas de construir a arca, porém o dilúvio revelou que Noé foi sábio e os ímpios, insensatos.

2. Considere que o Espírito de Deus nem sempre contenderá com você, nem sua longanimidade sempre aguardará por você.

Assim disse Deus acerca dos habitantes do mundo antigo: "Não contenderá o meu Espírito para sempre com o homem, porque ele também é carne; porém os seus dias serão cento e vinte anos" (GN 6:3 ARC). Tudo isso enquanto Deus estava contendendo com eles. Foi um dia de graça para eles, e a longanimidade de Deus aguardou por eles todo esse tempo: "...os quais, noutro tempo, foram desobedientes quando a longanimidade de Deus aguardava nos dias de Noé, enquanto se preparava a arca" (1PE 3:20). Durante um longo período, eles tiveram oportunidade de escapar, se apenas quisessem dar ouvidos e crer em Deus. Mesmo após a arca estar terminada, o que parece ter ocorrido pouco antes da chegada do dilúvio, ainda havia oportunidade, pois a porta da arca ficou aberta durante algum tempo. Houve um período durante o qual Noé se ocupou em acumular provisões na arca. Ainda nesse momento não era tarde demais, a porta da arca ainda estava aberta. Aproximadamente uma semana antes da chegada do dilúvio, foi ordenado a Noé que começasse a reunir os animais e aves. Durante essa última semana, a porta da arca ainda permanecia aberta. Porém, no dia do início do dilúvio, enquanto a chuva ainda estava retida, Noé e sua esposa, seus três filhos e as esposas deles entraram na arca, e depois a Bíblia conta que "o SENHOR fechou a porta após ele" (GN 7:16). Então, o dia da paciência de Deus chegou ao fim. A porta da arca foi fechada. O próprio Deus, que fecha e ninguém abre, fechou a porta. Então, toda esperança de escapar do dilúvio se fora. Era tarde demais para se arrependerem de não terem ouvido as advertências de Noé e de não terem entrado na arca enquanto a porta permanecia aberta.

Podemos supor que, após Noé e sua família entrarem na arca e Deus os trancar lá, após as janelas do Céu serem abertas e eles verem como as águas desceram do céu, muitos dos que estavam perto foram correndo até a porta da arca, batendo e chorando desesperadamente para entrar. Porém, era tarde demais. O próprio Deus havia fechado a porta e Noé não tinha autorização — e, provavelmente, poder — para abri-la. Podemos supor que eles continuaram batendo e clamando: "Abra para nós, abra para nós. Ó, deixe-nos entrar. Nós imploramos que nos deixem entrar". E, provavelmente, alguns deles alegaram conhecer Noé durante muito tempo, sempre ter sido seus vizinhos e até terem ajudado na construção da arca. Porém, tudo foi em vão. Lá eles permaneceram até as águas do dilúvio chegarem e, sem misericórdia, os varrerem para longe da porta da arca.

Assim será com você, se continuar a recusar-se a dar ouvidos às advertências que lhe são anunciadas. Agora, Deus está contendendo com você. Agora, Ele está alertando você acerca do dilúvio que se aproxima e chamando você, *Shabat* após *Shabat*. Agora, a porta da arca está aberta. Porém, o Espírito de Deus nem sempre contenderá com você. Sua longanimidade nem sempre aguardará por você. Há um dia marcado para a paciência de Deus, tão certamente limitado quanto foi para o mundo antigo. Deus estabeleceu os seus limites, os quais você não poderá ultrapassar. Embora agora os alertas continuem abundantes, haverá as últimas batidas e as últimas chamadas, as últimas que você ouvirá. Quando o tempo designado terminar, Deus fechará a porta, e você nunca mais

Como a salvação da alma deve ser buscada

a verá aberta, pois a porta que Deus fecha ninguém abre. Se você não aproveitar a oportunidade antes de que isso aconteça, clamará em vão: "Senhor, Senhor, abre-nos a porta" (MT 25:11-13; LUCAS 13:25-28). Enquanto você estiver à porta com seus gritos lamentosos, o dilúvio de ira de Deus virá sobre você, afligirá você, e você não escapará. A tempestade o levará embora sem misericórdia e você estará condenado e eternamente perdido.

3. Considere quão poderosas serão as ondas da ira divina quando vierem.

As águas do dilúvio nos dias de Noé foram muito volumosas. O dilúvio foi vasto. Foi muito profundo. As águas "se elevaram quase sete metros acima dos picos mais altos" (GN 7:20 NVT). Era um oceano sem praia, significando a grandeza da ira que está para vir sobre os ímpios deste mundo. Esta será semelhante a uma poderosa torrente de águas envolvendo-os e subindo muito acima da cabeça deles, com ondas chegando até os Céus. Essas ondas serão mais altas e mais pesadas do que as montanhas sobre sua pobre alma. A ira de Deus será um oceano sem praias, como foi o dilúvio nos dias de Noé: será um sofrimento sem fim. O sofrimento dos condenados no inferno não pode ser mais bem representado do que por um dilúvio de sofrimento, um poderoso dilúvio de ira, que será dez mil vezes pior do que um dilúvio de águas, visto que será um dilúvio de fogo líquido, dado que as Escrituras o chamam de lago de fogo e enxofre. No fim do mundo, todos os perversos serão tragados por um vasto dilúvio de fogo, que será tão grande e poderoso quanto o dilúvio de águas nos dias de Noé

SERMÕES SOBRE AVIVAMENTO

(VEJA 2 PEDRO 3:5-7). Depois disso, os perversos terão poderosas ondas de fogo e enxofre rolando eternamente sobre sua pobre alma e seu miserável corpo atormentado. Essas ondas podem ser chamadas de vastas montanhas líquidas de fogo e enxofre. E, quando uma onda houver passado sobre a cabeça deles, outra se seguirá, sem intervalos, não lhes dando descanso, dia e noite, por toda a eternidade.

4. Provavelmente, essa torrente de ira virá sobre você de repente, quando todos a considerarem pequena e ela parecer estar distante.

Então, o dilúvio veio sobre o mundo antigo (VEJA MATEUS 24:36-44). Provavelmente, muitos foram surpreendidos durante a noite pelas águas irrompendo repentinamente à sua porta ou sob os alicerces da casa, vindo sobre eles em sua cama. Pois, quando as fontes do grande abismo se romperam, as águas, conforme observamos anteriormente, irromperam em poderosas torrentes. Provavelmente, as palavras: "Pavores se apoderam dele como inundação, de noite a tempestade o arrebata" (JÓ 27:20) aludem à surpresa tão repentina que os ímpios do mundo antigo tiveram durante a noite. É assim que a destruição costuma vir sobre os ímpios, que ouvem muitas advertências de que a destruição se aproxima e, ainda assim, não se deixam convencer por elas. Porque "O homem que muitas vezes repreendido endurece a cerviz será quebrantado de repente sem que haja cura" (PV 29:1). E "Quando andarem dizendo: Paz e segurança, eis que lhes sobrevirá repentina destruição, como vêm as dores de parto à que está para dar à luz; e de nenhum modo escaparão" (1TS 5:3).

Como a salvação da alma deve ser buscada

5. Se você não der ouvidos às muitas advertências que lhe são dadas acerca da destruição que se aproxima, será culpado de algo mais do que uma loucura brutal.

"O boi conhece o seu possuidor, e o jumento, o dono da sua manjedoura" (IS 1:3). Eles sabem de quem dependem e a quem devem obedecer e agem de acordo. Você, porém, enquanto negligencia a sua própria salvação, age como se não conhecesse a Deus, seu Criador e Proprietário, nem sua dependência dele. Os próprios animais, ao verem sinais de uma tempestade que se aproxima, irão para suas tocas em busca de abrigo. Você, porém, quando abundantemente alertado da tempestade de vingança divina que se aproxima, não quer correr para o refúgio da tormenta e o abrigo da tempestade. O pardal, a andorinha e outras aves, quando avisados da aproximação do inverno, migrarão para um clima mais seguro. Contudo, você, que foi avisado tantas vezes das rajadas penetrantes de ira divina, não entrará, para escapar delas, na Nova Jerusalém, cujo ar é mais suave e salubre, embora o portão esteja escancarado para recebê-lo. Até mesmo as formigas serão diligentes no verão para ajuntar para o inverno. No entanto, você não quer fazer coisa alguma para estabelecer um bom alicerce para o futuro. A jumenta de Balaão não quis se lançar sobre uma espada desembainhada, não obstante seu senhor, para obter ganho, teria se exposto à espada da ira de Deus. E assim, Deus fez a jumenta muda repreender a loucura do profeta tanto em palavras quanto em atos (VEJA 2 PEDRO 2:15). De semelhante modo, você, embora tenha sido frequentemente avisado de que a espada da ira de Deus está desembainhada contra você e, certamente, será cravada em você se prosseguir em seu curso atual, ainda prossegue, independentemente das consequências.

Assim, Deus fez os próprios animais e aves do mundo antigo repreenderem a loucura dos homens daqueles tempos, visto que todos os tipos deles correram para a arca enquanto a porta ainda estava aberta, o que os homens de então se recusaram a fazer. Por meio disso, Deus ilustrou que a loucura deles era maior do que a das próprias criaturas selvagens. Você, que se recusa a dar ouvido às advertências que lhe são dadas acerca do dilúvio da ira de Deus que se aproxima, é culpado de semelhante insensatez e loucura.

Você foi avisado mais uma vez hoje, enquanto a porta da arca ainda está aberta. Você, por assim dizer, ouviu mais uma vez as batidas do martelo e do machado na construção da arca, para alertá-lo de que um dilúvio se aproxima. Cuide, portanto, de não fechar os ouvidos, tratar essas advertências com indiferença no coração e, ainda, negligenciar a grande obra que você tem a fazer para que a torrente de ira não venha sobre você repentinamente, leve-o para longe e não tenha como remediar isso.

OS HIPÓCRITAS SÃO DEFICIENTES NO DEVER DA ORAÇÃO[14]

...invocará a Deus em todo o tempo? (JÓ 27:10)

No tocante a essas palavras, eu quero observar:

a) *De quem se fala aqui, a saber, o hipócrita*, como você poderá ler no texto abaixo.

> *Porque qual será a esperança do hipócrita, havendo sido avaro, quando Deus lhe arrancar a sua alma? Porventura, Deus ouvirá o seu clamor, sobrevindo-lhe a tribulação? Ou deleitar-se-á no Todo-Poderoso ou invocará a Deus em todo o tempo?* (JÓ 27:8-10 ARC)

---

[14] Setembro de 1740.

Em seus discursos a Jó, seus três amigos insistiram muito em que ele era hipócrita. Porém, no capítulo 27, Jó afirma sua sinceridade e integridade e mostra quão diferentemente do hipócrita seu comportamento havia sido. Particularmente, ele declara sua firme e inamovível resolução de perseverar e resistir até o fim nos caminhos da religião e da justiça, como você poderá verificar nos seis primeiros versículos. No texto, ele mostra quão contrário a essa firmeza e perseverança é o caráter do hipócrita, que não costuma persistir assim na religião.

b) *Podemos observar qual é o dever da religião* no tocante ao qual o hipócrita é identificado no texto, e esse dever consiste em orar ou invocar a Deus.

c) *Aqui há algo suposto acerca do hipócrita quanto a esse dever*, a saber, que ele pode continuar nele durante algum tempo, ele pode invocar a Deus durante um período.

d) *Algo afirmado, a saber, que não é o costume dos hipócritas continuar sempre nesse dever.* Ele sempre invocará a Deus? Isso está na forma interrogativa. Porém, as palavras têm a força de uma forte negação, ou de uma afirmação, de que, por mais que o hipócrita possa invocar a Deus durante certo período, nem sempre continuará a fazê-lo.

DOUTRINA

Por mais que os hipócritas possam continuar durante algum período no dever da oração, seu costume é, depois de certo

Os hipócritas são deficientes no dever da oração

tempo, em grande parte, abandoná-lo. Ao falar acerca dessa doutrina, mostrarei: *Primeiro*, como, frequentemente, os hipócritas continuam a invocar a Deus durante um período. *Segundo*, que, depois de algum tempo, eles costumam, em grande parte, abandonar a prática desse dever. *Terceiro*, algumas razões pelas quais esse é o costume dos hipócritas.

1. Desejo mostrar como, frequentemente, os hipócritas continuam durante certo período no dever da oração.

a) *Eles fazem isso durante algum tempo após ter recebido iluminações e afeições em comum.* Enquanto estão sob avivamentos, podem, por medo do inferno, invocar a Deus e ser muito constantes no dever da oração em secreto. E, após haver tido algumas afeições comoventes, com o coração muito enternecido pela bondade de Deus ou por alguns encorajamentos tocantes e falsa alegria e consolo, enquanto duram essas impressões, eles continuam a invocar a Deus no dever da oração secreta.

b) *Após haver obtido uma esperança e feito profissão de sua boa condição, frequentemente continuam durante algum tempo no dever da oração em secreto.* Durante algum tempo, eles são afetados pela esperança que têm, pensam que Deus os livrara de uma condição natural e lhes dera uma parte em Cristo, introduzindo-os assim em um estado de segurança contra o eterno sofrimento que, recentemente, temiam. Com essa suposta bondade de Deus para com eles, ficam muito emocionados e, frequentemente, encontram em si mesmos, durante algum tempo, uma espécie de amor a Deus, empolgados por

SERMÕES SOBRE AVIVAMENTO

Seu suposto amor por eles. Ora, enquanto essa afeição por Deus continua, os deveres da religião lhes parecem agradáveis; é até com certo deleite que se aproximam de Deus em seu quarto e, durante o tempo que for, não pensam em outra coisa senão continuar a invocar a Deus enquanto viverem.

Sim, eles poderão continuar no dever da oração em secreto durante algum tempo após a vivacidade de suas afeições haver passado, em parte por meio da influência de suas intenções anteriores. Eles pretendiam continuar buscando a Deus sempre. Agora, parar de repente seria, portanto, muito chocante para sua própria mente e, em parte, pela força de suas próprias noções preconcebidas e daquilo em que eles sempre acreditaram, a saber, que pessoas piedosas continuam na religião e que a bondade delas não é como a nuvem da manhã. Portanto, embora não amem o dever da oração e comecem a se cansar dele, ainda assim, por amar sua própria esperança, demoram um pouco para seguir o curso, o que provará que aquela era uma falsa esperança e os exonerará do dever.

Se eles imediatamente se comportassem como sempre foram ensinados e isso lhes fosse um sinal de falsa esperança, eles se assustariam. Eles estimam a esperança que têm, assim, eles se assustariam caso percebessem qualquer simples evidência de que ela não é verdadeira. Consequentemente, durante um tempo considerável, após a força de suas iluminações e afeições ter terminado e após odiarem o dever da oração — e ficariam contentes em encerrar isso, se pudessem, sem se mostrarem hipócritas —, eles mantêm uma espécie de comparecimento ao dever da oração em secreto. Isso pode manter neles o lado exterior da religião durante um bom tempo e fazer com que eles demorem um pouco para serem levados a negligenciá-la. Eles não devem parar repentinamente, porque isso seria um choque demasiadamente grande para sua falsa paz. Porém, precisam chegar gradualmente a isso, à medida que descobrirem que sua consciência consegue suportar e consigam descobrir estratagemas e subterfúgios para encobrir o assunto e fazer com que, em sua própria opinião, seus atos sejam consistentes com a verdade da esperança que nutrem. Porém,

2. É o costume dos hipócritas abandonar, em grande parte, a prática da oração em secreto após algum tempo.

Frequentemente, somos ensinados que a aparente bondade e piedade dos hipócritas não é de natureza duradoura e perseverante. Assim é no tocante à prática específica do dever da oração e, especialmente, da oração em secreto. Eles podem desprezar esse dever, e essa omissão não será notada pelos outros, que conhecem a declaração feita por eles, de modo que nem mesmo o respeito à própria reputação os obriga a praticá-la. Se os outros vissem como eles a negligenciam, ficariam extremamente chocados em sua caridade para com eles. Porém, sua negligência não é observada — pelo menos, não por muitos. Portanto, eles podem omitir esse dever e ainda ter o crédito de serem pessoas convertidas.

Homens dessa natureza podem chegar aos poucos à negligência da oração em secreto, sem abalar muito a sua paz. Pois, embora uma pessoa convertida viver, em grande medida, sem oração em secreto esteja, de fato, muito longe da noção que eles uma vez tiveram de um verdadeiro convertido, ainda assim encontram meios de alterar seus conceitos gradualmente e de adequar seus princípios às suas disposições. E, por fim, em suas noções acerca das coisas, eles concluem que um homem pode ser convertido e, ainda assim, viver negligenciando deveras esse dever. Com o tempo, eles podem fazer com que todas as coisas se ajustem bem: a esperança pelo Céu, a entrega à preguiça para satisfazer os apetites carnais e viver, em grande medida, uma vida sem oração. De fato, eles não conseguem fazer com que essas coisas concordem repentinamente. Isso precisa ser uma obra de tempo, e o passar do tempo o fará. Gradualmente, eles descobrem maneiras de proteger e defender a consciência deles contra esses poderosos inimigos, para que esses inimigos e uma consciência tranquila e segura possam, por fim, conviver muito bem.

Embora a doutrina afirme que é o costume dos hipócritas abandonar, em grande parte, a prática da oração em secreto após algum tempo, quero ressaltar para você:

a) *Que não deve ser assim, mas eles podem, comumente, continuar até o fim da vida comparecendo exteriormente à oração pública ou com outros.* Comumente, eles podem estar presentes em reuniões de oração na congregação e também em momentos de oração em família. Em lugares de luz como este aqui, os homens fazem isso comumente antes de estar despertos. Muitas pessoas perversas, que não pretendem praticar uma religião com seriedade, costumam participar de orações públicas na congregação, e também de orações mais privadas, na família em que vivem, exceto quando os desígnios carnais interferem ou quando seus prazeres e diversões juvenis e suas vãs companhias os chamam. Então, eles não se sentem obrigados a comparecer à oração em família. Caso contrário, poderão continuar a comparecer à oração enquanto viverem. Entretanto, pode-se dizer verdadeiramente que não invocam a Deus, porque essa forma de oração não é a deles. Eles estão presentes apenas para receber crédito ou estar em conformidade com os outros. Eles podem estar presentes nesses momentos de oração e, contudo, não ter uma oração adequada deles mesmos. Muitos daqueles acerca dos quais pode ser dito: "Tornas vão o temor de Deus e diminuis a devoção a ele devida" (JÓ 15:4) estão frequentemente presentes na oração em família e na pública.

b) *Porém, eles abandonam em grande parte a prática da oração em secreto.* Eles chegam a esse ponto aos poucos. No início, começam a ser descuidados com ela, sob algumas tentações específicas. Por haver saído com companheiros jovens ou se ocupado muito com atividades mundanas, eles a omitem uma vez. Depois disso, com mais facilidade a omitem de novo. Assim, acaba se tornando frequente negligenciá-la e, após algum tempo, vem a ocorrer que raramente comparecem a ela. Talvez compareçam no sábado e, às vezes, em outros dias, mas deixaram de tornar uma prática constante retirar-se diariamente para adorar a Deus a sós e buscar a Sua face em lugares secretos. Às vezes, eles praticam um pouco para acalmar a consciência e apenas para manter viva a sua antiga esperança, visto que, mesmo após toda a sua negociação sutil com a consciência, seria chocante denominarem-se convertidos e, contudo, viver totalmente sem oração. Mesmo assim, a prática da oração em secreto foi, em grande parte, interrompida. Passo, agora,

SERMÕES SOBRE AVIVAMENTO

3. Às razões pelas quais ser esse o costume dos hipócritas.

a) *O espírito de oração nunca foi concedido aos hipócritas.* Eles podem ter sido estimulados ao desempenho exterior desse dever, e isso com muito fervor e afeição; ainda assim, sempre foram destituídos do verdadeiro espírito de oração. O espírito de oração é um espírito sagrado, um espírito gracioso. Lemos sobre o espírito de graça e súplica: "E sobre a casa de Davi e sobre os habitantes de Jerusalém derramarei o espírito da graça e de súplicas..." (ZC 12:10). Onde quer que haja um verdadeiro espírito de súplica, há o espírito de graça. O verdadeiro espírito de oração não é outro senão o próprio Espírito de Deus habitando no coração dos santos. E, como esse espírito provém de Deus, naturalmente está inclinado a Deus em santos suspiros e arquejos. Conversar com Deus por meio de oração nos conduz naturalmente a Ele. Por isso é dito que o "Espírito intercede por nós sobremaneira, com gemidos inexprimíveis" (RM 8:26).

O Espírito de Deus intercede pelos convertidos por ser o Espírito que, de algum modo, dita as suas orações e os leva a derramar a alma diante de Deus. Por isso, diz-se que os santos adoram a Deus no espírito: "...nós é que somos a circuncisão, nós que adoramos a Deus no Espírito..." (FP 3:3), e "...os verdadeiros adoradores adorarão o Pai em espírito e em verdade..." (JO 4:23). Os verdadeiramente piedosos têm o espírito de adoção, o espírito de uma criança, ao qual é natural achegar-se a Deus e invocá-lo, clamando a Ele como a um pai.

Os hipócritas, porém, não têm esse espírito de adoção. Eles não têm espírito das crianças, visto que esse espírito é

Os hipócritas são deficientes no dever da oração

gracioso e santo, concedido somente em uma verdadeira obra de regeneração, sendo por isso frequentemente mencionado como parte do caráter distintivo dos piedosos o invocar a Deus.

Perto está o SENHOR de todos os que o invocam, de todos os que o invocam em verdade. Ele acode à vontade dos que o temem; atende-lhes o clamor e os salva.
(SALMO 145:18-19)

E acontecerá que todo aquele que invocar o nome do SENHOR será salvo... (JOEL 2:32)

Para quem realmente nasceu do alto é natural orar a Deus e derramar sua alma em santas súplicas diante de seu Pai celestial. Isso é tão natural para as novas natureza e vida quanto respirar é para a natureza e vida do corpo. Porém, os hipócritas não têm essa nova natureza. As iluminações e afeições que eles tiveram se esvaíram e não transformaram a natureza carnal. Por isso, a oração morre naturalmente neles, por não ter qualquer fundamento colocado na natureza da alma. Ela é mantida somente durante algum tempo por uma certa força aplicada sobre tal natureza. Porém, a força não é constante e, à medida que diminuir, a natureza carnal voltará a se impor.

O espírito de um verdadeiro convertido é um espírito de verdadeiro amor a Deus, que naturalmente inclina a alma aos deveres nos quais está familiarizada com Deus e a faz ter prazer em aproximar-se dele. Porém, um hipócrita não tem tal espírito. Ele é deixado sob o poder reinante da inimizade contra Deus, que naturalmente o inclina a esquivar-se da Sua presença.

O espírito de um verdadeiro convertido é um espírito de fé e confiança no poder, sabedoria e misericórdia de Deus, e esse espírito é naturalmente expresso na oração. A verdadeira oração nada mais é do que a fé manifestada, por isso sabemos acerca da oração de fé (VEJA TIAGO 5:15). A verdadeira oração cristã é a fé e confiança da alma exaladas em palavras. Porém, um hipócrita não tem o espírito de fé. Ele não tem verdadeira confiança ou dependência de Deus. Na realidade, ele é dependente de si mesmo.

Quanto às convicções e afeições comuns que o hipócrita teve e o fizeram cumprir o dever da oração durante algum tempo, visto não estarem atingindo o fundo do coração, nem sendo acompanhadas por qualquer transformação da natureza carnal, qualquer coisinha as extingue. Comumente, os cuidados do mundo as sufocam e, frequentemente, os prazeres e vaidades da juventude acabam totalmente com elas — e junto com elas termina sua prática constante do dever da oração.

b) *Quando um hipócrita teve sua falsa conversão, sua percepção é de que as suas necessidades já estão supridas e os seus desejos já foram atendidos. Por isso, ele não se interessa mais pelo trono da graça.* Ele nunca teve consciência de que tinha outras necessidades, senão a de estar a salvo do inferno. E, agora que está convertido, como ele pensa, tal necessidade está suprida. Por que, então, ele ainda deveria recorrer ao trono da graça com fervorosos pedidos? Ele está fora de perigo. Tudo que ele temia fora removido.

Ele tem o suficiente para levá-lo para o Céu — que mais ele deveria desejar?

Enquanto estava sob despertamentos, o que o incitava a ir a Deus em oração era o seu contínuo medo do inferno. Isso o fazia clamar a Deus por misericórdia. Porém, uma vez que, em sua própria opinião, ele está convertido, não tem mais por que se achegar a Deus. E, embora possa manter o dever de orar exteriormente durante mais algum tempo, por medo de estragar sua esperança, ainda assim achará enfadonho e sem necessidade continuar com isso — e, assim, gradualmente abandonará a prática. A obra do hipócrita está concluída quando ele se converte e, portanto, não precisa mais de ajuda.

Porém, é muito diferente com o verdadeiro convertido. Sua obra não está terminada. Em vez disso, ele ainda encontra uma grande obra a fazer e grandes necessidades a serem supridas. Ele ainda se vê como uma criatura pobre, vazia e indefesa e que ainda necessita continuamente da ajuda de Deus. Ele tem consciência de que, sem Deus, nada pode fazer. Uma falsa conversão torna o homem autossuficiente aos seus próprios olhos. Ele diz que é rico, abundante em bens e de nada necessitado, e não sabe que é "infeliz, sim, miserável, pobre, cego e nu" (AP 3:17). Porém, após uma conversão verdadeira, a alma permanece consciente de sua própria impotência e seu vazio, como é em si mesma, e sua percepção disso é aumentada, em vez de diminuída. Ela permanece consciente de sua dependência universal de Deus para tudo. Um verdadeiro convertido tem consciência de que sua graça é muito imperfeita e de que ele está muito longe de ter tudo que deseja. Em vez disso, pela conversão, são gerados nele novos desejos que ele nunca havia tido. Ele agora encontra em si apetites santos, uma fome e sede de justiça, um anseio por mais intimidade e comunhão com Deus, para que ainda tenha atividade suficiente no trono da graça. Sim, sua atividade ali, em vez de diminuir, aumentou desde a sua conversão.

c) *A esperança do hipócrita em seu bom patrimônio tira a força anterior do mandamento de Deus sobre a sua consciência, de modo que ele agora ousa negligenciar um dever tão claro.* O mandamento que requer a prática do dever da oração é extremamente claro: "Vigiai e orai, para que não entreis em tentação..." (MT 26:41); "com toda oração e súplica, orando em todo tempo no Espírito e para isto vigiando com toda perseverança e súplica por todos os santos" (EF 6:18) e ainda: "...quando orares, entra no teu quarto e, fechada a porta, orarás a teu Pai, que está em secreto" (MT 6:6). Enquanto o hipócrita estava, em seu próprio entendimento, em contínuo perigo de ir para o inferno, não ousava desobedecer a esses mandamentos. Porém, visto estar — assim pensa ele — a salvo do inferno, tornou-se ousado e ousa viver negligenciando o mais claro mandamento da Bíblia.

d) *É o costume dos hipócritas voltar, depois de algum tempo, às práticas pecaminosas que tenderão a impedi-los de orar.* Enquanto estavam sob convicções, eles reformaram a vida e caminharam muito corretamente. Essa reforma se mantém talvez, durante pouco tempo após a sua suposta conversão, enquanto eles estão muito emocionados com esperança e falso conforto. Porém, à medida que essas coisas vão morrendo, suas antigas concupiscências revivem e, aos poucos, eles voltam como o cão ao seu vômito e a porca que foi lavada, ao seu se chafurdar na lama (VEJA 2 PEDRO 2:22). Eles retornam às suas práticas sensuais, às suas práticas mundanas, às suas práticas soberbas e duvidosas, como antes. E não é de se admirar que isso os faça abandonar o quarto. Pecado e oração não combinam. Se um homem for constante no dever da oração em secreto, ela tenderá a afastá-lo de pecar deliberadamente. Se, por outro lado, ele se permitir a práticas pecaminosas, isso o afastará de orar. Dará outra direção à sua mente, de modo que ele não terá disposição para a prática de tal dever. Isso será contrário a ele. Um homem que sabe que vive em pecado contra Deus não se inclinará a ir diariamente à presença de Deus. Em vez disso, estará inclinado a fugir da Sua presença, como Adão fugiu de Deus e se escondeu entre as árvores do jardim após ter comido do fruto proibido (VEJA GÊNESES 3:8).

Cumprir o dever da oração depois de se entregar às suas concupiscências tenderia muito a inquietar a consciência de um homem. Daria vantagem à sua consciência para testemunhar em voz alta contra ele. Se ele saísse de sua perversidade e entrasse imediatamente na presença de Deus para falar a Ele, sua consciência, por assim dizer, se estamparia em seu rosto. Por isso, à medida que admitem gradualmente as suas práticas perversas, os hipócritas excluem a oração.

e) *Os hipócritas nunca calcularam o custo de perseverar em buscar a Deus e de segui-lo até o fim da vida.* Persistir em oração com toda perseverança até o fim da vida requer muito esmero, vigilância e esforço, visto que a carne, o mundo e o diabo fazem muita oposição a isso. Os cristãos se deparam com muitas tentações para que abandonem essa prática. Quem deseja perseverar nesse dever precisa ser laborioso na religião em geral. Porém, os hipócritas jamais calculam o custo de tal esforço, isto é, a inclinação de sua mente nunca foi preparada para a entrega de sua vida ao serviço de Deus e aos deveres da religião. Portanto, não é de se espantar estarem cansados e desistirem após ter continuado durante algum tempo, quando suas afeições se vão e eles descobrem que, para eles, orar se torna enfadonho e tedioso.

f) *Os hipócritas não têm interesse pelas promessas graciosas de Deus ao Seu povo, pelos suprimentos espirituais necessários para sustentá-los no caminho de seu dever até o fim.* Deus prometeu aos verdadeiros santos que eles não o abandonariam: "...porei o meu temor no seu coração, para que nunca se apartem de mim" (JR 32:40). Ele prometeu que os conservaria no caminho de seu dever.

> *O mesmo Deus da paz vos santifique em tudo; e o*
> *vosso espírito, alma e corpo sejam conservados íntegros*
> *e irrepreensíveis na vinda de nosso Senhor Jesus*
> *Cristo. Fiel é o que vos chama, o qual também o fará.*
> (1 TESSALONICENSES 5:23-24)

Porém, os hipócritas não têm interesse em tais promessas e em outras semelhantes. Por isso, estão sujeitos a cair. Se Deus não sustenta os homens, não há dependência da firmeza deles. Se o Espírito de Deus se afastar deles, logo se tornarão descuidados e profanos, e haverá um fim para sua aparente devoção e piedade.

APLICAÇÃO

A aplicação pode estar no uso de *exortação*, em dois sentidos.

1. Quero exortar quem nutriu uma esperança de ser um verdadeiro convertido, mas, desde sua suposta conversão, abandonou o dever da oração em secreto e, comumente, se permite a omissão dela, jogando fora a sua esperança.
Se você parou de invocar a Deus, é tempo de deixar de ter esperança e de se gabar com uma imaginação de que é filho de Deus. Provavelmente, lhe será muito difícil fazer isso. Para um homem, é difícil abandonar uma esperança de ir para o Céu, da qual se havia permitido apoderar e reteve durante um tempo considerável. A verdadeira conversão é algo raro, mas muito mais raro é os homens serem demovidos de uma falsa esperança de conversão após terem se assentado e se estabelecido nela, assim continuam com ela durante algum tempo. As coisas nos homens que, se fossem conhecidas pelos outros, seriam suficientes para convencer a estes de que tais homens são hipócritas, não convencerão aos próprios homens. E as coisas que seriam suficientes para convencer os homens a respeito dos outros e fazê-los banir os outros totalmente de sua caridade, não serão suficientes para convencê-los acerca de si mesmos. Eles podem fazer maiores concessões a si mesmos do que aos outros. Eles podem descobrir maneiras de resolver objeções contra suas próprias esperanças, mesmo sendo incapazes de descobri-las em situação semelhante à de seu próximo.

Porém, se o seu caso é semelhante ao mencionado na doutrina, certamente é tempo de você buscar outra obra do

Espírito de Deus e uma esperança melhor do que já experimentou até agora, algo mais completo e eficaz. Quando você vê e descobre, por experiência, que a semente lançada em seu coração, embora a princípio brotasse e parecesse florescer, está murchando, como que pelo calor do sol, ou sufocada, como que por espinhos, isso mostra em que tipo de solo a semente foi semeada — se pedregoso ou espinhoso, e que, portanto, é necessário você passar por outra transformação, por meio da qual o seu coração possa tornar-se solo fértil, que dê fruto com a perseverança (VEJA MATEUS 13:1-9).

Eu não insisto nisso como uma razão pela qual você não deva jogar fora a sua esperança de ser julgado pelos outros, para que a transformação pela qual você passou tenha sido correta. Pouco importa ser considerado pelo julgamento humano, quer você seja aprovado ou condenado, e quer seja por um ministro ou por pessoas, sábias ou não. "Todavia, a mim mui pouco se me dá de ser julgado por vós ou por tribunal humano..." (1CO 4:3). Se a sua bondade provou ser semelhante à nuvem da manhã e ao orvalho da madrugada, se você é um daqueles que abandonaram a Deus e deixaram de invocar o Seu nome, você é julgado por Ele e pela Sua sentença que está nas Escrituras contra você, o que vale mil vezes mais do que receber o julgamento favorável de todos os homens e ministros sábios e piedosos do mundo.

Movidos pelo seu relato das coisas, outros podem ter sido obrigados a ter amor por você e pensar que, desde que você não estivesse enganado e, no seu relato, não tenha deturpado as coisas ou as expressado em termos errados, você estava realmente convertido. Porém, que base miserável sobre a qual construir uma esperança quanto à sua condição eterna!

Os hipócritas são deficientes no dever da oração

Aqui, chamo a sua atenção para algumas coisas específicas que tenho a lhe dizer acerca da sua esperança.

a) *Por que você manterá a esperança que, por experiência evidente, você descobre que o envenena?* É razoável pensar que uma esperança santa, uma esperança que vem do Céu, teria tal influência? Certamente, não. Nada de tal influência maligna vem daquele mundo de pureza e glória. Nenhum veneno cresce no paraíso de Deus. A mesma esperança que leva os homens a pecar neste mundo levará ao inferno no porvir. Então, por que você manterá tal esperança, da qual a sua própria experiência mostra a inclinação maligna, por incentivá-lo a viver de forma perversa? Porque, certamente, essa vida é uma vida perversa, na qual você vive negligenciando um dever tão bem conhecido como o da oração em secreto e em desobediência a um mandamento tão claro de Deus quanto aquele pelo qual esse dever é ordenado. O caminho de desobediência a Deus não é um caminho para o inferno?

Se sua própria experiência da natureza e tendência da sua esperança não o convencerem da falsidade dela, o que o convencerá? Você está decidido a manter a sua esperança e deixá-la provar-se totalmente doentia e prejudicial? Você se agarrará a ela até ir para o inferno com ela? Muitos homens se apegam a uma falsa esperança e a abraçam tão estreitamente que jamais a deixam ir enquanto as chamas do inferno não fazem seus braços se abrirem e a soltarem. Considere como você responderá no dia do julgamento, quando Deus o chamar para prestar contas por sua insensatez em descansar em tal esperança. Será uma resposta suficiente você dizer que

SERMÕES SOBRE AVIVAMENTO

recebeu a tolerância dos outros e que eles pensaram que sua conversão era genuína?

Certamente, é tolice os homens imaginarem que Deus não tinha mais sabedoria ou não era capaz de estabelecer outra maneira de conceder conforto e esperança de vida eterna senão uma que os incentivasse a abandoná-lo.

b) *Como a sua conduta é consistente com amar a Deus acima de tudo?* Se você não tem uma atitude de amar a Deus acima dos seus mais estimados amigos e dos seus prazeres terrenos mais agradáveis, as Escrituras são muito claras e enfáticas: você não é um verdadeiro cristão. Porém, se você tivesse realmente essa atitude, se cansaria da prática de aproximar-se do Senhor e se tornaria habitualmente tão avesso à oração a ponto de rejeitar um dever tão claro no qual consiste tanto a vida de um filho de Deus? A natureza do amor é ser avesso à ausência daqueles a quem amamos e amar a proximidade a eles. Nós amamos estar com eles, temos satisfação em buscá--los com frequência e em conversar muito com eles. Porém, quando uma pessoa que antes estava acostumada a conversar espontaneamente com outra a abandona gradualmente, torna-se estranha e conversa pouquíssimo com ela, embora esta insista com tal pessoa para continuar o relacionamento que tinham anteriormente; isso demonstra claramente a frieza dela coração para com a outra.

A negligência do dever da oração parece ser inconsistente com o amor supremo a Deus também por outro motivo, ou seja, é contrária à vontade de Deus tão claramente revelada. O verdadeiro amor a Deus busca agradar a Ele em tudo e conformar-se irrestritamente à Sua vontade.

Os hipócritas são deficientes no dever da oração

c) *Você restringir assim a oração diante de Deus é inconsistente não apenas com o amor a Ele, mas também com o temor a Ele.* Essa é uma evidência de que você abandona o temor, conforme é manifestado neste texto: "Tornas vão o temor de Deus e diminuis a devoção a ele devida" (JÓ 15:4). Assim, enquanto vive na transgressão de um mandamento tão claro de Deus, você demonstra evidentemente não haver temor de Deus diante de seus olhos. "Há no coração do ímpio a voz da transgressão; não há temor de Deus diante de seus olhos" (SL 36:1).

d) *Considere como viver em tal negligência é inconsistente com levar uma vida santa.* As Escrituras nos ensinam amplamente que os verdadeiros cristãos vivem de maneira santa, visto que sem santidade "ninguém verá o Senhor" (HB 12:14) e que todo aquele que tem essa esperança nele se purifica, assim como Cristo é puro (VEJA 1 JOÃO 3:3). "O caminho dos retos é desviar-se do mal..." (PV 16:17), isto é, por assim dizer, a estrada comum pela qual todos os piedosos trafegam. Para semelhante propósito "haverá bom caminho, caminho que se chamará o Caminho Santo; o imundo não passará por ele, pois será somente para o seu povo..." (IS 35:8), ou seja, as pessoas redimidas mencionadas nos versículos anteriores. Acerca do caráter de todos os redimidos, Paulo diz que eles não andam "segundo a carne, mas segundo o Espírito" (RM 8:4).

Porém, de que maneira uma vida predominantemente sem oração é compatível com uma vida santa? Viver de maneira santa é viver uma vida devotada a Deus, uma vida de adoração e serviço a Deus, uma vida consagrada a servir a Deus. Então, como alguém pode viver dessa maneira se nem ao menos cumpre o dever de orar? Como se pode dizer que tal homem anda pelo Espírito e é um servo do Deus Altíssimo? Uma vida santa é uma vida de fé. A vida que os verdadeiros cristãos vivem no mundo é vivida pela fé no Filho de Deus. Porém, quem pode acreditar viver pela fé quando vive sem oração, visto que ela é a expressão natural da fé? A oração é uma expressão tão natural de fé quanto o respirar é uma expressão de vida. Dizer que um homem vive uma vida de fé, mas sem oração, é tão inconsistente e incrível quanto dizer que ele vive sem respirar. A vida sem oração está tão longe de ser uma vida santa, pois é uma vida profana. Quem vive assim vive como um pagão, que não invoca o nome de Deus. Quem vive uma vida sem oração vive sem Deus no mundo.

e) *Se você vive negligenciando a oração em secreto, demonstra sua afeição por negligenciar toda a adoração a Deus.* Quem ora apenas quando ora com outros não oraria se os olhos dos outros não estivessem voltados para ele. Quem não ora onde ninguém, a não ser Deus, o vê, não ora manifestamente por respeito a Deus ou consideração por Seu olho que tudo vê. Portanto, na prática, elimina toda oração. E quem descarta a oração elimina, na verdade, toda a adoração a Deus, da qual a oração é o principal dever. Ora, que santo miserável é quem não é um adorador de Deus! Quem suprime a adoração a Deus exclui, de fato, o próprio Deus: recusa-se a confessá--lo ou a se relacionar com Ele como seu Deus, visto que a maneira pela qual os homens confessam Deus e se relacionam com Ele como seu Deus é adorando-o.

Os hipócritas são deficientes no dever da oração

f) *Como você pode esperar habitar com Deus eternamente se o negligencia e o abandona tanto aqui?* Essa sua prática mostra que você não coloca a sua felicidade em Deus, na proximidade a Ele e na comunhão com Ele. Quem se recusa a ir visitar e conversar com um amigo e que, em grande parte, abandona-o quando é copiosamente convidado e instado a fazê-lo, mostra claramente que não usufrui de alegria na companhia de tal amigo e na interação com ele. Ora, se você procede assim no tocante a Deus, como pode esperar ter como sua felicidade eterna estar com Deus e desfrutar de uma santa comunhão com Ele?

Que as pessoas que esperam estar convertidas, mas abandonaram em grande parte o dever da oração em secreto e cujo hábito é comumente negligenciá-la, considerem seriamente essas coisas para o seu próprio bem. Pois de que lhes aproveitará agradar a si mesmas, enquanto vivem, com o que no fim lhes falhará e as deixará em terrível e espantosa decepção?

É provável que alguns de vocês, que tinham uma crença positiva acerca de sua situação e se consideravam convertidos, mas recentemente abandonaram em grande parte o dever da oração em secreto, farão esse tipo de oração esta noite e assim continuarão durante algum tempo após ouvirem este sermão, com a finalidade de poder resolver a dificuldade e a objeção feita contra a verdade de sua esperança. Porém, isso não durará. Como aconteceu em instâncias anteriores de semelhante natureza, o que agora escuta terá efeito sobre você durante pouco tempo. Quando os assuntos e preocupações do mundo começarem novamente a se acumular um pouco sobre você, ou na próxima vez que você sair com outros jovens, é provável que negligencie novamente esse dever. Na próxima vez em que for agendada uma diversão para a qual é convidado a participar, é altamente concebível que você negligencie não apenas a oração em secreto, mas também a oração em família. Ou, no mínimo, após algum tempo, você voltará à mesma condição de antes, ao rejeitar o temor e restringir a oração diante de Deus.

Não é muito provável que, algum dia, você seja constante e perseverante nesse dever enquanto não houver obtido um princípio melhor em seu coração. Os riachos que não têm fontes para alimentá-los secarão. A seca e o calor consomem as águas do degelo da neve. Embora elas fluam abundantemente na primavera, quando o Sol sobe mais alto, provocando um calor escaldante, elas evaporam. A semente plantada em lugares pedregosos, embora pareça florescer no momento, murchará quando o Sol se levantar com um calor abrasador. Ninguém dará fruto com o tempo senão as pessoas cujo coração se tornou solo fértil.

Sem qualquer semente celestial permanecendo neles, os homens poderão, sempre que estiverem entre os piedosos, continuar falando como santos durante a vida toda. Para sua credibilidade, eles poderão contar o que experimentaram, mas seus atos não serão válidos. Eles poderão continuar a contar suas experiências interiores e, ainda assim, viver negligenciando a oração em secreto e outros deveres.

2. Quero aproveitar essa doutrina para exortar todos a perseverarem no dever da oração.

A Palavra de Deus insiste muito nessa exortação. No Antigo Testamento: "Buscai o SENHOR e o seu poder, buscai perpetuamente a sua presença" (1CR 16:11); "...ó vós, que invocais o SENHOR, não descanseis" — isto é, não se calem quanto à voz da oração — "e não lhe deis descanso até que ele estabeleça Jerusalém e a ponha por objeto de louvor na terra" (ISAÍAS 62:6-7 A21); o Israel da antiguidade é reprovado por estar se cansando do dever da oração. "Contudo, não me tens invocado, ó Jacó, e de mim te cansaste, ó Israel" (IS 43:22).

O Novo Testamento também insiste muito sobre perseverar na oração, no "dever de orar sempre e nunca esmorecer" (LC 18:1), isto é, o homem não deve ficar desanimado ou cansado dessa obrigação devendo sempre continuar nela. Ainda: "Vigiai, pois, a todo tempo, orando..." (LC 21:36). Temos o exemplo deixado pela profetisa Ana (VEJA LUCAS 2:36-38). Mesmo que seja possível que tenha vivido mais de 100 anos, nunca se cansou desse dever: Ela "não deixava o templo, mas adorava noite e dia em jejuns e orações" (LC 2:37). Também Cornélio é elogiado por sua constância nesse dever. Em Atos 10:2 é dito que ele "de contínuo, orava a Deus". Em suas epístolas, o apóstolo Paulo insiste muito na constância desse dever: "na oração, [sede] perseverantes" (RM 12:12); "com toda oração e súplica, orando em todo tempo no Espírito e para isto vigiando com toda perseverança..." (EF 6:18); "Perseverai na oração, vigiando com ações de graças" (CL 4:2); "Orai sem cessar" (1TS 5:17). No mesmo sentido, o apóstolo Pedro adverte: "...vigiai em oração" (1 PEDRO 4:7 ARC).

Assim, as Escrituras insistem abundantemente em que devemos perseverar no dever da oração, mostrando que é muito importante perseverarmos. Se o contrário é o hábito dos hipócritas, como foi mostrado na doutrina, certamente devemos ter cuidado com esse fermento.

SERMÕES SOBRE AVIVAMENTO

Porém, neste momento, que os elementos a seguir sejam particularmente considerados como motivos para você perseverar nesse dever.

a) *A perseverança no caminho desse dever é necessária para a salvação, isso é profusamente declarado nas Sagradas Escrituras.*

Tu sais ao encontro daquele que com alegria pratica
a justiça, daqueles que se lembram de ti nos teus
caminhos. Eis que te iraste, porque pecamos. Por muito
tempo temos pecado; como, então, seremos salvos?
(ISAÍAS 64:5 NAA)

...o meu justo viverá pela fé; e: Se retroceder, nele não
se compraz a minha alma. Nós, porém, não somos dos
que retrocedem para a perdição; somos, entretanto, da fé,
para a conservação da alma. (HEBREUS 10:38-39)

Considerai, pois, a bondade e a severidade de Deus:
para com os que caíram, severidade; mas, para contigo,
a bondade de Deus, se nela permaneceres; doutra sorte,
também tu serás cortado. (ROMANOS 11:22)

Igualmente em muitos outros lugares.

Muitos, quando pensam estar convertidos, parecem imaginar que sua obra está acabada e que nada mais é necessário para ir para o Céu. De fato, a perseverança em santidade de vida não é necessária para a salvação como a justiça pela qual o direito à salvação é obtido. Tampouco é necessária real perseverança para nos interessarmos pela justiça por qual somos

Os hipócritas são deficientes no dever da oração

justificados. Porque, assim que uma alma creu em Cristo ou praticou um ato de fé nele, interessou-se por Sua justiça e todas as promessas compradas por ela.

Porém, a perseverança no caminho do dever para com a oração é necessária para a salvação, como acompanhante e evidência de um direito à salvação. Jamais há um direito de salvação sem ela, embora tal perseverança não seja a justiça pela qual o direito à salvação é obtido. Ela é necessária para a salvação por ser a consequência natural da verdadeira fé. Ela é uma evidência que acompanha em todos os sentidos a retidão, e sua ausência é um indício infalível da falta de retidão. A Bíblia diz que os bons e retos de coração são distinguidos dos que caem ou se desviam.

Faze o bem, Senhor, aos bons e aos retos de coração.
Quanto aos que se desviam para sendas tortuosas,
levá-los-á o Senhor juntamente com os malfeitores.
Paz sobre Israel. (SALMO 125:4-5)

A perseverança é mencionada como uma evidência de que o coração dos filhos de Israel não estava em paz com Deus, que eles não perseveravam nos caminhos da santidade: "...geração obstinada e rebelde, geração de coração inconstante, e cujo espírito não foi fiel a Deus" (SL 78:8).

Cristo menciona isso como um caráter distintivo de quem é, de fato, seu discípulo e de uma fé verdadeira e salvadora, que é acompanhada por perseverança na obediência à palavra de Cristo. "Disse, pois, Jesus aos judeus que haviam crido nele: Se vós permanecerdes na minha palavra, sois verdadeiramente meus discípulos" (JO 8:31). Isso é mencionado como uma evidência necessária de um interesse em Cristo: "Porque temos nos tornado participantes de Cristo, se, de fato, guardarmos firme, até o fim, a confiança que, desde o princípio, tivemos" (HB 3:14 NAA).

A perseverança é não apenas uma acompanhante necessária e evidência de um direito à salvação, mas também um pré-requisito necessário para, de fato, obter a vida eterna. Ela é o único caminho para o Céu, o caminho estreito que conduz à vida. É por isso que Cristo exorta a igreja de Filadélfia a perseverar na santidade, considerando que ela era necessária à obtenção da coroa.

> *Venho sem demora. Conserva o que tens, para que ninguém tome a tua coroa.* (APOCALIPSE 3:11)

É necessário não apenas que as pessoas tenham andado no caminho do dever, mas também que sejam encontradas fazendo isso quando Cristo voltar: "Bem-aventurado aquele servo a quem seu senhor, quando vier, achar fazendo assim" (LC 12:43).

Frequentemente, resistir até o fim é a condição para a real salvação: "...aquele [...] que perseverar até ao fim, esse será salvo" (MT 10:22); "Sê fiel até à morte, e dar-te-ei a coroa da vida" (AP 2:10).

b) *Para que você persevere no caminho do dever, seu próprio cuidado e vigilância são necessários.* Pois, embora seja prometido que os verdadeiros santos perseverarão, isso não é argumento de que seu cuidado e vigilância não são necessários, já que seu cuidado em cumprir os mandamentos de Deus é

Os hipócritas são deficientes no dever da oração

a coisa prometida. Se os santos abandonassem o cuidado, a vigilância e a diligência para perseverar em santidade, essa falha em seu cuidado e diligência seria, em si mesma, uma falha de santidade. Quem não persevera em vigilância e diligência não persevera em santidade de vida, visto que a santidade de vida consiste, em grande parte, em vigilância e diligência no cumprimento dos mandamentos de Deus. É uma promessa do pacto da graça que os santos guardarão os mandamentos de Deus (VEJA EZEQUIEL 11:19-20). Contudo, isso não é um argumento para que os isentem de cuidar e de cumprir esses mandamentos ou o seu dever. Assim, a promessa de Deus, de que os santos perseverarão em santidade, não é um argumento de que não lhes é necessário prestar atenção para que não caiam.

Por isso, as Escrituras alertam amplamente os homens quanto a zelarem por si mesmos de forma diligente e estarem muito atentos para não caírem.

Sede vigilantes, permanecei firmes na fé, portai-vos varonilmente, fortalecei-vos. (1 CORÍNTIOS 16:13)

Aquele, pois, que pensa estar em pé veja que não caia. (1 CORÍNTIOS 10:12)

Tende cuidado, irmãos, jamais aconteça haver em qualquer de vós perverso coração de incredulidade que vos afaste do Deus vivo; pelo contrário, exortai-vos mutuamente cada dia, durante o tempo que se chama Hoje, a fim de que nenhum de vós seja endurecido pelo engano do pecado. Porque nos temos tornado

participantes de Cristo, se, de fato, guardarmos firme,
até ao fim, a confiança que, desde o princípio, tivemos.
(HEBREUS 3:12-14)

Temamos, portanto, que, sendo-nos deixada a promessa
de entrar no descanso de Deus, suceda parecer que algum
de vós tenha falhado. (HEBREUS 4:1)

Vós, pois, amados, prevenidos como estais de antemão,
acautelai-vos; não suceda que, arrastados pelo erro desses
insubordinados, descaiais da vossa própria firmeza.
(2 PEDRO 3:17)

Acautelai-vos, para não perderdes aquilo que temos
realizado com esforço, mas para receberdes completo
galardão. (2 JOÃO 1:8)

Assim, você vê com que veemência as Escrituras insistem em exortar os cristãos para que atentem diligentemente a si mesmos para que não caiam. E, certamente, esses alertas não são desprovidos de razão.

As Escrituras insistem particularmente na vigilância para perseverar no dever de orar. "Vigiai e orai..." (MT 26:41), diz Cristo, o que indica, como diz o apóstolo Pedro, que devemos ser "criteriosos e sóbrios para [poder] orar" (1PE 4:7 NAA). Isso implica que se deve vigiar contra a negligência de oração, bem como contra outros pecados. Nas passagens já mencionadas, o apóstolo nos orienta a orar com fervor, vigiando com toda a perseverança, e a continuar em oração e vigilância nela. Nem é de admirar que os apóstolos insistissem tanto

Os hipócritas são deficientes no dever da oração

em vigiar e dar continuidade na oração com toda a perseverança, visto que há muitas tentações que levam a negligenciar esse dever. Primeiramente, a ser inconstante nele e, de vez em quando, desprezá-lo. Depois, a negligenciá-lo em grande medida. O diabo vigia para nos afastar de Deus e nos impedir de ir a Ele em oração. Nós estamos cercados por várias metas, atividades e diversões tentadoras. Particularmente, encontramos muitas coisas que são grandes tentações à negligência desse dever.

c) *Para motivá-lo a perseverar no dever de orar, considere quanto você sempre precisa da ajuda de Deus.* Se pessoas que anteriormente cumpriam esse dever o deixam de lado, isso agora demonstra que elas não precisam mais da ajuda de Deus, que não têm mais motivo para ir a Ele com pedidos e súplicas, quando de fato é em Deus que vivemos, nos motivamos e temos nossa existência. Nós não somos capazes de respirar sem a ajuda do Senhor. Você necessita da ajuda dele todos os dias para suprir as suas necessidades exteriores e, especialmente, tem contínua necessidade dele para ajudar a sua alma. Sem a proteção de Deus, as pessoas cairiam imediatamente nas mãos do diabo, pois ele sempre se posiciona como um leão que ruge, pronto, sempre que lhe é permitido, para lançar-se sobre a alma dos homens e devorá-la. Se Deus realmente preservasse a sua vida, mas o abandonasse e o deixasse sozinho nos demais aspectos, você seria muito miserável: a sua vida seria uma maldição para você.

Se Deus abandonasse os convertidos, eles logo cairiam totalmente de um estado de graça para um estado mais miserável do que em qualquer momento anterior à sua conversão.

Eles não têm forças próprias para resistir aos poderosos inimigos que os cercam. O pecado e Satanás os arrastariam imediatamente como uma poderosa enxurrada se Deus os abandonasse. Você precisa de suprimentos diários de Deus. Sem Deus você não consegue receber luz espiritual, nem conforto, nem exercer graça, nem dar fruto. Sem Deus, a sua alma murchará, definhará e afundará em um estado muito infeliz. Você necessita continuamente das instruções e orientações de Deus. O que pode uma criancinha fazer em um vasto deserto uivante sem alguém para guiá-la e conduzi-la pelo caminho certo? Sem Deus, você logo cairá em armadilhas, covas e muitas calamidades fatais.

Vendo, portanto, que você tem contínua necessidade da ajuda de Deus, quão razoável é o seu dever de buscá-lo continuamente e, perseverantemente, reconhecer a sua dependência dele recorrendo a Ele para derramar as suas necessidades diante do Senhor e oferecer até os seus pedidos a Ele em oração? Consideremos quão miseráveis seríamos se deixássemos de orar e, ao mesmo tempo, Deus deixasse de cuidar de nós ou de nos fornecer mais suprimentos da Sua graça. De fato, não nos tornamos úteis para Deus por nossa constância em oração, e tampouco Ele sofrerá algum dano se deixarmos a oração de lado: Deus não precisa das nossas orações (VEJA JÓ 10:5-7). Porém, se Deus deixar de cuidar de nós e de nos ajudar, sucumbimos imediatamente. Nada podemos fazer. Nada podemos receber sem Ele.

d) *Considere o grande benefício de uma presença constante, diligente e perseverante nesse dever.* A oração é um dos maiores e mais excelentes meios de nutrir a nova natureza e de fazer a alma florescer e prosperar. É um meio excelente de manter a intimidade com Deus e crescer no Seu conhecimento. É o caminho para uma vida de comunhão com o Senhor. É um excelente meio de tirar do coração as vaidades do mundo e de fazer com que a mente se familiarize com o Céu. É um excelente meio para se preservar contra o pecado e as astutas armadilhas do diabo, e um poderoso antídoto contra o veneno da antiga serpente. É um dever pelo qual provém de Deus força contra as concupiscências e corrupções do coração e as ciladas do mundo.

A oração tem uma grande tendência de manter a alma em alerta e de nos conduzir a uma caminhada radical com Deus e a uma vida frutífera em boas obras que adornem a doutrina de Cristo e façam nossa luz brilhar "diante dos homens, para que vejam as [nossas] boas obras e glorifiquem [o nosso] Pai que está nos céus" (MT 5:16). E, se o dever de orar for constante e diligentemente cumprido, será um dever muito agradável. Negligência, indolência e instabilidade quanto a esse dever o tornam um fardo muito grande para algumas pessoas. A preguiça delas para com a oração tem naturalmente o efeito de gerar aversão e grande indisposição a ela. No entanto, se esse dever for constante e diligentemente cumprido, é um dos melhores meios para se viver não apenas de forma cristã e calorosa, mas também agradável; uma vida de muita doce comunhão com Cristo e da abundante alegria da luz de Seu semblante.

Além disso, o grande poder junto a Deus da oração devidamente praticada é digno da sua atenção. Por ela, os homens se tornam como Jacó, que, como um príncipe, tinha poder junto a Deus e prevaleceu ao lutar com Ele pela bênção. Veja o poder da oração representado em Tiago 5:15-18 — "Muito pode, por sua eficácia, a súplica do justo" (v.16). Por tudo isso, você pode ter noção de quanto perderá se for negligente no grande dever de invocar a Deus, e quão mal você considerará o seu próprio interesse por tal negligência.

CONCLUSÃO

1. Concluo minha abordagem com duas orientações, a fim de que haja constância e perseverança quanto ao dever de orar.

a) *Vigie contra os prenúncios de uma negligência quanto a esse dever.* Comumente, o dever de orar é gradualmente abandonado por pessoas que o praticam durante algum tempo e depois o negligenciam. Enquanto duram as suas convicções e afeições religiosas, elas são muito constantes em seus quartos, e nenhum assunto, companhia ou diversão mundana as impedem. Porém, à medida que suas convicções e afeições começam a se esvair, elas começam a encontrar desculpas para, por vezes, negligenciá-lo. Agora, elas estão com muita pressa. Agora, têm isso e aquilo para cuidar. Ou agora, há tantos inconvenientes atrapalhando que elas convencem a si mesmas de que podem, de maneira muito desculpável, omiti-lo dessa vez. Depois, acontece com bastante frequência elas terem algum impedimento ao qual chamam de motivo justo. Após algum tempo, uma coisa menor se torna uma desculpa mais justificável do que era considerada a princípio. Assim, gradualmente a pessoa contrai cada vez mais o hábito de negligenciar a oração e se torna cada vez mais indisposta a ela. E, mesmo quando ora, é de uma maneira tão pobre, monótona, indiferente e miserável que diz a si mesma que poderia muito bem não orar tanto quanto orar. Assim, a pessoa faz de sua própria estupidez e indisposição uma desculpa para negligenciar totalmente a oração ou, pelo menos, para viver negligenciando-a na maior parte do tempo. Dessa maneira, Satanás e as próprias corrupções dos homens as levam à ruína.

Portanto, cuidado com os prenúncios de uma negligência. Vigie contra tentações a ela. Atente para como você começa a permitir-se desculpas. Esteja atento para cumprir o dever de orar à altura dele. Não o deixe sequer começar a afundar, pois, quando você cede, ainda que apenas um pouco, isso é semelhante a ceder a um inimigo no campo de batalha. O prenúncio de uma retirada encoraja enormemente o inimigo e enfraquece os soldados que debandam.

b) *Permita-me orientá-lo a abandonar todas as práticas que, por experiência, você descobrir que o indispõem para o dever da oração em secreto.* Examine as coisas que você se permitiu e investigue se elas tiveram tal efeito. Você é capaz de examinar o seu comportamento passado e pode, sem dúvida, em uma consideração imparcial, julgar as práticas e condutas as quais se permitiu.

Particularmente, que os jovens examinem o seu hábito de andar com companhias e o conjunto de distrações que se permitiram com seus companheiros. Eu só desejo que você pergunte à sua própria consciência qual foi o efeito dessas coisas no tocante ao seu cumprimento do dever da oração em secreto. Você não descobriu que tais práticas tenderam

SERMÕES SOBRE AVIVAMENTO

à negligência desse dever? Você não descobriu que, depois delas, tem estado mais indisposto à oração em secreto e menos consciencioso e cuidadoso em praticá-lo? Sim, tais distrações não foram, às vezes, realmente o meio para você negligenciar a oração?

Se você é incapaz de negar que é realmente assim e se busca o bem de sua alma, abandone tais condutas. Independentemente do que você alegar em favor delas — como não haver mal nelas, haver um tempo para todas as coisas e assim por diante —, mas, se perceber que o dever foi prejudicado em consequência delas, é tempo de abandoná--las. E, se você valoriza o Céu mais do que uma pequena diversão terrena, se atribui um preço mais alto à glória eterna do que a uma dança ou uma canção, você as abandonará.

Ainda que essas coisas sejam lícitas em si mesmas, se a sua experiência mostrar que elas são praticadas com uma consequência como as que mencionei agora, isso é o suficiente. É lícito em si mesmo você apreciar a sua mão direita e o seu olho direito. Porém, se por experiência você descobre que eles o fazem transgredir, é tempo de você cortar o primeiro e arrancar o segundo, porque será melhor ir para o Céu sem eles do que com eles para o inferno, aquele lugar de tormento onde o verme não morre e o fogo não se apaga (VEJA MARCOS 9:43-48).

PECADORES NAS MÃOS DE UM DEUS IRADO[15]

...a seu tempo, quando resvalar o seu pé...
(DEUTERONÔMIO 32:35)

Nesse versículo tem-se a ameaça da vingança de Deus sobre os perversos israelitas incrédulos, que, como o povo visível de Deus, viviam sob os meios da graça, porém, apesar de todas as maravilhosas obras de Deus para com eles, eram "gente falta de conselhos, e neles não [havia] entendimento" (v.28). Embora cultivados pelo Céu, produziam frutos amargos e venenosos (VEJA vv.32-33).

A expressão que escolhi para meu texto, "a seu tempo, quando resvalar o seu pé", parece implicar nas questões

---

[15] Em viagem missionária a Enfield, Connecticut, em 8 de julho de 1741, Edwards pregou este sermão para tentar despertar seus ouvintes complacentes do torpor espiritual. De longe, este é o mais famoso escrito por Edwards; sua pregação original "causou um avivamento imediato e geral da religião no lugar todo". Tradução livre de uma das frases de *Memoirs Of Jonathan Edwards* (Memórias de Jonathan Edwards), de Samuel Hopkins e John Hawksley, impresso por James Black, Londres, 1815.

apresentadas a seguir, relacionadas à punição e destruição a que esses israelitas ímpios estavam expostos.

a) *Eles sempre estiveram expostos à destruição, assim como quem fica de pé ou anda em lugares escorregadios está sempre vulnerável a quedas.* Isso é sugerido na maneira da destruição vir sobre eles, representada pelo deslize de seus pés. A mesma é expressa pelo salmista: "Tu certamente os pões em lugares escorregadios e os fazes cair na destruição" (SL 73:18).

b) *Isso indica que eles sempre estiveram suscetíveis a uma destruição repentina e inesperada.* Como quem anda em lugares escorregadios está, a todo momento, sujeito a cair e não é capaz de prever, em dado momento, se ficará em pé ou cairá no próximo. E, quando cai, é de vez e sem aviso prévio: "Tu certamente os pões em lugares escorregadios e os fazes cair na destruição. Como ficam de súbito assolados, totalmente aniquilados de terror!" (SL 73:18-19).

c) *Outra coisa implícita no texto é que eles estão sujeitos a cair por si próprios,* sem serem derrubados pelas mãos de outrem, pois quem fica em pé ou anda em terreno escorregadio não precisa de coisa alguma além de seu próprio peso para derrubá-lo.

d) *A razão pela qual eles ainda não caíram e não caem agora é unicamente porque o tempo designado por Deus não chegou,* pois é dito que, quando chegar o tempo devido ou o tempo determinado, "[resvalará] o seu pé". Então, eles serão deixados para cair, uma vez que estão propensos a ela pelo próprio peso. Deus não mais os segurará nesses lugares escorregadios, e sim os soltará. Então, naquele mesmo instante, eles cairão em destruição, como quem está em tal terreno escorregadio e íngreme, à beira de um abismo, não consegue se segurar quando é solto: ele cai imediatamente e se perde.

DOUTRINA

A observação das palavras em que agora quero insistir é: "Nada impede que os ímpios acabem no inferno a qualquer momento, senão a mera vontade de Deus". Por *mera* vontade de Deus quero dizer seu desejo *soberano*, sua vontade arbitrária, não restringida por qualquer obrigação nem impedida por qualquer espécie de dificuldade, nada mais exceto a mera vontade de Deus tivesse, em um único momento em mínimo grau, ou em qualquer outro aspecto, qualquer atuação na preservação de homens ímpios. A verdade dessa observação pode se revelar pelas considerações a seguir.

a) *A Deus não falta poder para lançar homens ímpios no inferno a qualquer momento.* As mãos dos homens não têm como serem fortes quando Deus se levanta. Os mais fortes não têm poder para resistir a Ele, e ninguém pode se livrar das Suas mãos. Ele é capaz não só de lançar homens perversos no inferno, como também de fazer isso com a maior facilidade. Às vezes, um príncipe terreno encontra grande dificuldade para subjugar um rebelde que encontrou meios de se fortalecer e se tornou forte pelo número de seus seguidores. Porém, com Deus não é assim. Nenhuma fortaleza oferece qualquer defesa contra o poder de Deus. Ainda que mãos se juntem e grandes multidões de inimigos de Deus unam esforços e se associem, elas são facilmente despedaçadas. Elas são como grandes montes de palha leve diante do redemoinho, ou grandes quantidades de restolho seco diante de chamas devoradoras. Nós achamos fácil pisar e esmagar um verme que vemos rastejando no chão. Também é fácil para nós cortar ou queimar um fio tênue pelo qual qualquer coisa está pendurada. Do mesmo modo, é fácil para Deus lançar Seus inimigos no inferno quando Ele quiser. O que somos nós para pensar em ficar firmes diante dele, a cuja repreensão a Terra treme e diante de quem as rochas são derribadas?

b) *Eles merecem ser lançados no inferno. Para nunca atrapalhar, a justiça divina não faz objeções contra Deus usar o Seu poder a qualquer momento para destruí-los.* Sim, pelo contrário, a justiça clama em alta voz por uma infinita punição dos pecados deles. A justiça divina diz da árvore que produz tais uvas de Sodoma: "…podes cortá-la; para que está ela ainda ocupando inutilmente a terra?" (LC 13:7). A espada da justiça divina é brandida a todo momento sobre suas cabeças e o que a detém nada mais é do que a mão de misericórdia arbitrária e a mera vontade de Deus.

c) *Eles já estão sentenciados à condenação ao inferno.* Eles não apenas merecem ser lançados ali justamente, mas a sentença da Lei de Deus, aquela regra eterna e imutável de justiça que Deus estabeleceu entre Ele e a humanidade, saiu contra eles e se opõe a eles, de modo que já estão destinados ao inferno: "…o que não crê já está julgado…" (JO 3:18). Assim, todo homem não convertido pertence adequadamente ao inferno.

Lá é o lugar dele. Por isso, ele é "cá de baixo" (JO 8:23). E para lá ele vai. É o lugar que a justiça, a Palavra de Deus e a sentença de Sua imutável Lei atribuem ao ímpio.

d) *Agora, são destinas para eles aquelas mesmas ira e cólera de Deus expressas nos tormentos do inferno.* E a razão pela qual eles não vão para o inferno a qualquer momento não é porque Deus, em cujo poder eles estão, não está muito irado com eles; como está com muitas criaturas miseráveis agora atormentadas no inferno e que lá sentem e suportam o furor de Sua ira. Sim, Deus está muito mais irado com um grande número de pessoas que estão agora na Terra — sim, sem dúvida, com muitas que estão agora nesta congregação, que talvez estejam tranquilas — do que com muitos dos que agora estão nas chamas do inferno.

De modo que não é por Deus se esquecer da perversidade desses homens e não se ressentir disso que Ele não libera a Sua mão para cortá-los fora. Deus não é igual a eles, embora eles possam imaginar que Ele seja. A ira de Deus arde contra eles. A condenação deles não cochila. O abismo está preparado, o fogo está aparelhado, a fornalha já está quente, pronta para recebê-los. Agora, as chamas se enfurecem e brilham. A espada resplandecente está afiada e é segurada sobre eles, e o abismo abriu a boca debaixo deles.

e) *O diabo está pronto para se lançar sobre eles e tomá-los como seus no momento em que Deus permitir.* Eles pertencem a ele. Satanás tem a alma deles em sua posse e sob o seu domínio. As Escrituras representam os ímpios como propriedade dele (VEJA LUCAS 11:21). Os demônios os vigiam. Estão

SERMÕES SOBRE AVIVAMENTO

sempre à direita deles. Ficam esperando por eles, como leões ávidos e famintos que veem sua presa e esperam devorá-la, mas, no presente momento, são impedidos. Se Deus retirasse a Sua mão, pela qual eles são restringidos, em um instante eles voariam sobre essas pobres almas. A antiga serpente está à espreita quanto a eles. O inferno escancara a sua boca para recebê-los. Se Deus permitisse, os ímpios seriam rapidamente engolidos e estariam perdidos.

f) *Reinam na alma dos homens ímpios os princípios infernais que agora se acenderiam e se transformariam em fogo do inferno se não fosse pelas restrições de Deus.* Está estabelecido na natureza dos homens carnais um fundamento para os tormentos do inferno. Há aqueles princípios corruptos, reinantes sobre eles em poder e em total posse deles, que são sementes do fogo do inferno. Esses princípios são ativos e poderosos, de natureza extremamente violenta e, se não fosse a mão de Deus restringindo-os, logo se manifestariam, flamejariam da mesma maneira como as mesmas corrupções e a mesma inimizade fazem no coração das almas condenadas e gerariam os mesmos tormentos que geram nelas. Nas Escrituras, a alma dos ímpios é comparada ao mar agitado (VEJA ISAÍAS 57:20). Por enquanto, Deus restringe a perversidade deles por Seu grande poder, como faz com as ondas furiosas do mar agitado, dizendo: "...até aqui virás e não mais adiante..." (JÓ 38:11). Porém, se Deus removesse esse poder restritivo, ele logo arrastaria tudo que encontra pela frente. O pecado é a ruína e a miséria da alma. Ele tem natureza destrutiva e, se Deus o deixasse sem restrições, nada mais seria necessário para tornar a alma totalmente miserável. A corrupção do coração do homem é imoderada e ilimitada em sua fúria. Enquanto os homens ímpios vivem aqui, ela é como fogo reprimido pelas restrições de Deus, ao passo que, se fosse solta, incendiaria o curso da natureza. E, como o coração é agora um poço de pecado, se esse mau não fosse contido, transformaria imediatamente a alma em um forno ardente ou uma fornalha de fogo e enxofre.

g) *Em momento algum é uma segurança para os homens ímpios não haver meios visíveis de morte imediata.* Para um homem natural, não é segurança alguma ele agora estar saudável, não ver de que maneira sairia imediatamente do mundo por acidente e não haver qualquer tipo de perigo visível em seu entorno. A multifacetada e contínua experiência do mundo em todas as eras demonstra que isso não é evidência de que um homem não está à beira da eternidade e que o próximo passo não o levará a outro mundo. Os modos e meios invisíveis e impensados de pessoas saírem repentinamente do mundo são inumeráveis e inconcebíveis. Os homens não convertidos caminham sobre o abismo do inferno em uma cobertura podre. Nessa cobertura há inúmeros lugares tão frágeis que não suportarão o seu peso, e esses lugares não são vistos. As flechas da morte voam invisíveis ao meio-dia. A visão mais aguçada é incapaz de discerni-las. Deus tem tantas diferentes e insondáveis maneiras de tirar homens ímpios do mundo e enviá-los para o inferno, que não há nada que faça parecer que Deus precisou de um milagre ou deixar o curso normal de Sua providência para destruir, em algum momento, qualquer homem perverso. Todos os meios existentes para pecadores

SERMÕES SOBRE AVIVAMENTO

saírem do mundo estão nas mãos de Deus e estão universal e absolutamente sujeitos ao Seu poder e determinação de tal maneira que não depende de nada senão a mera vontade de Deus os pecadores irem para o inferno a qualquer momento, quer os meios nunca tenham sido usados ou, de alguma maneira, envolvidos no caso.

A prudência e o cuidado dos homens naturais para preservar sua própria vida, ou o cuidado dos outros para preservá-la, não os protegem um momento sequer. Disso a providência divina e a experiência universal também dão testemunho. Há essa clara evidência de que a sabedoria dos próprios homens não lhes é garantia contra a morte. Porque, se fosse de outra maneira, deveríamos ver alguma diferença entre os homens sábios e políticos do mundo e os demais, no tocante à sua propensão a uma morte prematura e inesperada. Porém, o que, de fato, ocorre? "Morre o sábio, e da mesma sorte, o estulto!" (EC 2:16).

h) *Todos os esforços e artifícios utilizados pelos homens ímpios para escapar do inferno enquanto continuam rejeitando a Cristo e, assim, permanecendo homens ímpios, não os protegem do inferno por um momento sequer.* Quase todo homem natural que ouve falar do inferno se gaba de que escapará dele. Ele depende de si mesmo para a sua própria segurança. Ele se vangloria do que fez, do que está fazendo agora ou do que pretende fazer. Todos concebem, em sua própria mente, como evitarão a condenação e se gabam de planejar o bem para si mesmos e de que seus planos não falharão. Eles ouvem, de fato, que poucos são os salvos e que a maior parte dos homens que morreram até agora foram para o inferno. Porém, cada um imagina planejar a sua própria fuga melhor do que os outros. Ele não pretende ir para aquele lugar de tormento. Ele diz consigo mesmo que pretende tomar um cuidado eficaz e ordenar as coisas de modo a não falhar.

Porém, os filhos tolos dos homens se iludem miseravelmente em seus próprios esquemas e na confiança em sua própria força e sabedoria. Eles confiam em nada além de uma sombra. A maior parte daqueles que até agora viveram sob os mesmos meios da graça e agora estão mortos foi, sem dúvida, para o inferno. E não foi por não serem tão sábios quanto os que agora estão vivos. Não foi por não terem planejado tão bem para garantir sua própria fuga. Se pudéssemos falar com eles e perguntar a cada um se, quando vivos e ouviam falar do inferno, esperavam estar sujeitos a tal sofrimento, por certo ouviríamos um e outro responder:

> Não, eu nunca tive a intenção de vir para cá. Eu havia planejado as coisas de outra maneira. Pensei que deveria me preparar bem por mim mesmo. Pensei que o meu esquema era bom. Eu pretendia tomar um cuidado eficaz, mas a coisa aconteceu de forma inesperada. Eu não a procurava naquele momento e daquele jeito. Ela veio como um ladrão. A morte foi mais astuciosa do que eu. A ira de Deus foi demasiadamente rápida para mim. Ó, minha maldita tolice! Eu estava me gabando e me agradando com sonhos vãos acerca do que faria no porvir, e, quando estava dizendo "Paz e segurança" (1TS 5:3), sobreveio-me a repentina destruição.

SERMÕES SOBRE AVIVAMENTO

i) *Deus não se obrigou, por promessa alguma, a manter qualquer homem natural fora do inferno por um momento sequer.* Certamente, Deus não prometeu vida eterna ou qualquer livramento ou preservação contra a morte eterna, exceto o que está contido na aliança da graça, as promessas feitas em Cristo, em quem todas as promessas são sim e amém (VEJA 2 CORÍNTIOS 1:20). Porém, quem não é filho da aliança certamente não tem interesse algum nas promessas da aliança da graça, não acredita em qualquer das promessas e não considera o Mediador da aliança.

Sendo assim, independentemente do que alguns tenham imaginado e pretendido acerca das promessas feitas aos homens naturais que buscam e batem fervorosamente à porta, é claro e manifesto que, qualquer que seja o sofrimento de um homem natural na religião, qualquer oração que ele faça, enquanto ele não crer em Cristo, Deus não tem obrigação alguma de guardá-lo da destruição eterna um momento sequer.

Portanto, é assim que os homens naturais são segurados pelas mãos de Deus sobre o abismo do inferno. Eles mereceram o abismo de fogo e já estão sentenciados a ele. E Deus é terrivelmente provocado; Sua ira para com eles é tão grande quanto para com os que estão realmente sofrendo o cumprimento do furor de Sua ira no inferno e nada fizeram para apaziguar ou aplacar essa ira, e Deus não está minimamente vinculado a qualquer promessa de segurá-los por um momento que seja. O diabo está esperando por eles, o inferno está escancarado para eles, as chamas se acumulam e refulgem ao redor deles, e de bom grado os tomariam e engoliriam. O fogo reprimido no coração deles está lutando para sair, e eles não têm interesse em Mediador algum, não há meios ao alcance que lhes possam ser qualquer segurança. Em suma, eles não têm refúgio, nada a que se agarrar. Tudo que os preserva a todo momento é a mera vontade arbitrária e a tolerância sem aliança e sem obrigação de um Deus indignado.

APLICAÇÃO

A finalidade deste assunto terrível pode ser despertar pessoas não convertidas desta congregação. O que vocês ouviram é o caso de cada um de vocês que está sem Cristo. Aquele mundo de miséria, aquele lago de enxofre ardente, está estendido sob você. Ali está o terrível fosso das chamas cintilantes da ira de Deus. Ali está a boca escancarada do inferno, e você não tem em que se apoiar, nem em que se agarrar. Nada há entre você e o inferno, senão o ar. Somente o poder e a mera vontade de Deus o sustentam.

Provavelmente, você não tem consciência disso. Você descobre que é mantido fora do inferno, mas não vê a mão de Deus nisso. Porém, olhe para outras coisas, como o bom estado de sua constituição corporal, o cuidado que você tem com a sua própria vida, os meios que você usa para a sua própria preservação. Contudo, de fato, todas essas coisas são nada. Se Deus retirasse a mão dele, elas serviriam para impedir que você caísse tanto quanto o ar rarefeito para sustentar uma pessoa nele suspensa.

A sua perversidade faz você, por assim dizer, pesado como chumbo e a tender para baixo, com grande peso e pressão, em direção ao inferno. Se Deus o soltasse, você afundaria de

SERMÕES SOBRE AVIVAMENTO

imediato e, rapidamente, desceria e mergulharia no abismo sem fundo. A sua constituição saudável, seu próprio cuidado e prudência, sua melhor inventividade e toda a sua justiça própria, para defender você e mantê-lo fora do inferno, teriam tanta influência quanto uma teia de aranha para impedir a queda de uma pedra caindo. Se não fosse pelo soberano prazer de Deus, a Terra não suportaria você um único momento, porque você é um fardo para ela. A criação geme com você. A criatura é involuntariamente submetida à escravidão da sua corrupção. O Sol não brilha de boa vontade sobre você para lhe dar luz a fim de que sirva ao pecado e a Satanás. A Terra não entrega voluntariamente o seu produto para satisfazer às suas concupiscências, nem é voluntariamente um palco para a sua perversidade agir. O ar não serve de bom grado para você respirar a fim de manter a chama da vida em seus órgãos vitais enquanto você desperdiça a sua vida a serviço dos inimigos de Deus. As criações de Deus são boas e foram feitas para os homens servirem a Deus com elas, e não servem de boa vontade a qualquer outro propósito, e gemem quando são maltratadas para propósitos tão diretamente contrários à sua natureza e finalidade. E o mundo vomitaria você se não fosse pela mão soberana daquele que sujeitou o mundo com esperança. As nuvens negras da ira de Deus estão agora pairando diretamente sobre a sua cabeça, repletas da terrível tempestade e de trovões, e, se não fosse pela mão contentora de Deus, isso explodiria imediatamente sobre você. Por enquanto, o soberano prazer de Deus contém seu vento tempestuoso. Caso contrário, ele viria com fúria, e a sua destruição viria como um redemoinho, e você seria como a palha na eira de verão.

A ira de Deus é semelhante a grandes águas represadas por ora. Elas aumentam cada vez mais e sobem cada vez, até aparecer uma saída. Quanto mais tempo o fluxo é contido, mais rápido e poderoso é o seu curso quando liberado. É verdade que o julgamento contra as suas más obras ainda não foi executado. As inundações da vingança de Deus foram retidas. Porém, nesse ínterim, a sua culpa está aumentando constantemente, e, todos os dias, você está acumulando mais ira. As águas estão constantemente subindo e se tornando cada vez mais fortes, e nada, além da mera vontade de Deus, retém as águas que não desejam ser contidas e se esforçam por avançar. Se Deus apenas retirasse a Sua mão da comporta, ela se abriria imediatamente, e as torrentes de fogo da violência e ira de Deus se precipitariam com fúria inconcebível e viriam sobre você com poder onipotente. Se a sua força fosse dez mil vezes maior do que é, sim, dez mil vezes maior do que a força do mais forte e robusto demônio do inferno, nada seria para suportá-la ou resistir a tal ira.

O arco da ira de Deus é retesado, e a flecha preparada na corda. A justiça verga a flecha em direção ao seu coração e estica o arco, e nada além da mera vontade de Deus — e de um Deus irado, sem qualquer promessa ou obrigação — impede a flecha, um só momento, de se embriagar com o seu sangue. Assim, todos vocês que nunca passaram por uma grande transformação de coração, pelo grande poder do Espírito de Deus sobre a sua alma, todos vocês que jamais nasceram de novo e se tornaram nova criatura, nem ressuscitaram de estar mortos em pecado para um novo estado, e diante de luz e vida totalmente não experimentadas, estão nas mãos de um Deus irado. Independentemente de você poder ter reformado a sua vida em muitas coisas, de poder desenvolver afeições religiosas e de poder manter uma forma de religião em sua família e em seu quarto, bem como na casa de Deus, não é nada além da Sua mera vontade que impede você de ser, neste momento, engolido para destruição eterna. Por mais que você não esteja, agora, convencido da verdade do que ouve, aos poucos estará totalmente convencido dela. Veja que foi assim com os que morreram ao estarem em circunstâncias semelhantes às suas, porque a destruição veio repentinamente sobre a maioria deles quando não a esperavam e enquanto estavam dizendo "Paz e segurança" (1TS 5:3). Agora eles veem que as coisas em que confiavam para paz e segurança nada mais eram do que ar rarefeito e sombras vazias.

Semelhantemente a alguém que segura uma aranha ou algum inseto repulsivo sobre o fogo, o Deus que segura você sobre o poço do inferno abomina você e é terrivelmente provocado. Sua ira por você queima como fogo. Ele o vê como digno de nada além de ser lançado no fogo. Seus olhos são mais puros do que os que suportariam ver você. Você é dez mil vezes mais abominável aos olhos dele do que a mais odiosa serpente venenosa é aos nossos. Você o ofendeu infinitamente mais do que jamais um rebelde teimoso ofendeu seu príncipe. Contudo, nada além da Sua mão impede você de cair no fogo a todo momento. O fato de você não ter ido para o inferno na noite passada e ter acordado novamente neste mundo após fechar os olhos para dormir não deve ser atribuído a outra coisa. E não há outra razão para você não ter caído no inferno desde que se levantou pela manhã senão a mão de Deus o ter sustentado. Não há outra razão a ser apresentada para o fato de você não ter ido para o inferno após sentar-se aqui na casa de Deus, provocando Seus olhos puros com o seu hábito pecaminoso e perverso de comparecer à Sua solene adoração. Sim, nada mais pode ser dado como uma razão pela qual você não caia no inferno neste exato momento.

Ó pecador! Considere o terrível perigo em que você se encontra: é sobre uma grande fornalha de ira, um abismo amplo e sem fundo, repleto do fogo da ira, que você é segurado na mão daquele Deus cuja ira está tão incitada e inflamada contra você quanto contra muitos dos condenados que estão no inferno. Você está pendurado por um fio tênue, com as chamas da cólera divina brilhando sobre ele e prontas a todo momento para chamuscá-lo e queimá-lo completamente. E você não tem interesse algum em qualquer Mediador nem algo a que se agarrar para salvar a si mesmo, nada para afastar as chamas da ira, nada seu, nada que você já haja feito, nada que você possa fazer, para induzir Deus a poupar você um único momento.

E aqui, considere mais especificamente:

a) *De quem é a ira: a ira é do Deus infinito.* Se fosse apenas a ira do homem, ainda que do príncipe mais poderoso, seria comparativamente pouco para ser levada em conta. A ira dos reis é muito temida — especialmente a dos monarcas absolutos, que têm as posses e a vida de seus súditos totalmente em seu poder para serem dispostos segundo a sua mera vontade. "Como o bramido do leão, é o terror do rei; o que lhe provoca a ira peca contra a sua própria vida" (PV 20:2). O súdito que enfurece muito um príncipe arbitrário está sujeito a sofrer os tormentos mais extremos que a arte humana seja capaz de inventar ou que o poder humano seja capaz de infligir. Porém, os maiores potentados terrestres, em sua maior majestade e força, e quando revestidos de seus maiores terrores, não passam de vermes desprezíveis e fracos em comparação com o grande e Todo-Poderoso Criador e Rei do Céu e da Terra. É muito pouco o que eles podem fazer quando mais enfurecidos e quando exercem o máximo de sua fúria. Diante de Deus, todos os reis da Terra são como gafanhotos. Eles são nada e menos do que nada; tanto seu amor quanto seu ódio devem ser desprezados. A ira do grande Rei dos reis é muito mais terrível do que a deles, porque a Sua majestade é maior.

Digo-vos, pois, amigos meus: não temais os que matam o corpo e, depois disso, nada mais podem fazer. Eu, porém, vos mostrarei a quem deveis temer: temei aquele que, depois de matar, tem poder para lançar no inferno. Sim, digo-vos, a esse deveis temer. (LUCAS 12:4-5)

b) *É ao furor da ira dele que você está exposto.* Frequentemente, lemos acerca da fúria de Deus: "Segundo as obras deles, assim retribuirá; furor aos seus adversários…" (IS 59:18). Ainda: "Porque eis que o SENHOR virá em fogo, e os seus carros, como um torvelinho, para tornar a sua ira em furor e a sua repreensão, em chamas de fogo" (IS 66:15), e em muitos outros lugares. O apóstolo João escreve acerca do "lagar do vinho do furor da ira do Deus Todo-Poderoso" (AP 19:15). As palavras são extremamente terríveis. Se houvesse sido dito apenas "a ira de Deus", as palavras teriam implicado o que é infinitamente terrível, mas é *o furor da ira de Deus*. A fúria de Deus! O furor de Jeová! Ó, quão terrível isso deve ser! Quem é capaz de expressar ou conceber o que tais expressões carregam em si! Porém, é também "o furor da ira do Deus *Todo-Poderoso*". Como se houvesse uma enorme manifestação do Seu onipotente poder no que o furor de sua ira devesse infligir, como se a onipotência devesse ser, por assim dizer, enfurecida e exercida, como os homens costumam exercer a sua força no furor de sua ira. Ó! Então, qual será a consequência! Que será dos pobres vermes que a sofrerem! Que mãos serão fortes? E o coração de quem conseguirá suportar? Em que terrível, inexprimível e inconcebível profundidade de sofrimento se afundará a pobre criatura que receberá isso!

c) *Considere isto, você que está aqui presente, que ainda permanece em um estado não regenerado: Deus executar o furor de Sua ira implica que Ele infligirá ira sem qualquer piedade.* Quando Deus contempla a inefável extremidade do seu caso, vê o quão enormemente desproporcional é o seu tormento em relação à sua força e como a sua pobre alma é esmagada e afunda, por assim dizer, em infinita escuridão, não terá compaixão de você, não evitará as execuções de Sua ira ou aliviará minimamente a Sua mão. Não haverá moderação ou misericórdia, nem Deus deterá o Seu vento forte. Ele não terá consideração pelo seu bem-estar nem terá o cuidado de fazer com que você não sofra demasiadamente em qualquer outro sentido, à exceção de que você *não sofrerá além do que a estrita justiça requer*. Nada será retido por ser muito difícil você suportar.

SERMÕES SOBRE AVIVAMENTO

Pelo que também eu os tratarei com furor; os meus olhos não pouparão, nem terei piedade. Ainda que me gritem aos ouvidos em alta voz, nem assim os ouvirei.
(EZEQUIEL 8:18)

Agora, Deus está pronto para ter compaixão de você. Este é um dia de misericórdia. Você pode chorar agora com algum incentivo para obter misericórdia. Porém, quando o dia da misericórdia houver passado, seus choros e brados mais lamentosos e dolorosos serão em vão. Você estará totalmente perdido e será lançado para longe de Deus, no tocante a qualquer consideração pelo seu bem-estar. Você não terá outro uso para Deus senão o de Ele colocá-lo em sofrimento. Você permanecerá inútil para qualquer outro fim, pois será um vaso de ira destinado à destruição, e não haverá outro uso desse vaso senão o de ser enchido de ira. Deus estará tão longe de ter piedade de você quando você clamar a Ele que é dito que Ele apenas se rirá e zombará (VEJA PROVÉRBIOS 1:26).

Quão terríveis são estas palavras do grande Deus:

...pisei as uvas na minha ira; no meu furor, as esmaguei, e o seu sangue me salpicou as vestes e me manchou o traje todo. (ISAÍAS 63:3)

Talvez seja impossível conceber palavras que contenham maiores manifestações de desprezo, ódio e furor de indignação. Se você clamar a Deus para se apiedar de você, Ele estará tão longe de fazê-lo em seu triste estado ou de lhe demonstrar mínima consideração ou favor que, em vez disso, apenas pisará em você. E, embora Ele saiba que você é incapaz de suportar o peso da onipotência pisando em você, ainda assim não levará isso em consideração, mas o esmagará sem misericórdia sob os Seus pés. Ele fará espirrar o seu sangue, que será aspergido em Suas vestes de modo a manchar todo o Seu traje. Ele não só odiará você, como também lhe terá o maior desprezo. Nenhum lugar será considerado adequado para você, senão debaixo dos pés de Deus para ser pisado como a lama das ruas.

d) *O sofrimento a que você está exposto é o que Deus infligirá com a finalidade de demonstrar o que é a ira de Jeová.* Deus teve em Seu coração mostrar aos anjos e aos homens quão excelente é o Seu amor e também quão terrível é a Sua ira. Às vezes, os reis terrenos têm a intenção de demonstrar quão terrível é a ira deles por meio das punições extremas que eles executam sobre quem os provoca. Nabucodonosor, o poderoso e altivo monarca do império caldeu, se dispôs a demonstrar a sua ira quando se enfureceu com Sadraque, Mesaque e Abede-Nego. Consequentemente, deu ordens para que a fornalha ardente fosse aquecida sete vezes mais do que antes (VEJA DANIEL 3:8-19). Sem dúvida, ela foi elevada ao grau máximo de furor de que a habilidade humana foi capaz. Porém, o grande Deus também está disposto a demonstrar Sua ira, bem como exaltar Sua terrível majestade e Seu grande poder nos extremos sofrimentos de seus inimigos.

Que diremos, pois, se Deus, querendo mostrar a sua ira e dar a conhecer o seu poder, suportou com muita longanimidade os vasos de ira, preparados para a perdição. (ROMANOS 9:22)

E, vendo-se que esse é o Seu propósito e a Sua determinação para demonstrar quão terrível é a ira desenfreada, fúria e ferocidade de Jeová, Ele o fará. Algo realizado e que aconteceu será terrível e testemunhado. Quando o grande e irado Deus houver se levantado e executado Sua terrível vingança sobre o pobre pecador, e o infeliz estiver realmente sofrendo o infinito peso e poder de Sua indignação, Deus convocará todo o Universo para contemplar a terrível majestade e o grande poder que devem ser vistos nele.

Os povos serão queimados como se queima a cal;
como espinhos cortados, arderão no fogo. Ouvi vós,
os que estais longe, o que tenho feito; e vós, os que
estais perto, reconhecei o meu poder. Os pecadores em
Sião se assombram, o tremor se apodera dos ímpios...
(ISAÍAS 33:12-14)

Assim ocorrerá a você, que está em um estado não convertido, se continuar assim. O infinito poder, majestade e terribilidade do Deus onipotente serão exaltados sobre você na inefável força dos seus tormentos. Você será atormentado na presença dos santos anjos e do Cordeiro, e, quando estiver nesse estado de sofrimento, os gloriosos habitantes do Céu irão à frente e assistirão ao espetáculo terrível, para poder ver o que é a ira e o furor do Todo-Poderoso. E, quando virem, cairão e adorarão Aquele que é grande em poder e majestade.

E será que, de uma Festa da Lua Nova à outra e de
um sábado a outro, virá toda a carne a adorar perante
mim, diz o SENHOR. Eles sairão e verão os cadáveres dos

homens que prevaricaram contra mim; porque o seu verme nunca morrerá, nem o seu fogo se apagará; e eles serão um horror para toda a carne. (ISAÍAS 66:23-24)

e) *É ira eterna.* Seria terrível sofrer essa fúria e ira do Deus Todo-Poderoso um único momento, mas você deverá sofrê-la por toda a eternidade. Não haverá fim para esse terrível e extraordinário sofrimento. Quando você olhar para frente, verá uma longa eternidade, uma duração sem fim que engolirá os seus pensamentos e surpreenderá a sua alma, e você se desesperará totalmente por jamais ter qualquer livramento, qualquer fim, qualquer mitigação, qualquer descanso. Você terá a certeza de que precisará passar longas eras, milhões de milhões de anos, em luta e conflito com essa todo-poderosa vingança impiedosa. Então, quando houver feito isso, quando tantas eras tiverem realmente sido vivenciadas por você dessa maneira, saberá que tudo é apenas um ponto diante do que ainda resta, para que o seu castigo seja realmente infinito. Ó, quem é capaz de expressar qual é o estado de uma alma em tais circunstâncias! Tudo que podemos dizer fornece apenas uma representação muito débil e tênue; esse estado é inexprimível e inconcebível, pois "quem conhece o poder da [...] ira" de Deus? (SL 90:11).

Quão terrível é o estado de quem, em todas as horas de todos os dias, corre o perigo dessa grande ira e infinito sofrimento! Porém, esse é o triste caso de todas as almas desta congregação que não nasceram de novo, por mais morais e rígidas, sóbrias e religiosas que possam ser. Ó, considere isso, quer você seja jovem ou idoso! Há motivo para pensar que muitas pessoas desta congregação, que estão agora ouvindo este discurso, realmente serão objetos desse mesmo sofrimento por toda a eternidade. Nós não sabemos quem elas são, em que lugares estão sentadas ou em que pensam agora. Pode ser que, neste momento, estejam tranquilas, ouçam todas essas coisas sem muita perturbação e agora se gabem de não serem elas, prometendo a si mesmas que escaparão. Se soubéssemos haver, em toda a congregação, uma única pessoa que seria objeto desse sofrimento, quão terrível seria pensar nisso! Se soubéssemos quem ela é, quão terrível seria ver tal pessoa! Como todo o restante da congregação poderia levantar um lamentoso e amargo clamor por ela! Porém, infelizmente, em vez de uma, quantas provavelmente se lembrarão desse discurso no inferno? E não seria de admirar se alguns que estão presentes agora estivessem no inferno dentro de muito pouco tempo, até mesmo antes do fim deste ano. E não seria de admirar se algumas pessoas, que agora estão sentadas aqui, em alguns lugares desta capela, saudáveis, tranquilas e seguras, estivessem lá antes da próxima manhã.

Aqueles de vocês que, finalmente, continuarem em um estado natural, que ficarão fora do inferno durante mais tempo, estarão lá em pouco tempo! A sua condenação não dorme. Virá rapidamente e, com toda a probabilidade, muito repentinamente sobre muitos de vocês. Vocês têm razões para imaginar por que ainda não estão no inferno. Esse é, sem dúvida, o caso de algumas pessoas que vocês viram e conheceram, que nunca mereceram o inferno mais do que vocês e, até então, pareciam ter tanta probabilidade de estar, agora, tão vivas quanto vocês. O caso delas está além de toda esperança. Elas estão chorando em extremo sofrimento e perfeito desespero, mas aqui estão vocês na terra dos vivos e na casa de Deus, tendo a oportunidade de obter a salvação. O que aquelas pobres almas condenadas sem esperança não dariam por um dia de oportunidade, como vocês agora têm!

E agora, vocês têm uma oportunidade extraordinária, um dia em que Cristo escancarou a porta da misericórdia e está chamando e clamando em alta voz pelos pobres pecadores. Um dia em que muitos estão afluindo a Ele e se esforçando por entrar no reino de Deus. Muitos vêm diariamente do leste, do oeste, do norte e do sul. Muitos que, recentemente, estavam na mesma condição miserável em que vocês se encontram, agora estão em um estado feliz, com o coração cheio de amor por Aquele que os amou e os lavou de seus pecados em Seu próprio sangue e regozijando-se na esperança da glória de Deus. Quão terrível é ser deixado para trás em um dia assim! Ver tantos outros se banqueteando enquanto vocês estão sofrendo e morrendo! Ver tantos se regozijando e cantando de alegria de coração enquanto vocês têm motivos para se lamentar por tristeza no coração e gemer por aflição da alma! Como vocês conseguem descansar um único momento sob tal condição? A sua alma não é tão preciosa quanto as almas do povo de Suffield, onde afluem para Cristo dia após dia?

Não há aqui muitos que vivem no mundo há muito tempo e não nasceram de novo até hoje? Que são estrangeiros para a comunidade de Israel e nada fizeram desde que estão vivos, senão entesourar ira para o dia da ira? Ó, senhores, o seu caso, de maneira especial, é extremamente perigoso. Sua culpa e dureza de coração são extremamente grandes. Vocês não veem quão geralmente as pessoas da sua idade são deixadas para trás na presente, notável e maravilhosa dispensação

SERMÕES SOBRE AVIVAMENTO

da misericórdia de Deus? Vocês precisariam considerar a sua condição e acordar totalmente do seu sono. Vocês são incapazes de suportar a fúria e ira do Deus infinito. E vocês, rapazes e moças, negligenciarão esta preciosa oportunidade que agora têm, quando tantos outros de sua idade estão renunciando a todas as vaidades da juventude e afluindo para Cristo? Especialmente vocês têm agora uma oportunidade extraordinária, mas, se a negligenciarem, logo lhes acontecerá o que aconteceu às pessoas que passaram todos os preciosos dias da juventude em pecado e, agora, chegaram a tão terrível beco em cegueira e dificuldades. E vocês, crianças não convertidas, não sabem que estão indo para o inferno, para suportar a terrível ira daquele Deus que está, agora, irado com vocês todos os dias e todas as noites? Vocês se contentarão com ser filhos do diabo quando tantas outras crianças da Terra se converteram e se tornaram filhos santos e felizes do Rei dos reis?

E que todos os que ainda estão sem Cristo e pairando sobre o abismo do inferno, quer sejam homens e mulheres idosos, de meia-idade, jovens ou crianças, deem ouvido agora aos altos apelos da Palavra e providência de Deus. Este ano aceitável do Senhor, um dia de tão grande favor para alguns, será, sem dúvida, um dia de notável vingança para outros. O coração dos homens endurece e sua culpa aumenta rapidamente em um dia como este, se eles negligenciarem a sua alma. Nunca houve tão grande perigo de tais pessoas serem entregues à dureza de coração e à cegueira de mente. Deus parece estar, agora, reunindo rapidamente os Seus eleitos de todas as partes da Terra, e, provavelmente, a maior parte das pessoas adultas que será salva será trazida agora em pouco tempo, e isso será como foi no grande derramamento do Espírito sobre os judeus no tempo dos apóstolos. Os eleitos serão alcançados e os demais ficarão cegos. Se este for o seu caso, você amaldiçoará eternamente este dia e o dia em que nasceu para ver uma época do derramamento do Espírito de Deus, e desejará ter morrido e ido para inferno antes de tê-lo visto. O agora é, sem dúvida, semelhante ao tempo de João Batista: o machado está posto de maneira extraordinária na raiz das árvores, para que toda árvore que não dê bons frutos seja cortada e lançada no fogo (VEJA MATEUS 3:10-12).

Por isso, agora, que todos os que estão sem Cristo despertem e fujam da ira vindoura. A ira do Deus Todo-Poderoso está agora, sem dúvida, pairando sobre uma grande parte desta congregação. Que todos fujam de Sodoma: "Livra-te, salva a tua vida; não olhes para trás, nem pares em toda a campina; foge para o monte, para que não pereças" (GN 19:17).

"Por isso, agora, que todos os que estão sem Cristo despertem e fujam da ira vindoura."